Ute York

Mondmagie und Liebeszauber

*Wunderkräuter, Hexensalben und
magisches Wissen für Frauen*

Knaur

Inhalt

3. Allerlei Zauber

4. Magische Festtagsbräuche

5. Omen und Weissagungen:
Der Blick in die Zukunft

Vorwort
Jenseits der sieben Berge ...

Eigentlich wollte ich Ihnen an dieser Stelle erklären, was Magie ist. Ich dachte, wenn ich ein Buch darüber schreibe, bin ich Ihnen das schuldig. Also habe ich mich hingesetzt und zahllose Definitionen gelesen. Doch das Besondere an der Magie ist, daß man sie nicht mit dem Verstand erklären kann, weil sie alle uns bekannten Naturgesetze über den Haufen wirft. Magie gibt es, so lange die Welt besteht. Wer sie sehen will, der sieht sie überall, und er braucht keine wissenschaftliche Bestätigung dafür, daß sie tatsächlich existiert. Aber wer die Magie, die uns überall umgibt, nicht sehen will, der bestreitet einfach, daß es sie gibt, und kommt damit auch ziemlich weit.

Schwarze oder weiße Magie

Es hilft auch nicht weiter, zwischen schwarzer und weißer Magie zu unterscheiden. Magie ist eine feinstoffliche Energie wie Strom und als solche auch so neutral wie Strom: weder gut noch böse. Es kommt immer darauf an, was man damit macht. Sie können mit Strom einen elektrischen Stuhl einschalten oder ein Bügeleisen, und mit der Magie ist das ähnlich. Sie können jemanden durch ein magisches Ritual heilen oder ihn mit einem Fluch belegen.

In diesem Buch möchte ich mit Ihnen auf Entdeckungsreise gehen, die traditionellen Pfade verlassen, in die magischen Welten jenseits der sieben Berge und der sieben Täler eintauchen und dort Geheimnisse von zeitloser Gültigkeit entdecken: Mondzauber und wundersame Pflanzen, magische Kristalle, betörende Öle, geheimnisvolle Formeln und kraftvolle Rituale – mystisches Wissen, das unsere Vorfahren sammelten und weitergaben. Sie ließen sich auch nicht von den Strafgerichten der Kirche abhalten, die hoffte, daß das magische Wissen auf dem Scheiterhaufen ein Opfer der Flammen würde. In Gefahr gerieten die magischen Welten erst, als eines Tages den Naturwissenschaften der Vorzug gegeben wurde. Als wir endlich begriffen, welchem Trugschluß wir in unserer Wissenschaftseuphorie aufgesessen waren, wäre es um ein Haar zu spät gewesen. Da war uns schon unendlich viel von dem alten magischen Wissen verlorengegangen, und wir mußten es uns bruchstückweise wieder zusammenklauben.

Die Wissenschaftseuphorie ist ein Trugschluß

Nichts von dem, was Sie hier lesen, ist neu. Ich habe in diesem Buch nichts erfunden. Ich bin keine Hexe. Ich gehöre keinem geheimen Zirkel und keinem Wicca-Kult an. Ich verfüge, so sehr ich das manchmal bedauere, weder über geheimes Wissen noch habe ich übernatürliche Fähigkeiten. Ich habe nichts weiter getan als zusammenzutragen. Aber seit ich gelernt habe, die geheimnisvolle Magie der Düfte und Pflanzen, die Macht des Mondes, der Kristalle, die Kraft uralter Rituale wieder zu erkennen und zu nutzen, ist das Leben für mich um vieles reicher und faszinierender geworden. Vielleicht sehnen auch Sie sich danach, Ihren nüchternen Alltag ein wenig zu verzaubern. Zu lauschen, was uns die Pflanzen und die Steine, der Mond und die Sterne, der Wind und die Wolken zu sagen haben, ihre Seele zu spüren und etwas von den magischen Kräften zu ahnen, die in Ihnen verborgen sind. Dann machen Sie sich auf den Weg. Um zu erfahren, ob Magie funktioniert, gibt es nur eine Möglichkeit: Man muß es selbst ausprobieren.

Probieren Sie die Magie selbst aus

Vieles von dem, was Sie hier lesen, habe ich ausprobiert. Ich weiß, daß die Mondphasen funktionieren. Ich kann aus eigener Erfahrung bestätigen, daß viele magische Heilmethoden bei mir selbst, bei meiner Familie oder bei Menschen, die ich gut kenne, gewirkt haben. Ich habe einen großen Teil der Schönheitstips ausprobiert, einige Warzenbeschwörungsrituale, etliche Aphrodisiaka und diverse Naturheilmittel. Aber ich habe längst nicht alles, was Sie hier lesen, getestet. Manchen Zauber, die Liebeszauber zum Beispiel, habe ich gerade nicht gebraucht. Einiges kam mir zu absurd, zu abgehoben, zu unmoralisch oder zu unappetitlich vor. Für manches war ich auch zu feige. Um die Flugsalben aus Nachtschattengewächsen habe ich zum Beispiel einen großen Bogen gemacht, obgleich ich sie brennend gern ausprobiert hätte. Und einiges hat einfach nicht geklappt.

Die Schöpferkräfte in der Natur

Seien Sie ruhig kritisch, wenn Sie die magischen Regeln, Rezepte, Rituale anwenden. Einige wirken ziemlich zuverlässig. Andere sind nur zum Schmunzeln da, denn längst nicht alles, was unsere Vorfahren praktizierten, war gut und richtig. Manches ist hoffnungslos veraltet, einiges blanker Unsinn. Aber denken Sie bitte nicht, es gäbe keine Magie, bloß weil ein Rezept, eine Formel und ein Ritual bei Ihnen nicht funktioniert hat. Ebensowenig wie ein defektes Bügeleisen beweist, daß es keinen Strom gibt. Der Mond und die Pflanzen, der Wind und die Steine besitzen Schöpferkräfte, die wir weder benennen noch beherrschen können, doch wenn sie uns geschenkt werden, dürfen wir sie respektvoll nutzen. Das bedeutet, daß wir sie nur anwenden sollten, um unser Leben – und das der Menschen, die uns nahestehen – reicher und glücklicher zu machen. Daß das möglich ist, dafür lege ich meine Hand ins Feuer.

1.
Wunderkräuter aus dem Zaubergarten

Pflanzen können Heilung bringen oder den Tod. Sie vermögen auf magische Weise, das Bewußtsein zu erweitern und uns auf eine Reise durch Raum und Zeit in andere Welten zu führen. Sie können Dämonen heraufbeschwören oder vor bösen Geistern schützen und denen, die ihre Sprache verstehen, Gesundheit und Liebe, Reichtum und Schönheit schenken. Es gibt unzählige

Das göttliche Wissen um die Macht der Pflanzen

Legenden über die geheimnisvolle Macht der Pflanzen – und über die Menschen, die von den Göttern auserwählt worden waren, die Geheimnisse zu erfahren. Äskulap, der griechische Arzt, der durch seine Heilkunst unsterblich wurde, war einer der Auserwählten, ebenso der große Hippocrates, Hildegard von Bingen und Paracelsus. Daneben gab es freilich noch viele Frauen (natürlich auch einige Männer), die ihr Wissen nicht von den Göttern, sondern durch fleißiges Beobachten und Studieren erworben hatten.

Manche gaben sich damit zufrieden, die Heilkräuter zu kennen und mit ihrer Hilfe Krankheiten zu heilen, Schmerzen zu lindern, Geburten zu erleichtern oder unfruchtbare Männer und Frauen fruchtbar zu machen. Andere überschritten Grenzen, mißbrauchten die Macht der Pflanzen für dunkle magische Praktiken, für Hexensalben, Liebestränke, Giftmorde und bewußtseinsverändernde Drogen, mit denen sie in die Zukunft schauen konnten. Aber weil die Grenzen zwischen guter und böser Kräutermagie fließend sind und zu jeder erfolgreichen Heilung auch Magie gehört, endeten zahllose Unschuldige auf dem Scheiterhaufen. Viel von dem alten Wissen ging mit ihnen zugrunde.

Dann kamen Zeiten, in denen die sogenannte Vernunft ihren Siegeszug antrat. Sie löste das magische Weltbild ab. Stürme

Vernunft contra Magie

und Unwetter waren nicht mehr das Werk neidischer Götter, Krankheiten nicht länger das Werk rachsüchtiger Dämonen. Heilung war nicht länger etwas Magisches, sondern die Folge eines richtig ausgewählten Medikaments. Als es gar gelang, die aktiven Wirkstoffe von Pflanzen zu isolieren und synthetisch herzustellen, schienen die Heilkräuter überflüssig geworden. Inzwischen wissen wir längst, daß dieses Konzept falsch ist – und auch, wie arm unsere Welt dadurch geworden ist. Und wir sehnen uns mehr denn je nach dem alten Wissen um die geheimnisvolle Kraft der Pflanzen, die wir heute gern »Energie« nennen.

Medizin und Kosmetikindustrie investieren Millionen, um die uralten Naturmittel in ein neues Gewand zu kleiden, und wir, die Kunden, zahlen Milliarden, in der Hoffnung, uns Gesundheit und Schönheit erkaufen zu können. Dabei kostet die Magie, die hinter diesen Pflanzen steht, in Wirklichkeit gar nichts. Doch davon sollten Sie sich selbst überzeugen.

Seit Jahrtausenden haben Frauen versucht, mit Hilfe von Pflanzen ihre Haut geschmeidig zu machen und ihr Haar glänzen zu lassen. Sie haben Shampoos und Haarkuren aus jungen Brennesseln hergestellt und ihre blonden Haare mit Kamillespülungen zum Leuchten gebracht. Die dunkelhaarigen Südeuropäerinnen verwendeten Walnußschalen, Rosmarin und Salbei so selbstverständlich wie die Araberinnen Henna. Unsere Vorfahren bereiteten ihr Gesichtswasser aus Kamille, Lavendel und Rosmarin, pflegende Gesichtsmasken aus zerquetschten frischen Erdbeeren, reifen Pfirsichen und saftigen Aprikosen. Sie

Alte Kräuterfrauen verraten Kosmetikrezepte

wußten, daß bestimmte Kräutertees das Blut reinigen und Schönheit von innen bringen, Kompressen aus Augentrost, Karotten und geriebenen rohen Kartoffeln müde Augen strahlen lassen und Gurken ihre Haut weich und glatt machen. Die Mexikanerinnen kannten den dickflüssigen Zaubersaft der kaktusartigen Aloe vera und die geheimnisvolle Wirkung von Jojoba-Öl. Schönheit war ein Geschenk der Natur an alle Frauen, und die erfolgreichsten Rezepte wurden von den Müttern an die Töchter weitergegeben. Sissy, die wunderschöne Kaiserin von Österreich, soll ihren makellosen glatten Teint und ihre dunkle Haarpracht, um die sie ganz Europa beneidete, der regelmäßigen Anwendung eines Rosmarintonikums verdankt haben.

Es macht Spaß, das Vermächtnis alter Kräuterfrauen zu lesen. Wenn man diese Bücher eine Weile studiert hat, geht es einem wie bei der Lektüre von Kochbüchern: Man brennt darauf, die schönsten Rezepte selbst auszuprobieren. Mir selbst ging es nicht anders. Es war gerade Mai, und überall gab es die ersten Früchte des Jahres und die Töpfe mit jungen Kräutern in frischem Grün. Weil unser Münchner Garten nur winzig ist und wenig an Kräutern zu bieten hat, fuhr ich also eifrig auf die Märkte und durch die Gartencenter und kam mit immer neuen Pflanzen zurück. Und bei den Obsthändlern auf dem Viktualienmarkt kaufte ich für sündhaftes Geld die ersten reifen Erdbeeren, ungespritzte Zitronen aus Sizilien und leuchtend gelbe Aprikosen aus Griechenland. Aber irgend etwas stimmte nicht. Als ich die teuer bezahlten Erdbeeren zerdrückte und mit Heilerde vermischt als Gesichtsmaske auftrug, schauten mich meine Kinder an, als wäre ich nicht recht bei Trost. Auch der Hinweis, daß ich für ein Buch recherchiere, konnte sie nicht überzeugen, obgleich sie in dieser Beziehung einiges gewohnt sind.

Völlige Fassungslosigkeit erntete ich, als ich aus dem frischen Rosmarin am Küchenfenster nicht wie sonst gebratene Rosma-

Einige Versuche benötigen Geduld

rinkartoffeln zubereitete, sondern ein angeblich erfrischendes Gesichtswasser, und danach von dem jungen Stock nicht mehr viel übrig war. Ich habe das allgemeine Kopfschütteln so gut ich konnte ignoriert und eine Weile unverdrossen weiterexperimentiert. Aber meine Haare wurden nicht kräftiger und meine Gesichtshaut nicht glatter, wie das die Bücher versprachen. Natürlich war mir bald klar, woran das lag. Die Kräuter dufteten nach Gartencenter statt nach Natur, die teuer bezahlten Früchte sahen zwar wunderschön aus, doch sie waren unreif und ohne Aroma.

Meine Laune wurde immer schlechter, weil ich mit dem Buch nicht weiterkam, denn wie kann ich über etwas schreiben, woran ich selbst nicht glaube. Schließlich tat ich das, was ich bisweilen mache, wenn ich meiner Familie auf die Nerven gehe, beim Schreiben blockiert bin und aus Frust zuviel esse: Ich packte meinen Laptop ein und verzog mich für eine Weile mit dem Hund, der als einziges Familienmitglied noch unbeirrbar zu mir hielt, auf unseren magischen Hügel in der Toskana. Dort, fernab aller Zivilisation, sechs Kilometer vom nächsten Dorf (und Telefon) entfernt, lerne ich es meistens wieder, in Harmonie mit der Natur und mir selbst zu leben, still zu werden und zu verstehen, was mir die Bäume und die Blumen, die Kräuter, die Schmetterlinge und die Wolken zu sagen haben.

Mittlerweile war es Juni geworden. Die Tage waren sonnenheiß und die Abende hell. Die letzten Frühsommerrosen blühten und die ersten Lavendelbüsche. Rings ums Haus duftete es nach Rosmarin und Salbei. Die Vögel plünderten wie jedes Jahr den

Ein »Paradies« erleichtert vieles

Kirschbaum, sie sind immer schneller als wir. Der kleine Zitronenbaum, auf den ich so stolz bin, trug saftige Früchte, so leuchtend und goldgelb wie die Ringelblumen vor der Pergola. Die Lorbeerhecke war in den Himmel geschossen, und im schulterhohen Gras tanzten bunte Schmetterlinge. Ich atmete tief durch und spürte, daß die Magie dieses Platzes schon begonnen hatte zu wirken. Wenn Kräuter magisch sind, dann hier. Und dann machte ich mich an die Arbeit.

Als ein paar Wochen später die Sommerferien begannen und meine Familie nachkam, war ich zufrieden und gut gelaunt. Die Haare glänzten und die Haut war geschmeidig, meine Augen strahlten, und das Kapitel über die Zauberkräuter für die Schönheit hatte sich fast von allein geschrieben. Und nicht nur das: Ich hatte Rosenwasser, Johanniskraut- und Lavendelöl angesetzt, Cremes aus Ringelblumen und Kamille angerührt (aber das kann ich Ihnen nur bedingt empfehlen, die aus den Naturläden sind mindestens genausogut und erheblich haltbarer). Ich habe Brennesseln, Löwenzahnblätter und Zinnkraut getrocknet und mir überreife Gartenerdbeeren und die Aprikosen meines Nachbarn Gastone als Masken ins Gesicht geschmiert – er hat so viele davon, täglich liegen sie zu Hunderten unter den Bäumen, selbst seine Hühner und die Kaninchen mögen keine Aprikosen mehr.

Was meine toskanischen Freundinnen im Dorf an Schönheits-

Sorgfältig ausgesuchte Qualität sichert den Erfolg

rezepten aus der Natur wußten, habe ich gesammelt. Als meine jüngste Tochter tiefunglücklich mit einer Haarfarbe aus dem Drogeriemarkt war, die anstelle des versprochenen Goldblond-Tons ein leuchtendes Neon-Orange ergeben hatte, haben wir das Problem mit Kamilleblüten und Zitronensaft in wenigen Tagen beheben können, und diesmal war das Haar meiner Tochter wirklich goldblond, und mein Ansehen um einiges gestiegen. Danach haben alle mit Feuereifer (und bemerkenswertem Erfolg) meine Naturmittel ausprobiert, und wenn Sie Lust haben, sollten sie das auch tun.

Doch seien Sie bitte klüger als ich: Haben Sie Geduld, bis der Sommer die Pflanzen und Früchte auch in Ihrem Garten verzaubert. Wenn Sie keinen Garten haben, können Sie die Zutaten auch auf dem Markt kaufen. Warten sie aber, bis sie reif, duftend und für wenig Geld überall zu bekommen sind. Manche hervorragende Zutaten wachsen sogar in der Natur, Löwenzahn und Brennesseln zum Beispiel, und niemand wird Ihnen Vorwürfe machen, wenn Sie ein paar davon pflücken und mit nach Hause nehmen. Wenn alle Stricke reißen, gibt es die Kräuter notfalls auch getrocknet in der Kräuterhandlung, aber das ist nur der halbe Spaß. Sie werden sehen: Die Magie dieser Zauberkräuter ist zeitlos. Und die teuerste Hautcreme aus der Parfümerie, das edelste Shampoo wird Sie nicht annähernd so beglücken wie das erste selbstgemachte Rosenwasser, das in einem wunderschönen Flakon leuchtend rot in Ihrem Bad steht.

Selbstverständlich werden Ihr Haar und Ihre Haut aufblühen wie schon lange nicht mehr. Einmal, weil die Rezepte für die Schönheitsmittel aus der Natur sich seit Jahrhunderten bewährt haben. Und zum anderen, weil in der Beschäftigung mit den klassischen Heilkräutern eine ganz besondere Magie steckt. Sie brauchen keine Zaubersprüche, keine magischen Rituale. Nur eines sollten Sie tun: Wenn Sie das Glück haben, daß in Ihrem Garten Kräuter, Pflanzen, Blumen und Früchte in Hülle und Fülle wachsen, achten Sie bei der Ernte auf den richtigen Mondstand. Befolgen Sie beim Schneiden, Ausgraben und Trocknen

Achten Sie auf den richtigen Mondstand

der Kräuter die Regeln, die unsere Vorfahren schon beachtet haben. In ihnen liegt eine tiefe Weisheit. Und so seltsam Sie sich anfangs dabei auch fühlen mögen: Vergessen Sie niemals, sich bei den Pflanzen dafür zu bedanken, daß sie vergehen, damit Sie schön und gesund und strahlend sind.

Falls Sie bei manchen Kräutern und Früchten unsicher sind und sich besorgt fragen, ob Sie das Mittel vertragen, so gibt es eine ganz einfache Antwort: Wenn ein Mittel Ihrer Haut nicht gut tut, dann läßt Sie das Ihre Haut meist sehr schnell wissen. Zögern Sie nicht, und setzen Sie das Mittel sofort ab. Aber das ist eigentlich nur selten der Fall. Die Pflanzenextrakte aus der Natur verträgt unser Körper in der Regel besser als alle synthetisch hergestellten Produkte. Noch eine Regel: Verwenden Sie für Haut und Haar nichts, was Sie nicht auch essen würden. Wenn Sie etwa auf Erdbeeren allergisch reagieren, werden Sie eine Gesichtsmaske daraus genausowenig vertragen. Und ver-

Sind Ihre Zutaten auch genießbar?

gessen Sie nicht, daß Schönheit zum größten Teil von innen kommt. Die besten Mittel sind wirkungslos, wenn Sie sich nicht gesund ernähren.

Bevor Sie sich ans Mischen machen, ein paar Ratschläge für den Umgang mit Kräutern und Pflanzen. Damit Ihre Zaubermittel magisch wirken können, sollten Sie sie so behandeln, wie die alten Kräuterfrauen das auch gemacht haben.

KRÄUTERERNTE NACH DEM MOND

Heilkräuter, die getrocknet werden sollen, bei abnehmendem Mond im dritten Quartal ernten.

Pflanzen, von denen Sie Wurzel oder Holz verwenden möchten, im vierten Quartal einbringen, im Idealfall bei Neumond.

Pflanzen, deren Blüten oder Fruchtstände Sie verwenden möchten, bei zunehmendem Mond sammeln, am besten bei Vollmond, da sie dann die meisten Wirkstoffe enthalten.

Unsere Vorfahren glaubten, daß in der Zeit zwischen Mariae Himmelfahrt (15. August) und Mariae Geburt (8. September) ein besonderer Segen über der Natur liegt. Deshalb sammelten sie in dieser Zeit die Kräuter, die im Laufe des Jahres zum Heilen verwendet werden sollten.

Sammeln Sie nur die Kräuter, die Sie genau kennen. Bei der Suche nach Wildkräutern ziehen Sie im Zweifelsfall ein Pflan-

*Kräutersammeln in
der Antike*

zenbuch zu Rate. Verwenden Sie nur Kräuter, die fernab der Straßen wachsen, so daß sie weniger mit Umweltgiften belastet sind. Ideal ist der Morgen eines sonnigen Tages. Der Tau sollte

Benutzen Sie im Zweifelsfall ein Pflanzenbuch

gerade getrocknet sein, aber die ätherischen Öle, die sich in winzig kleinen Kanälen der Pflanze befinden, sollten noch nicht vertrocknet sein. Erfahrene Kräutersammlerinnen ernteten in der Regel zwischen 10 und 11 Uhr. Sie schnitten die Kräuter mit einem scharfen Messer ab und achteten darauf, daß sich die einzelnen Sorten im Korb nicht vermischten. Zum einen sind die getrockneten Kräuter am Ende eines Sammelmorgens nicht immer einfach auseinanderzuhalten, zum anderen sollen die Aromen sich nicht überlagern.

SO WERDEN KRÄUTER GETROCKNET

Nicht alle Heilpflanzen sind zum Trocknen geeignet! Waschen Sie die Pflanzen nur im Notfall. Legen Sie sie in einem abgedunkelten, gut gelüfteten Raum zum Trocknen aus. Ideal ist eine Raumtemperatur zwischen 21 und 28 Grad Celsius. Falls Ihnen die Jahreszeit einen Streich spielt, können Sie auch den Backofen zu Hilfe nehmen. Legen Sie die Kräuter locker auf einen Rost und schalten Sie die Mindesttemperatur ein, die Tür sollte immer offenbleiben. Trocknen Sie Ihre Kräuter nie an der Sonne. Bei zuviel Licht und Wärme verflüchtigt sich das Aroma.

Besorgen Sie sich so viele Gläser mit fest verschließbarem Deckel, wie Sie nur auftreiben können. Vergessen Sie nicht die Beschriftungen. Im Glas und getrocknet sehen Kräuter einander ähnlicher als Sie für möglich halten. Bewahren Sie Ihre Kräuter am besten in einem dunklen Schrank auf, zumindest sollen sie nicht der Sonne ausgesetzt sein. Bedenken Sie, daß auch getrocknete Kräuter nicht unbegrenzt haltbar sind. Spätestens nach einem Jahr sollten sie gegen Pflanzen mit frischer Energie ausgetauscht werden.

ZUBEREITUNGSFORMEN

Kräutertees

15 – 20 g getrocknete oder zwei gehäufte Teelöffel frische Kräuter mit kochendem Wasser übergießen und zugedeckt ziehen lassen. Blüten brauchen meistens nur ein paar Minuten, Blätter und Samen sollten Sie 20–30 Minuten stehen lassen. Erst dann können Sie sicher sein, daß die Wirkstoffe in das Wasser übergegangen sind.

Absud

Die harten Teile der Pflanze (Wurzel, Stiel, Samen, Rinde) werden in kaltem Wasser aufgesetzt und zum Kochen gebracht. Mindestens 15 Minuten auf kleiner Flamme kochen lassen. Durch ein Sieb oder einen Filter geben.

Acht Teile Vaseline mit zwei Teilen Kräutern (z. B. Ringelblumenblüten) heiß werden lassen und dabei gut verrühren.

Rezepte alter Kräuterfrauen

NATÜRLICHE HAARFÄRBEMITTEL

Für helles Haar

Kamillensud
bringt blondes Haar zum Leuchten. Dazu lassen Sie zwei gehäufte Eßlöffel getrocknete Kamillenblüten in 600 ml Wasser aufkochen und 20 Minuten auf kleiner Flamme köcheln. Vor dem Shampoonieren den Kopf damit einmassieren, durchkämmen, mit normalem Shampoo waschen, anschließend den Kamillensud über den Kopf gießen, Flüssigkeit auffangen und nochmals das Haar damit spülen. An der Luft trocknen lassen. Auch Ringelblumen und Schlüsselblumen können zum Aufhellen blonder Haare verwendet werden. Ein bißchen Geduld brauchen Sie natürlich schon. Das leuchtende Blond, das Sie sich erträumen, wird sich erst nach ein paar Wochen einstellen. Falls Sie's gar nicht erwarten können: Haar mit gefiltertem Zitronensaft beträufeln, durchkämmen und an der Sonne trocknen lassen!

Rhabarberwurzel

ist von allen natürlichen Aufhellern das stärkste Mittel. Regelmäßig angewendet, macht es Ihr Haar von Mal zu Mal heller. Lassen Sie Ihr Haar von der Sonne trocknen, das verstärkt den Effekt.

Vier Eßlöffel Rhabarberwurzel, fein gehackt, mit 900 ml Wasser zum Kochen bringen und 20 Minuten köcheln lassen. Dann einige Stunden stehen lassen. Nach dem Shampoonieren übers Haar gießen, auffangen und mehrfach wiederholen.

Für dunkles Haar

Kochen Sie entweder aus Salbeiblättern oder Salbei und Rosmarin oder Salbei und getrockneten Himbeerblättern einen starken Absud und spülen Sie damit Ihr Haar.

Stärker ist das Ergebnis, wenn Sie das folgende Rezept anwenden, auf das meine toskanischen Freundinnen schwören:
Eine reichliche Handvoll Blätter vom Walnußbaum zusammen mit drei, vier Früchten in der grünen Schale in eineinhalb Liter Wasser zum Kochen bringen. 20 Minuten köcheln lassen, durchseihen und als Spülung nach dem Shampoonieren übers Haar gießen.

Mühsamer, aber auch intensiver ist die folgende Prozedur: Zerstoßen Sie eine Handvoll unreifer grüner Walnußschalen in einem Mörser und geben Sie eine Handvoll Walnußblätter hinzu. Bedecken Sie alles mit Wasser, fügen Sie eine Prise Salz dazu und lassen Sie die Flüssigkeit drei Tage ziehen. Dann mit fünf Tassen Wasser auffüllen und fünf Stunden lang auf kleiner Flamme köcheln lassen. Am Schluß sollte mindestens eine Tasse übrigblieben. Gießen Sie das Ganze durch ein Sieb und kochen Sie die Flüssigkeit weiter ein. Die dunkelbraune Farbe, die Sie dadurch erhalten, überdeckt sogar graues Haar.

Wenn Sie zum Schluß eine Spülung aus starkem Salbeitee verwenden, bereiten Sie Ihrem Haar eine Freude – Salbei ist ein wunderbarer Conditioner – und verstärken den Effekt der Walnußfärbung. Die Salbeispülung geht so: Eine Handvoll frische oder zwei Eßlöffel getrocknete Salbeiblätter mit einem halben Liter kochendem Wasser übergießen und 10 Minuten lang ziehen lassen. Abkühlen lassen und übers Haar gießen. Nicht ausspülen!

Für rotes Haar

Seit Jahrtausenden erprobt und bewährt ist Henna, das Sie in Kräuterhandlungen und im Body Shop kaufen können. Falls Sie zu fettigem Haar neigen, können Sie das Problem mit Henna mildern, da es eine austrocknende Wirkung hat. Wenn Ihr Haar zu Trockenheit neigt, sollten Sie im Anschluß an die Behandlung mit Henna ein gutes Öl ins Haar massieren. Hervorragend ist Teebaumöl. Einfach ein paar Tropfen zum Shampoo dazugeben.

Haarkuren aus der Natur

Kapuzinerkresse

Kapuzinerkresse enthält viel Schwefel und gilt deshalb als Wundermittel gegen alle Haarprobleme. Schwefel bindet die Aminosäuren in den Haarwurzeln, ein Mangel kann zu leblosem, stumpfem Haar führen.

Bereiten Sie aus einer Handvoll Blüten, Stielen und Blättern und einem halben Liter Wasser einen starken Sud (15 – 20 Minuten köcheln lassen), gießen Sie ihn durch ein Sieb und massieren Sie sich mit der abgekühlten Flüssigkeit die Kopfhaut. Den Rest können Sie nach dem Waschen als Spülung verwenden. Die französischen Herbalisten schwören darauf. Wenn Sie damit Erfolg haben, können Sie sich daraus eine Lotion zubereiten, die ein paar Monate hält.

Geben Sie 100 g feingehackte Blüten und Samen in 250 ml Wodka (meine italienischen Freundinnen verwenden Grappa). Lassen Sie die Mischung zwei Wochen lang gut verschlossen ziehen. Dann filtern, ausdrücken und in eine Flasche abfüllen. Wenn Ihnen der Duft nicht gefällt, können Sie ein paar Tropfen Geraniumöl dazugeben. Beschriften nicht vergessen! Die Kopfhaut regelmäßig damit massieren. Falls Sie keine Kapuzinerkresse haben: Brunnenkresse enthält die gleiche Menge Schwefel und ist ebenso wirkungsvoll!

Kräuteressigspülung

Wenn Ihr Haar stumpf erscheint, ist möglicherweise der Säuremantel der Kopfhaut durch zuviel alkalihaltiges Shampoo gestört. Apfelessig als letzte Spülung gibt Ihrem Haar den Glanz zurück. Wenn Sie die Wirkung überzeugt, können Sie das Mittel noch verbessern: Bringen Sie eine Handvoll frischer Kräuter (Salbei, Rosmarin, Kamille) in 500 ml Wasser zum Kochen. 10 Minuten köcheln lassen, filtern und mit der gleichen Menge Apfel- oder Weißweinessig vermischen. Abkühlen und in eine Flasche füllen. Hält wochenlang.

Brennessel-Spülung

Brennesseln enthalten jede Menge Vitamine und Minerale, die gut für Haar und Kopfhaut sind. Kochen Sie aus frischen jungen Brennesseln einen kräftigen Absud, lassen Sie ihn abkühlen und massieren Sie sich damit die Kopfhaut. Wenn Sie das einige

Wochen jeden zweiten Tag tun, werden Sie Ihr Haar nicht wiedererkennen. Zusätzlich sollten Sie in dieser Zeit viel blutreinigenden Brennesseltee trinken!

Sind fast überall frisch zu haben

Klettenspülung

Ebenfalls reich an gesunden Mineralen und völlig gratis ist die Wurzel der Klette, die überall am Wegesrand wächst. Kochen Sie eine Handvoll gutgereinigter Wurzeln in einem Liter Wasser auf und lassen Sie die Mischung 20 Minuten köcheln. Gut in die Kopfhaut einmassieren. Danach das Haar mit einem milden Shampoo waschen und den Rest des Absuds als Spülung verwenden. Haare an der Luft trocknen lassen.

Zwiebelkur

Nicht jedermanns Sache, aber seit Jahrhunderten bewährt: Zwiebeln enthalten viel Schwefel und sind deshalb gesund fürs

---

WUNDERKRÄUTER FÜR IHR HAAR

Kräuter gegen fettiges Haar:
Hamamelis, Lavendel, Minze, Ringelblume, Rosmarin, Schachtelhalm, Schafgarbe, Zitronen, Zitronenmelisse.
Kräuter gegen trockenes, stumpfes Haar:
Beinwell, Brennessel, Holunderblüte, Klette, Petersilie, Salbei, Stockrose
Kräuter für volles, glänzendes Haar:
Brennessel, Brunnenkresse, Eberraute, Kapuzinerkresse, Labkraut, Petersilie, Ringelblume, Rosmarin, Salbei, Schachtelhalm, Zitronenblüte.

Haar. Reiben Sie Ihre Kopfhaut vor dem Shampoonieren sorgfältig mit einer rohen Zwiebel ein und lassen Sie den Saft eine
halbe Stunde lang einziehen. Danach Hände und Haar gründlich
waschen. Riecht nicht gut, gibt Ihrem Haar aber Glanz und
Leben zurück.

WUNDERMITTEL FÜR DIE HAUT

Die beste Hautpflege ist und bleibt gesunde Ernährung. Essen
Sie reichlich frisches Obst und Gemüse: Aprikosen, Äpfel, Orangen, Paprika und Karotten, je mehr desto besser. Und im Früh-
sommer gibt es zum Entwässern nichts Besseres als frische
Erdbeeren und jungen Spargel. Trinken Sie, wenn Ihre Haut
müde, schlapp und grau ist, reichlich blutreinigende Kräutertees. Hervorragend geeignet sind Brennesseltee, Löwenzahntee
und Zinnkraut. Und bereiten Sie Ihren Salat nach Möglichkeit
immer mit Olivenöl extra vergine zu, Sie können Ihrem Körper
(und Ihrer Schönheit) keinen größeren Gefallen tun.

*Pflanzen wirken nicht nur von
innen, sondern auch von außen*

Die meisten Dinge, die Sie Ihrer Haut von innen zuführen,
wirken auch von außen. Anstatt die teuren Fruchtsäurecremes
zu kaufen, die heutzutage als wahres Wundermittel gegen Falten gelten, können Sie Ihrer Haut die Früchte genausogut von
innen und von außen zuführen, und zwar pur. Unsere Vorfahren
haben das schon seit langen Zeiten getan.

FRUCHTSÄUREN, FRISCH VOM BAUM
(ODER VOM OBSTSTAND)

Aprikosenkur

Kaufen Sie ein paar reife, saftige Aprikosen ein. Zugegeben, sie zu bekommen, ist nicht einfach. Die Früchte, die bei uns erhältlich sind, sind meistens unreif und ziemlich geschmacklos, und so ist es kein Wunder, daß sie auch im Gesicht nicht gerade eine sensationelle Wirkung erzielen. Wenn Sie aber das Glück haben, wirklich saftige, sonnengereifte Aprikosen zu bekommen, essen Sie die meisten und gönnen Sie eine besonders weiche, gut zerdrückt, Ihrem Gesicht. Vorsicht, daß der Saft nicht auf Ihre Kleidung tropft. Wenn Sie möchten, können Sie die Maske mit gemahlenen Mandeln oder ein wenig Heilerde andicken. Aprikosen enthalten viel Beta-Carotin und sind zugleich ein guter Sonnenschutz.

Zitronenkur

Die Frauen in den Mittelmeerländern wissen schon seit Jahrhunderten, daß Zitronen und Orangen ein ausgezeichnetes Schönheitsmittel sind. Besonders gut wirken die Südfrüchte bei fettiger Haut. Lassen Sie den Saft auf dem gereinigten Gesicht über Nacht einwirken. Zitronensaft hilft hervorragend bei Mitessern und Pickeln. Er soll auch ein gutes und bewährtes Mittel gegen Falten sein, obgleich Sie da natürlich keine Wunder erwarten dürfen. Verdünnen Sie den Saft einer frischgepreßten Zitrone mit ein wenig Mineralwasser und massieren Sie sich damit sanft das Gesicht ein.

Apfelkur

Äpfel gibt's rund ums Jahr. Sie spenden der Haut Feuchtigkeit, jede Menge gesunder Vitamine, Mineralstoffe und Eiweißbausteine und gelten wegen des in ihnen enthaltenen Pektins als wahrer Jungbrunnen für die Haut. Tragen Sie eine Maske aus geriebenen Äpfeln und gemahlenen Mandeln auf und lassen Sie

Ein wahrer Jungbrunnen

sie eine Viertelstunde lang einziehen. Oder geben Sie Apfelsaft auf einen Wattebausch und betupfen damit Gesicht und Hals. Ein paar Minuten einziehen lassen. Macht Gesichtshaut und Hals straff und glatt.

Erdbeerkur
Zerdrücken Sie ein paar reife, saftige Erdbeeren mit der Gabel und tragen Sie das Mus vorsichtig auf. Macht Ihr Gesicht weich und rosig. Am besten anwendbar sind die meisten dieser »saftigen« Kuren, wenn Sie sich entspannt hinlegen, Körper und Kleidung mit einem alten Handtuch abdecken und eine Freundin bitten, Ihnen die Fruchtmaske vorsichtig mit einem kleinen Löffel aufzutragen.

Orangenkur
Vermischen Sie die zerkleinerte Schale einer ungespritzten Apfelsine mit Joghurt und tragen Sie die Mischung als Feuchtigkeitsmaske auf Ihr Gesicht auf. Bringt Ihre Haut zum Leuchten!

FRISCHES GEMÜSE FÜR DIE HAUT

Avocadokur
Avocados enthalten viel Vitamin A und E und sind eine wunderbare Nahrung für trockene Haut. Wissenschaftler haben festgestellt, daß Avocadofleisch den Körper dazu anregen kann, das embryonale Kollagen zu produzieren, dem Babys ihre weiche

Haut zu verdanken haben. Heben Sie sich von Ihrer nächsten reifen Avocado ein Stückchen auf, reiben Sie sich das zerdrückte Fruchtfleisch ins Gesicht und lassen Sie es eine Viertelstunde lang einwirken, danach spülen sie es mit lauwarmem Wasser ab. Oder löffeln Sie die Frucht aus der Schale und reiben Sie sich mit der Innenseite der Schale das Gesicht ab. Falls noch etwas übrigbleibt: Ihre Hände freuen sich drüber!

Gurkenkur
Gurkensaft macht die Haut frisch, weich und feucht. Scheiben aufs Gesicht legen und eine Viertelstunde einziehen lassen. Oder wenn Sie das nächste Mal Gurken schälen, das Gesicht mit der Innenseite der Gurkenschalen einreiben.

Karottenkur
Karottensaft macht die Haut frisch und weich, hilft gegen Hautunreinheiten. Karotten enthalten viel Vitamin C und Carotin. Für

Der Rest schmeckt auch gut!

eine Maske kochen Sie die Karotten weich, zerdrücken sie zu Brei und vermischen sie mit ein paar Tropfen Weizenkeimöl. Binden Sie den Brei mit gemahlenen Mandeln und tragen Sie die Maske auf. 20 Minuten einwirken lassen und gut mit lauwarmem Wasser abwaschen.

Kartoffelkur
Frisch geriebene rohe Kartoffeln aufs Gesicht auftragen und 10 Minuten einwirken lassen, dann mit Wasser abwaschen.
Befreit die Haut von abgestorbenen Zellen, heilt und nährt. Wenn Sie wenig Zeit haben: Rohe Kartoffelscheiben aufs Gesicht legen und einwirken lassen.

Die drei Stars unter den kosmetischen Kräutern sind Kamille, Ringelblume und Beinwell. Sie wachsen in jedem Garten und sind wahre Zauberkünstler. Beinwell erneuert oder regeneriert

Beinwell, Kamille und Ringelblume sind die Stars

erschlaffte Hautzellen. Ringelblumen helfen gegen Hautentzündungen. Kamille heilt Wunden und Entzündungen.

Kochen Sie aus einer Handvoll Kräuter und einem halben Liter Wasser einen starken Tee, gießen ihn durch einen Kaffeefilter und benutzen Sie die Flüssigkeit als erfrischende und heilende Gesichtslotion. Hält etwa 24 Stunden.

Kräutersauna fürs Gesicht

Einmal in der Woche sollten Sie Ihrem Gesicht ein Dampfbad gönnen. Es öffnet die Poren, regt die Durchblutung an und befreit die Haut von Schlacken. Folgende Kräuter stehen zur Auswahl.

Lavendel und Kamille wirken heilend, gut für gereizte Haut.

Rosmarin und Ringelblume heilen und hemmen Entzündungen.

Schafgarbe belebt und strafft.

Pfefferminze und Holunder adstringieren und beleben.

Borretsch und Beinwell sind gut für trockene Haut.

So wird's gemacht:

Zwei Handvoll Kräuter mit kochendem Wasser übergießen, kurz mit einem Holzlöffel umrühren und 10 Minuten zugedeckt ziehen lassen. Dann den Tee zum Kochen bringen, vom Herd nehmen. Halten Sie ein Handtuch über den dampfenden Topf und stecken Sie den Kopf darunter – so nahe, daß Sie es gut aushalten können, mindestens 5 –10 Minuten lang.

Erfrischen Sie anschließend die Haut zunächst mit lauwarmem und dann mit kaltem Wasser. Zum Schluß geben Sie ein wenig von dem selbstgemachten Rosenessig auf einen Wattebausch und tupfen damit das Gesicht ab, das zieht die Poren zusammen.

Rosenessig

Mit diesem erfrischenden Rezept verwöhnten schon die Damen am Hofe der englischen Königin Elisabeth I. ihre Haut.
Sammeln Sie die Blätter roter Rosen kurz ehe sie verwelken. Schneiden Sie das Weiße ab und geben Sie einige Handvoll in ein Einmachglas. Bedecken Sie die Rosenblätter mit Weißwein oder Apfelessig, und lassen Sie sie drei Wochen lang ziehen.

Ein königliches Rezept

Dann wird die Flüssigkeit durch einen Filter oder ein Sieb gegeben und im Verhältnis 1:1 mit destilliertem Rosenwasser (gibt es billig in jeder Apotheke) verdünnt. Füllen Sie die leuchtend rote Flüssigkeit in Ihre schönste Glasflasche, und benutzen Sie den Rosenessig – nochmals stark verdünnt: ein Teil Rosenessig auf vier Teile Wasser – als belebende Gesichtslotion. Sie werden sich wunderbar fühlen!

Kräuterpackung

Geben Sie eine Handvoll frische (oder drei Eßlöffel getrocknete, eingeweichte) Brennesseln, Rosmarin, Löwenzahn (oder was auch immer Ihnen gut tut) zusammen mit zwei Eßlöffeln Mineralwasser in den Mixer und lassen sie es zu einem Brei zerkleinern. Verrühren Sie den Kräuterbrei mit ein wenig gemahlenen Mandeln oder Heilerde zu einer dicklichen Paste. Geben Sie die Mischung auf das gut gereinigte Gesicht, packen Sie zwei Gurkenscheiben auf die Augen, und legen Sie eine halbe Stunde die

Füße hoch. Dann waschen Sie die Maske mit lauwarmem Wasser ab und erfrischen Ihr Gesicht mit dem unvergleichlichen Rosenessig.

Kräuter, die Heilung bringen

Wir werden wohl nie das Geheimnis lüften, auf welche Weise die Menschen erfahren haben, daß manche Pflanzen helfen können, Kranke gesund zu machen. Hat es, wie viele vermuten, einer der Götter seinen Lieblingen zugeflüstert? Haben die Schamanen dieses Wissen von ihren Reisen in andere Wirklichkeiten mitgebracht? Wie immer, wenn die Menschen keine Antwort auf ihre Fragen bekommen, entstehen Mythen, die das Unfaßbare in Bildern darstellen, und so gibt es auch die Geschichte von Moses und der Kräuterheilkunde.

Moses litt einmal unter unerträglichen Kopfschmerzen. Die Kinder Israels schickten ihm ihre Ärzte, die gaben ihm Medizin und sagten: »Hier, nimm das.« Er antwortete: »Nein.« Andere

Moses war nur schwer zu überzeugen

kamen, brachten ihm andere Medizin und rieten, diese zu versuchen, und wieder weigerte er sich. Da schickte Gottvater den Erzengel Gabriel zu Moses und erteilte ihm den göttlichen Befehl, die Medizin einzunehmen. »O Moses«, ließ er ihm ausrichten, »ich habe so viele Pflanzen geschaffen, damit meine Kinder wieder gesund werden können. So viele Dinge in dieser Welt sind zur Heilung da. All das habe ich ersonnen, damit die Menschen es benutzen. Willst du, daß meine Weisheit und die

Mühe, die ich mir gegeben habe, umsonst sind? Ist es dein Wunsch, wieder gesund zu werden, ohne daß du etwas einnimmst? Wenn ja, dann werde ich dir deine Gesundheit nicht zurückgeben. Denn wenn ich es täte, dann wäre die Weisheit, die ich in die Schöpfung gelegt habe, überflüssig.« Also tat Moses, wie Gott ihm befohlen hatte, und die Kopfschmerzen vergingen. Und weil die Mythen aller Kulturen einander ähneln, wurden Heilkräuter nicht nur bei den Juden, sondern bei allen alten Völkern als etwas Göttliches verehrt.

Allein die Vorbereitung zum Einbringen der Heilpflanzen war eine fast mystische Handlung. Wer Kräuter sammeln ging, mußte eine Fülle von Ritualen befolgen, denn nur dann, so glaubten unsere Vorfahren, entfalten die Pflanzen ihre volle Wirkung. Beim Suchen und beim Graben hing alles Gelingen am richtigen Wort, an der zauberkräftigen Formel. Bräuche und Formeln vererbten sich als kostbares Geheimnis von Generation zu Generation. Sie halfen die Krankheit zu bannen, weil sich Zauberformeln und durch Erfahrung gewonnenes Wissen um die Heilkräfte der Natur auf magische Weise ergänzten.

HEILKRÄUTER SAMMELN –
EINE HEILIGE HANDLUNG

Nicht nur die Mondphase war dabei von großer Wichtigkeit (siehe S. 22ff.), auch der astrologische Herrscherplanet der jeweiligen Pflanze und der Tag der Woche waren von Bedeutung. Selbst die körperliche und moralische Reinheit desjenigen, der die Pflanzen sammelte, spielten eine große Rolle.

Wenn die Kräuterkundigen »nüchtern und mit reinen, keuschen Gedanken« lange vor Sonnenaufgang zum Sammeln aufbrachen (die Strahlen der aufgehenden Sonne, so glaubte man, würden die magische Kraft der Pflanzen zerstören), mußten sie ein Bad genommen und frische weiße Kleidung angezogen haben. Sie durften mit keiner Menschenseele ein Wort wechseln. Vor dem Abschneiden oder Herausreißen mußten sie einen magischen Kreis um die Pflanze ziehen, und ihr Werkzeug durfte keinesfalls aus Eisen sein. Es folgte ein Gebet oder eine Beschwörung und meist auch eine Erklärung, für welchen Kranken die Pflanze notwendig war, damit sie mit ihrem Opfer ausgesöhnt war. Als Dank hinterließ der Kräutersammler ein Stück Brot oder eine Geldmünze im Boden. Die abgeschnittene Pflanze durfte keinesfalls den Erdboden berühren, um nicht die magische Wirkung zu beeinträchtigen. Sie wurde in ein weißes Tuch gehüllt und zu dem Patienten getragen, wo für die Behandlung ein ähnlich kompliziertes Ritual erforderlich war. Es bestand natürlich immer das Risiko, daß der Kräutersammler eine Regel nicht bis ins letzte beachtet hatte und die Behandlung mißlang.

Ein Fehler gefährdet Ihre Bemühungen

Für all das hatte das Christentum keinen Platz mehr, und so lebten die Bräuche der Magie im Untergrund weiter. Künftig erteilte die Kirche die Anweisungen, wie Kräuter gepflückt werden sollten, und die zu befolgen, war nicht weniger mühsam als die überlieferten heidnischen Methoden. Das Gnadenkraut, gratiola officinalis, durfte zum Beispiel nur nach folgenden Vorbereitungen gesammelt werden:

»Wenn du eine Pflanze gefunden hast, sprich zuerst:
›Im Namen des Vaters suche ich dich, und im Namen
    des Heiligen Geistes pflücke ich dich.
Mir und allen, die dich tragen,
sollst du eine Wehr sein gegen die Geschosse aller
    Feinde.

Zauber vertreibe. Gefangene löse, Verurteilte befreie,
und die Gnade aller Menschen erhalte mir.
Im Namen des Vaters, des Sohnes und des
Heiligen Geistes.‹

Dann sprich das Evangelium: Im Anfang war das Wort, fünf
Vaterunser, fünf Avemaria und fünf ›Ich glaube an Gott,
den Vater‹. Dann ziehe das Kraut mit der Hand hinaus, lege
es an Mariae Himmelfahrt auf den Altar, an dem die Messe gelesen wird, und besprenge es mit Weihwasser. Dann gilt
es.«

KRÄUTERWEIHE

Dieses Segensgebet für Heilkräuter stammt aus dem 10.
Jahrhundert.

Allmächtiger Gott, den Menschen
Urheber allen Heils und aller Gesundheit,
du Arzt für Leib und Seele
in unerforschlicher Weisheit hast du
eine Fülle von Pflanzen als heilwirkende Medizin
für die Kranken geschaffen.
Wir bitten dich: Erfülle diese Kräuter,
die du erschaffen hast,
mit deinem heilsamen Segen,
und jedem Kranken, der sie braucht,
seien sie Arznei für den Leib
und Kraft für die Seele
auf daß er dir Dank abstatte und alle Geister
loben unseren Herrn Jesus Christus.

Übrigens: Restspuren dieser magischen Beschaffungsrituale sind auch heute noch in der Schulmedizin vorhanden. Zum Beispiel dann, wenn der Patient vom weißgekleideten Arzt ein unleserliches Rezept in die Hand gedrückt bekommt, das nur der weißgekleidete Apotheker zu entziffern und einzulösen imstande ist.

Die Behandlung mit den so mühevoll gesammelten Heilkräutern verlief in alten Zeiten freilich oft ganz anders, als man es von der modernen Kräuterheilkunde gewöhnt ist. Wenn man heute Bücher über Heilpflanzen liest, klingt darin fast immer Respekt für unsere Ahnen an, deren tiefes Verständnis der Natur ihnen zunächst intuitiv, später dann durch Erfahrung vermittelte, gegen welche Krankheiten jedes Kraut gewachsen war, und die es häufig schafften, durch Tinkturen, Tees und Umschläge sanft und ganzheitlich zu heilen.

Ganz sicher ist das in vielen Fällen auch so gewesen. Die Klassiker der Kräutermedizin *De materia medica* von dem griechischen Arzt Dioskurides, in dem 600 Pflanzen und ihre medizini-

Die Klassiker der Kräutermedizin

sche Wirkung aufgeführt sind, und *Naturgeschichte* von Plinius sind zweitausend Jahre alt und trotzdem in ihrer Urform von zeitloser Gültigkeit. Aber seitdem sind sie wieder und wieder abgeschrieben, übersetzt, bearbeitet und den botanischen Bedingungen der verschiedenen Länder angepaßt worden, und das hat diesen beiden wunderbaren Werken nicht immer gut getan, und den Kranken, die auf der Grundlage dieser Werke behandelt wurden, auch nicht in jedem Fall. Denn abgesehen von den zahllosen Fehlern, die sich im Laufe der Jahrhunderte einschlichen, pflegten unsere kräuterkundigen Vorfahren eine Sichtweise von Krankheiten, die von der Perspektive moderner

Naturheilkundiger – und möglicherweise auch von der früherer Kulturen – bisweilen erheblich abweicht.

Vor allem im Mittelalter war die Heilkunde oft von tiefem Aberglauben überlagert. Die Kräuterkundigen wußten aus Erfahrung, welche Pflanzen halfen, oft wirkte sogar eine einzelne Pflanze bei den unterschiedlichsten Beschwerden. Aber weil sie nichts von den in ihnen enthaltenen Wirkstoffen wußten, glaubten sie, daß die Pflanzen auf magische Weise heilten, so wie die

Magie oder Wirkstoff

meisten Krankheiten ihrem Verständnis nach auch auf magische Weise entstanden waren. Sie wurden einem von rachsüchtigen Dämonen geschickt oder von jemandem, der den bösen Blick hatte, angezaubert. Entsprechend wurden die Heilpflanzen, denen man neben den medizinischen auch noch magische Eigenschaften zusprach, dann verwendet.

Neben ganz konventionellen Anwendungsformen wie Tees und Bädern, Inhalationen, Aufgüssen, Spülungen und Räucherungen, war es üblich, Krankheiten auf Bäume zu übertragen. Man band sie zum Beispiel an eine besonders biegsame Weide und lief ganz schnell weg, die Krankheit blieb dann zurück. Beliebt war auch die Methode, Krankheiten zu »verknoten«. Da wurde dann ein Knoten in das für die Behandlung der Krankheit geeignete Heilkraut gemacht. Bei dieser Prozedur durfte die Pflanze auf keinen Fall abgeschnitten oder beschädigt werden – und es wurde ihr feierlich versprochen, daß man den Knoten lösen würde, sobald die Besserung eingetreten sei.

Jahrhundertelang wurden die Heilpflanzen nicht nur intuitiv nach dem Erfahrungswissen eingesetzt, sondern nach dem sogenannten Ähnlichkeitsprinzip. Paracelsus, der überragende Arzt des ausgehenden 16. Jahrhunderts, lehrte, daß Ähnliches stets mit Ähnlichem kuriert werden müsse. So behandelte man beispielsweise Gelbsucht mit gelben Heilkräutern, Kopfschmer-

Ähnliches heilt Ähnliches

zen mit Walnüssen, weil diese dem menschlichen Gehirn ähnlich sahen, Haarausfall mit Frauenhaarfarn, Zahnschmerzen mit Granatäpfeln, deren Kerne sich wie blutrote Perlen in die Schale schmiegen (heute weiß man, daß dieses Mittel im Gegensatz zu vielen anderen auch medizinisch wirksam ist: Granatäpfel sind sehr reich an Vitamin C). Blutwurz sollte gegen Blutkrankheiten helfen, Steinbrech bei Blasensteinen. Bruchkraut wurde zur Heilung von Brüchen drei Tage vor Neumond ausgegraben und dann drei Tage lang an die Bruchstelle gebunden; bei zunehmendem Mond wurde das Kraut dann wieder eingegraben. Hühneraugen behandelten die Römer mit Bohnen, deren Kerne sie auf die Hühneraugen legten. Dann wurden sie in einem Misthaufen vergraben. Sobald sie zu faulen anfingen, sollten auch die Hühneraugen vergehen.

KRÄUTERHEILKUNDE IM MITTELALTER

Wenn ein kleines Kind unruhig war oder nicht recht gedieh, dann gab es im Mittelalter nur eine Erklärung: Jemand hatte es »beschrieen« – mit dem bösen Blick geschädigt. Dann mußte der Zauber unwirksam gemacht werden, und zwar häufig mit Hilfe der sogenannten Beschreikräuter. Dazu gehörte Dürrwurz, Kohldistel, Sumpfgarbe, Frauenflachs und Bergziest. Beifuß schützte, wenn er im Zeichen der Jungfrau ausgegraben wurde, gegen Bisse von Hunden und Schlangen.
Eine wahre Wunderpflanze von universeller Wirkung war die

Königskerze. Man nahm Weihwasser, machte über den kranken Körperteil ein Kreuzzeichen und sprach dreimal: »Unsere liebe Frau geht dreimal über Land, sie trägt den Himmelbrand (volkstümliche Bezeichnung für die Königskerze) in der Hand.« Dann berührt man den erkrankten Körperteil mit den Blüten der Zauberpflanze und konnte zuversichtlich sein, daß diese Behandlung helfen würde.

Auf der Herzgegend getragen, sollte die Königskerze gegen Schlaganfall helfen, gegen chronischen Husten und Schwerhörigkeit. Oder man knickte, wenn jemand krank war, nach Sonnenuntergang einen Stengel der Pflanze gegen Osten und betete für seine Genesung.

Starke magische Kräfte steckten auch in dem Eisenkraut. Wer das Kraut beim Aufgang des Hundssterns sammelte, ohne daß es Sonne oder Mond bescheine, und sich selbst damit salbte,

Probieren Sie es einmal

der konnte alles bekommen, was er sich wünschte. Das Kraut verlieh unbegrenzte Liebeskraft, machte Kinder klug und lernwillig, brachte Reichtum und erhielt ihn, schaffte reiche Ernte, wenn man es in den Acker legt, vertrieb Gespenster, Fallsucht und Kopfweh, zeigte in der Georgsnacht die verborgenen Schätze, schützte vor Mißgeburt und Pest. Man mußte es mit silbernem oder goldenem Werkzeug ausgraben, liegenlassen bis zum Morgentau und durfte es nicht verlassen. Erst kurz vor Sonnenaufgang durfte es aufgehoben werden, aber nie mit Eisen in Berührung kommen.

Die Mistel wurde besonders häufig bei Epilepsie verordnet, nach der schlichten Analogie: So wie die Mistel nicht vom Baum fällt (auf dem sie als Parasit lebt), so fällt auch der nicht, der sie einnimmt.

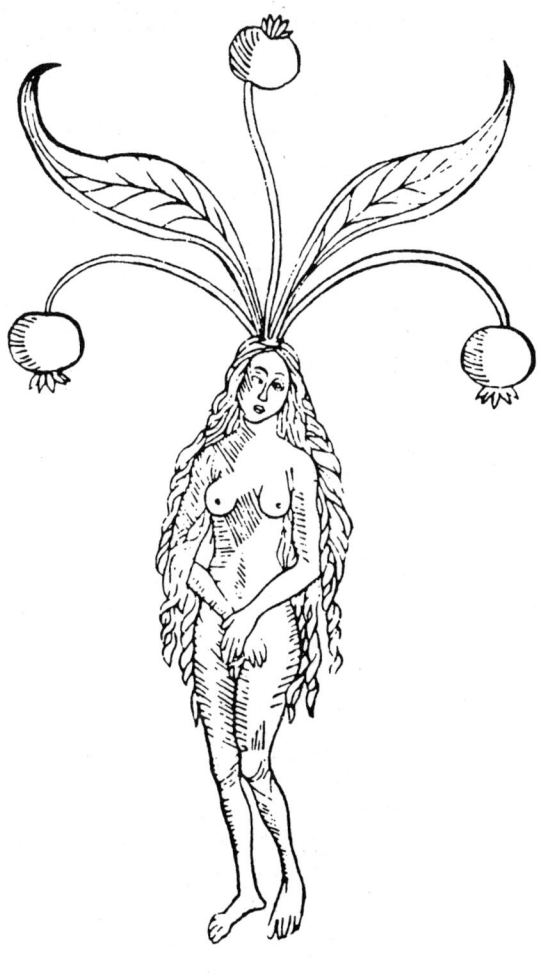

Alraune

Die Alraune galt als Allheilmittel, weil mit ihrer Hilfe die Krankheitsdämonen in die Flucht geschlagen wurden, wenn man sie auch nur in die Nähe der Kranken brachte. Hildegard von Bingen, die begnadete Äbtissin und Heilerin, war zwar überzeugt, daß der Teufel in der Pflanze wohnte, aber zum Glück kannte sie ein Mittel, wie man sie dennoch benutzen konnte. Wenn man die Alraune in frisches Quellwasser legte, verschwand alles Böse.

Eine physiologische Wirkung gab es bei vielen Pflanzen mit Sicherheit, denn sonst wären die Mittel der Volksmedizin nicht über Jahrhunderte erhalten geblieben. Aber nicht zuletzt haben sie geholfen, weil viele Menschen fest an ihre Wirkung glaubten. Heilung ist nach wie vor ein Mysterium. Moderne Ärzte räumen selbstkritisch ein, daß nicht sie heilen können, ebensowenig wie ein Medikament das kann. Heilen kann sich nur der Körper selbst. Alle ärztliche Kunst und Mittel können nur dazu beitragen, die Selbstheilungskräfte ihres Patienten anzuregen. Dabei spielen Kräuter eine wichtige Rolle – und wie man mittlerweile (wieder) weiß, längst nicht nur wegen ihrer Wirkstoffe, sondern auch wegen ihrer Farbe, ihres Dufts und ihrer Energie. Heilung ist und bleibt Magie, und wer oder was uns hilft, wieder

Haben magisch angewandte Heilpflanzen nur als Placebos gewirkt?

gesund zu werden, ohne zu schaden, kann nur gut sein. Dabei spielt es auch keine Rolle, wenn ein solches Mittel von der Schulmedizin als »Placebo« eingestuft wird. Ein Placebo ist eine Medikamentenattrappe ohne jeden Wirkstoff – sogenannte Zuckerpillen, die man dem Patienten nur deshalb verabreicht, damit er das Gefühl bekommt, daß etwas für ihn getan wird.

Aufgrund von weltweiten Studien weiß man heute, daß rund 35 Prozent aller Patienten, die mit Placebos behandelt werden, eine deutliche Besserung verspüren. Dies gilt für Krebs ebenso wie für Asthma, Angina pectoris, Allergien, chronische Schmerzen und so ziemlich alle Krankheiten dieser Welt. Wenn ein Drittel aller Krankheiten durch Placebos positiv beeinflußt werden können, so besitzt unser Geist offensichtlich die Macht, Krankheiten zu heilen. Wir sind uns dieser Kraft meist nur nicht bewußt – oder wir trauen ihr nicht und müssen deshalb durch Medikamente verführt werden, diese Kraft zu nutzen.

Placebos haben in der Heilkunde also durchaus ihre Daseinsberechtigung. Unter diesem Gesichtspunkt ist es nicht verwunder-

Heilen kann sich nur der Körper selbst

lich, daß auch die für unsere Vorstellungen höchst absonderlichen Heilmethoden des Mittelalters häufig Erfolg hatten (siehe dazu auch Kapitel 3).

Aber die Zeiten ändern sich und mit ihnen die Glaubenssätze. Deshalb haben Sie vermutlich doch mehr Erfolg, wenn Sie es mit den Rezepten aus der modernen Kräuterkunde versuchen, die wir Ihnen hier vorstellen. Sie sollten sich jedoch darüber im klaren sein, daß auch Heilkräuter keine harmlose, ungefährliche Medizin sind. Die Kräuterheilkunde ist längst nicht immer so sanft, wie das oft behauptet wird. Kräuter, die wirken, können auch Unheil anrichten und Nebenwirkungen haben, die denen der chemischen Präparate in nichts nachstehen. So ist Kräuterheilkunde alles andere als ein Tummelplatz für Laien. Wenn die Beschwerden anhalten, gehen Sie lieber zum Arzt oder Heilpraktiker. Trotzdem gibt es viele Fälle, in denen man ohne Gefahr Heilkräuter verwenden kann. Hier ein paar Rezepte zum Ausprobieren.

Heilkräuter werden meist zubereitet. Dies sind die klassischen Anwendungsarten:

Aufgüsse und starke Kräutertees

Zubereitung wie bei normalem Kräutertee: Pro Tasse ein Teelöffel getrocknete oder zwei Teelöffel frische Kräuter mit kochendem Wasser übergießen und zugedeckt ziehen lassen. Blüten brauchen meist nur ein paar Minuten, Blätter und Samen sollten Sie ruhig 20–30 Minuten ziehen lassen.

Absud

Die harten Teile der Heilpflanzen – Wurzel, Rinde, Samen, Stiele – mit kaltem Wasser zum Kochen bringen. Mindestens eine Viertelstunde auf kleiner Flamme köcheln lassen, damit die Wirkstoffe verfügbar werden.

Heiße Umschläge

Sauberes Leintuch in Aufguß oder Absud tauchen, auswringen und auf den befallenen Körperteil legen.

Salben

Acht Teile Vaseline oder andere weiche Fettstoffe mit zwei Teilen Kräutern (z. B. Ringelblumenblüten) heiß werden lassen, dabei gut vermischen.

Warme Packung

Füllen Sie die Kräuter in ein weiches, sauberes Tuch oder Säckchen, das so groß ist wie die Körperfläche, die Sie damit behandeln wollen. Gießen Sie kochendes Wasser darüber und drücken Sie die Packung in einem sauberen Handtuch gut aus. Dann legen Sie sie, so heiß, wie es gerade noch auszuhalten ist, auf den schmerzenden Körperteil. Hilft bei Nervenschmerzen, schmerzenden Gelenken und Muskeln und bewirkt, auf den Bauch gelegt, erholsamen Schlaf!

Erkältungen

Beim ersten Anzeichen einer Erkältung aus Minze, Schafgarbe und Holunderblüten einen Tee kochen (Holunderblüten einfrieren, so haben Sie einen Vorrat fürs ganze Jahr). Jeweils einen halben Teelöffel der getrockneten Kräuter mit heißem Wasser übergießen und 20 Minuten ziehen lassen. Durchsieben, ein wenig Honig hinzugeben, nach Möglichkeit eine Prise Cayenne-Pfeffer, das verstärkt die Wirkung noch. Trinken Sie den Tee

WIE DIE KRÄUTER IN DEN GARTEN KAMEN

Die meisten Heilkräuter wuchsen ursprünglich wild, und entsprechend mühsam war das Sammeln. Daß sie schließlich kultiviert und in Bauerngärten angepflanzt wurden, ist Kaiser Karl dem Großen zu verdanken. Um 800 nach Christus hatte er nämlich verfügt, daß Heil- und Gewürzpflanzen künftig auf den kaiserlichen Gütern anzubauen seien. Aus den kaiserlichen Gärten wanderten die Heilkräuter dann zu den Gaugrafen, in die Burggärten und wurden schließlich bei den Siedlern und Bauern heimisch. Schön eingezäunt, ein sicherer Platz für den »Kräutergesund«, fand man dort den bitteren Wermuth, Salbei und Akelei, Fenchel, Lavendel, Johanniskraut, Ysop und Thymian – Pflanzen, an deren schützende Kraft oder heilende Kraft man glaubte.

so oft wie möglich. Die Beschwerden lassen spürbar nach, und das Fieber geht auch herunter.

Erschöpfung, nervöse

Die Wurzeln des Baldrian im Herbst aus dem Boden nehmen. Waschen, trocknen, nicht schälen, weil die Wirkstoffe der Haut am besten sind. Tee aus einem Teelöffel getrockneter Wurzel (zuvor einen Tag lang in kaltem Wasser einweichen lassen) hilft gegen nervöse Erschöpfung, Depressionen, Angst, Kopfweh, Darmkrämpfe und chronische Schlaflosigkeit. Nicht über einen längeren Zeitraum nehmen, macht abhängig!

WUNDERMITTEL HAUSWURZ

Die Hauswurz kam in jedem Garten vor, ihr schrieb man eine ganz besonders starke Wunderkraft zu. Der Saft war hochgeschätzt, mit Schweinefett vermischt wurde er zu einer Heilsalbe gegen alle möglichen Gebrechen. Wenn jemand sich verletzte, wurde Hauswurzsaft auf die Wunde geträufelt, und die Wunde heilte ohne Entzündung, offenbar besitzt die Pflanze eine desinfizierende Wirkung. Einem alten Kräuterbuch zufolge sind die Blätter gut gegen Rotlauf, Entzündung der Augen, Brand und Geschwüre. »Ist aber auch ein guter Geist fürs Haus. Glück und Segen sollte er erhalten und vor Blitzschlag schützen.« Es gab kaum etwas Schlimmeres, als eine Hauswurz zu entfernen. Wer so etwas tat, stellte den Bestand von Haus und Hof in Frage und beschwor den wirtschaftlichen Ruin herauf. Da hieß es dann etwa von jemand: »Er hat abhauen müssen. Hat ja die Hauswurz von seinem Dach runtergeschmissen.«

Geschwüre und Ekzeme

Beinwell ist ein bewährtes Mittel der Naturheilkunde. Die Blätter enthalten Allontain, ein Protein, das die Zellteilung anregt, außerdem viel Vitamin A, C, und B12. Wirkt als Salbe, Öl oder einfach durch aufgelegte Blätter bei den verschiedensten Beschwerden: Zahnfleischentzündungen, Geschwüren, verstauchten oder schmerzenden Gliedmaßen, Akne und Ekzemen. Als Tee bei Bronchitis und Magengeschwüren angezeigt.

Halsschmerzen

Salbeitee ist ein Wundermittel gegen Halsschmerzen. Einen halben Teelöffel getrockneten oder einen Teelöffel frischen Salbei mit kochendem Wasser übergießen und zugedeckt min-

Ein bewährtes Mittel

destens 15 Minuten ziehen lassen. Viermal am Tag eine Tasse trinken, zwischendurch gurgeln, so oft Sie mögen. Schwangere sollten keinen Salbeitee trinken, weil er in seltenen Fällen eine abtreibende Wirkung haben kann.

Hautunreinheiten

Zweimal täglich eine Tasse Löwenzahntee beseitigt Ekzeme und wirkt blutreinigend. Löwenzahnextrakt aus den Wurzeln ist gut für die Leber, hilft bei Rheuma und ist ein mildes, völlig gefahrloses Abführmittel.

Herpes

Wenn Sie in Streßsituationen von Herpesbläschen geplagt werden, geben Sie beim ersten Anzeichen je sechs Tropfen Teebaumöl und Eukalyptusöl in zwei Teelöffel Gin oder Wodka. Sofort mit einem Wattestäbchen auf die noch nicht sichtbaren

Bläschen auftragen, bei Bedarf wiederholen. Wenn Sie spüren, daß sich die Bläschen bilden, aber Sie haben gerade kein Teebaumöl im Haus: Manchmal hilft auch Aloe-Vera-Gel oder -Saft, Lavendelöl oder Hamamelis mit Myrrhentinktur.

Hexenschuß, Verstauchungen, Blutergüsse

Seit Jahrhunderten bewährt sich Rotöl, auch Johanniskrautöl genannt. Sie bekommen das Öl in der Apotheke oder stellen es selbst her:
Frisch gezupfte Johanniskrautblüten in einem hellen Glasgefäß mit Olivenöl übergießen und an einem hellen, warmen Ort verschlossen ziehen lassen. Nach etwa sechs Wochen nimmt das Öl eine leuchtend rote Farbe an. Durch ein Sieb pressen, gut ausdrücken und abfüllen. Hilft gegen Hexenschuß, Verstauchungen, Blutergüsse.

Kater

Mit diesem Mittel haben schon die Römer den Kater nach ihren Orgien besiegt: Eine ganze Knolle Knoblauch Zehe für Zehe schälen und in 300 ml Rotwein erhitzen, 20 Minuten köcheln lassen. Durchsieben und mit dem Partner der durchzechten

Partnertherapie!

Nacht teilen. Sie werden sich fühlen, als wären Sie neugeboren. Keine Angst, der Alkohol im Wein hat sich durch das Kochen längst verflüchtigt. Die übriggebliebenen Tannine und der Knoblauch vollbringen das Wunder.

Kopfweh

Ein sehr heißes Fußbad mit Rosmarin- oder Lavendeltee kann hilfreich sein. Eiskalte Kompressen mit ein paar Tropfen Pfefferminzöl benutzen, auch Lavendel oder Rosmarin verschaffen häufig Linderung.

Nasenbluten
Wattebausch in Zitronensaft tauchen und in die Nase stecken.

Reisekrankheit
Frischer Ingwer ist das Wundermittel, das andere Medikamente überflüssig macht. Vor Antritt der Reise ziemlich starken Kamillentee zubereiten, zwei Teebeutel auf zwei Tassen Wasser, in eine Thermoskanne füllen, dann 2–3 cm Ingwerwurzel hineinraspeln. Ein Schluck vor Reiseantritt, sonst bei Bedarf.

Schlafstörungen
Fast in Vergessenheit geraten, aber immer noch bewährt: Tee aus Lindenblüten, Lavendel oder Kamille vorm Schlafengehen getrunken, beruhigt und macht wohlig müde. Einen halben Teelöffel pro Tasse.

Schluckauf
Dillsamen kauen!

Sonnenbrand
Kamillentee abkühlen lassen und über die verbrannte Haut geben. Auch Lavendelöl hilft – gibt's im Süden in jeder Apotheke.

Verbrennungen, leichte
Die Blätter der Aloe vera haben große Heilkraft, aber es muß die richtige Sorte sein. Sie zu finden ist nicht einfach, denn es gibt 350 Aloe-Sorten. Am besten, Sie schaffen sich ein Exemplar als Zimmerpflanze an. Die Aloe vera ist unkompliziert und anspruchslos. Sie nimmt es nicht übel, wenn man gelegentlich ein

Der Kräutergarten

paar Blätter als Notfallmedizin abschneidet. Sie ist mit Sonne oder Schatten gleichermaßen einverstanden und läßt sich leicht durch Abkömmlinge vermehren. Abkömmlinge von der Mutterpflanze trennen, zwei Tage trocknen lassen, dann in einer Mischung aus zwei Teilen Erde und einem Teil Sand einpflanzen. Im Winter monatlich, im Sommer wöchentlich gießen, im Frühjahr umtopfen. Dann haben Sie immer Ihre Notfallapotheke

Sollte auch auf Ihrem Fensterbrett stehen

parat. Die Aloe besitzt mehrere Wirkstoffe, die kostbarsten sind in dem klaren, gelatineartigen Saft, der in den Blättern enthalten ist. Er wirkt wunderbar beruhigend bei leichten Verbrennungen. Wenn sich jemand verbrannt hat, schneiden Sie ein Stück ab (zweijährige Blätter sind am besten geeignet), und träufeln Sie den Saft direkt auf die verbrannte Hautstelle. Der Schmerz wird umgehend gelindert, es bildet sich ein schützender Film, so daß keine Bakterien in die Wunde eindringen und die Heilung schnell einsetzen kann. Schmerzlindernd auch bei Sonnenbrand, Ekzemen, Dermatitis, gesprungener oder trockener Haut.

Zahnschmerzen
Gewürznelken kauen: Sie haben eine leicht anästhetisierende Wirkung und sind entzündungshemmend.

Kräuterbüschel

Zwischen dem großen Frauentag (15. August) und dem kleinen Frauentag (8. September, Mariäe Geburt) liegt nach altem Glauben ein besonderer Segen über der Natur. Gifte verlieren ihre

Schärfe, Heilkräfte werden verdreifacht. Deshalb werden in dieser Zeit möglichst viele Heilkräuter gesammelt und zum Weihen in die Kirche gebracht. Maria ist die Beschützerin der Feldfrüchte. Zum traditionellen Weihbuschen oder Kräuterbuschen gehören:

HAUSBLUMEN

Beifuß, Artemisia vulgaris
schützte, wenn im Zeichen der Jungfrau gegraben, gegen Bisse von Hunden und Schlangen. Mittel gegen Frauenleiden. Vertrieb Ungeziefer und schützte vor Verhexen. Heilte Schwindsucht, schützte, ans Haus genagelt, vor Feuer und bösen Geistern.

Eisenkraut, Verbena officinalis
Eisen wurde, so glaubte man, durch nichts so gehärtet wie durch den Saft des Eisenkrauts. Berühmt auch als »Loskraut« zum Weissagen und als Opfergabe bei Kriegen und Friedensschlüssen. Die Magier sagten, wer das Kraut beim Aufgang des Hundssterns sammelt, ohne daß es weder Sonne noch Mond bescheine, und sich damit salbe, alles erlangen könne, was er sich

Allmittel der Hexen

wünsche. Gibt große Liebeskraft, macht Kinder klug und lernwillig, bringt Wohlhabenheit und erhält Reichtum. In den Acker gesteckt, verschafft es reiche Ernte, wer sich die Hände damit salbt, kann alle giftigen Schätze aufheben, es vertreibt Gespenster, Fallsucht, Kopfweh und Kröpfe, zeigt in der Georgsnacht die verborgenen Schätze, schützt vor Mißgeburt und Pest. Man mußte es mit goldenem oder silbernem Werkzeug ausgraben und dann so lange unberührt liegen lassen, bis es vom Morgentau benetzt war, dabei durfte man das Kraut keinesfalls verlassen. Erst kurz vor Sonnenaufgang durfte es aufgehoben werden, aber nie mit einem Eisenteil in Berührung kommen.

Johanniskraut, Hyperium perforatum

Johanniskraut besitzt große Heil- und Zauberkräfte. Früher wurden beim Johannisfeuer Kränze aus diesem Kraut als Glücksbringer getragen. Es hieß auch Hartheu, machte »fest« gegen Hieb, Stich und Kugeln. In der Medizin spielte Johanniskraut eine große Rolle – nach Paracelsus war es eine wahre Universalmedizin, und auch in der modernen Kräuterheilkunde hat es noch einen festen Platz, sowohl als Tee (gut gegen Leberleiden) und auch als Öl. In der Magie galt die Pflanze, die auch »Jag den Teufel« genannt wurde, als wirksames Mittel gegen Zauberei und Teufel. Die Hexen mußten während der Prozesse den Johanniskrautsaft trinken, damit die Wahrheit ans Licht käme. Außerdem schützte es vor Blitz, melancholischen Gedanken und gegen unerwünschten Liebeszauber.

Ein wirksames Mittel gegen Zauberei und Teufel

Rezept für Johanniskrautöl:
Frisch gezupfte Blüten in einem hellen Glasgefäß mit Olivenöl übergießen und an einem hellen und warmen Ort verschlossen ziehen lassen. Nach etwa sechs Wochen nimmt das Öl eine leuchtendrote Farbe an. Durch ein Sieb abfüllen. Gut gegen Hexenschuß, Verstauchungen und Blutergüsse.

Wermut

Königskerze, Verbascum thapsus
Half gegen Schlaganfall, chronischen Husten und Schwerhörigkeit.

Rainfarn, Chrysanthemum vulgare, Tanacetum vulgare
wirkte als Bannkraut gegen Hexerei, als Wurmmittel und bei kranken Rindern.

Schafgarbe, Achillea millefolium
früher gegen Pest und Viehseuchen, heute noch verwendet bei Magenleiden und Erkältungen und Leberleiden.

Tausendgüldenkraut, Centaurium minus
große Heilkraft bei Fieber. Gegen Magen- und Nierenleiden.

Wermut, Artemisia absynthum
Die Bezeichnung stammt von Wärmet, wegen der wärmenden Kraft der Pflanze. Half gegen das »Beschreien« der Kinder, förderte Appetit, nahm Alpdruck. Wurde Leichen beigelegt, in heidnischen Zeiten mit dem Holzstoß verbrannt. Beim Hausbau wurden manchmal Salz, Asche, Getreide und Wermut gestreut, vermutlich um den Spuk fernzuhalten.

So wird der Kräuterbüschel gebunden:
Um die Königskerze die anderen Kräuter einzeln oder zu mehreren legen. Wer die klassischen Kräuter nicht hat, kann auch Salbei, Pfefferminze, Kamille, Dost, Thymian etc. nehmen, was immer er in Garten und Natur findet. Aber es sollten immer neun Kräuter sein. Zur Zierde dürfen auch bunte Gartenblumen hinzu.

MAGIE AUS DER TEEKANNE:
KRÄUTERTEES, DIE HELFEN UND SCHMECKEN

Der Geschmack eines Heilmittels kann ganz erheblich zur Heilung und zum Wohlbefinden beitragen. Wenn Ihnen Ihr Kräutertee also absolut nicht schmeckt, heißt die Antwort: mischen.

Kamillentee, mild und sanft, beruhigt die Nerven, hilft gegen Schlafstörungen und Streß. Wer ihn absolut nicht mag: eine Prise Zimt bringt einen guten, würzigen Geschmack und hilft außerdem gegen Erkältungen.

Hibiskustee, leuchtend rot, eignet sich wegen seines fruchtigen Geschmacks hervorragend, andere Tees zu verbessern. Kühlt, entgiftet.

Hopfentee bietet vollen Geschmack, der sich mit den meisten Teesorten gut verträgt. Hilft bei Schlafmangel, Streß und Übelkeit.

Pfefferminztee verträgt sich mit praktisch allen Sorten und aktiviert deren heilende Eigenschaften, verdeckt unangenehmen Geschmack.

Rote Kleeblüten sind gut für Haut und Gesundheit. Honigartiger, zarter Geschmack.

Himbeerblättertee ist hilfreich bei Frauenbeschwerden und in der Schwangerschaft. Die Hundsrose enthält viel Vitamin C.

Rosmarintee besitzt antiseptische Wirkung und hilft bei Bauchweh und Kopfschmerzen.

Magische Blüten:
Bach-Blüten heilen Körper und Seele

Fast jeder kennt heute Bach-Blüten, und Millionen Menschen haben sie schon einmal mit Erfolg eingenommen. Sie haben sich nicht dadurch beirren lassen, daß die Blütenessenzen, die der englische Arzt Dr. Edward Bach vor gut 50 Jahren entdeckte, keinerlei pharmakologische Wirkstoffe enthalten. Es interessiert sie meist nicht, wie die Blüten wirken – so lange sie spüren, daß sie wirken. Und daß sie dazu in der Lage sind, hat sich seit Jahrzehnten – zur Fassungslosigkeit der Schulmedizin – immer wieder bestätigt. Bach-Blüten, so Dr. Bach, »heilen durch die Seele«.

Edward Bach, ein renommierter britischer Pathologe und Bakteriologe, hatte zunächst konservative Medizin betrieben. Er kam zu der Erkenntnis, daß Krankheiten stets dann entstehen, wenn Körper und Seele nicht im Gleichgewicht sind. Bach war nicht der erste Arzt, der diesen ganzheitlichen Ansatz vertrat, aber er hat als erster versucht, die seelischen Probleme und Mißstimmungen, die für den Ausbruch einer Krankheit verant-

Der Tau der Blütenblätter

wortlich sind, mit Hilfe von heilenden Blütenessenzen auszugleichen. Welche Blüten gegen welche negativen Gemütszustände wirkten, entdeckte Dr. Bach, der sensitiv war, im Selbstversuch. Wenn er Kontakt mit einer Pflanze aufnahm, konnte er intuitiv erkennen, welche seelischen Störungen diese Pflanze auszugleichen vermochte. Als er eines frühen Morgens bemerkte, daß die Tiere den Tau von den Blütenblättern dieser Pflanzen ableckten, begriff er, daß die taubenetzten Blüten heilende Kräfte besaßen, und so machte er sich daran, eine Methode zu entwickeln, die den gleichen Effekt erzielte, um die heilenden Blütenessenzen auch den Menschen zukommen zu lassen.

Anstatt die Blüten zu trocknen, wie das die Herbalisten normalerweise taten, bedeckte Bach die frischen Blüten mit destilliertem Wasser und setzte sie einige Stunden der Sonne aus, bis die heilende Energie der Blüten in das Wasser übergegangen war. Diese Blütenessenzen konservierte er mit Alkohol und gab sie seinen Patienten. Im Gegensatz zu den Heilkräutern der Naturheilkunde griffen seine Essenzen nicht in den Chemiehaushalt des Körpers ein, sondern behandelten das Energiefeld des Menschen. Dr. Bach begann mit 12 verschiedenen Blütenmitteln, die er seinen Patienten gegen seelische Verstimmungen verordnete: Gegen Neid ebenso wie gegen Verbitterung, Ungeduld, Arroganz, Angst, Unsicherheit, Mutlosigkeit und viele andere Eigenschaften, die uns das Herz schwer und den Körper krank machen. Die Patienten reagierten so positiv auf die Mittel, daß sich Dr. Bach vom Spott seiner Kollegen nicht beirren ließ und

Der Erfolg gibt immer wieder recht

insgesamt 38 Blütenessenzen entwickelte. Dann hielt er seine Arbeit für abgeschlossen. Als er 1936 starb, bat er seine Mitarbeiter, dafür Sorge zu tragen, daß an seinen Mitteln nichts verändert oder hinzugefügt würde. Lebensumstände und Zeiten mögen sich ändern, unsere emotionalen Grundstimmungen, so Edward Bach, bleiben immer gleich.

Falls Sie Bach-Blüten noch nicht ausprobiert haben:
Sie können mit Bach-Blüten akute Mißstimmungen ausgleichen oder zumindest mildern: Prüfungsangst, Angst vorm Zahnarzt oder vor einer Operation.

Sie können Bach-Blüten über einen längeren Zeitraum einnehmen, um unerwünschte Charaktereigenschaften zu korrigieren. Oder Sie können die Essenzen einnehmen, um schneller gesund zu werden, wenn eine Krankheit bereits ausgebrochen ist. Am besten parallel zu einer medizinischen, homöopathischen oder psychotherapeutischen Behandlung. Bach-Blüten wirken auf der feinstofflichen Ebene und geraten deshalb nie in Konflikt mit anderen Therapieformen.

Schließlich haben Sie noch die Möglichkeit, Bach-Blüten zur Selbsterfahrung einzusetzen.

Die Wirksamkeit der Blütenessenzen ist so häufig bestätigt worden, daß es den Schulmedizinern trotz aller Skepsis schwerfällt, sie zu bestreiten. Da die Blüten nachweislich keinerlei pharmakologische Wirkstoffe enthalten, und die Schulmedizin die Existenz eines feinstofflichen Körpers in der Regel nicht akzeptiert, können sie die Wirkung nur dadurch erklären, daß sie von einem Placebo-Effekt sprechen, so wie sie das immer halten, wenn sie keine Erklärung für etwas haben.

Die Bach-Anhänger selbst haben im Prinzip gar nichts gegen Placebos. Wie könnten sie auch, da sie doch von der Fähigkeit des Körpers zur Selbstheilung überzeugt sind. Aber sie sind völlig sicher, daß sich die Wirksamkeit der Blüten nicht mit dem Placebo-Effekt erklären läßt. Sie begründen das damit, daß die Blüten auch bei Babys, Haustieren und Pflanzen helfen, also Patienten, die kaum suggestiv beeinflußt werden können. Für alle, die mit Bach-Blüten arbeiten, ist die heilende Wirkung auf das Energiefeld des Menschen Erklärung genug. Und der Erfolg gibt ihnen immer wieder recht.

Aphrodites Garten:
Pflanzen, die die Liebe bringen

Liebe ist die mystischste, die magischste aller Energien. Sie kann Zeit und Raum überwinden, Krankheiten heilen und die Welt verändern ebenso wie die Zauberpflanzen und manchmal auch mit deren Hilfe. Zu allen Zeiten haben die Menschen daran geglaubt, daß, wie gegen andere Krankheiten, auch gegen die Liebeskrankheit ein Kraut gewachsen ist. Wenn es mit der Gegenliebe nicht klappen wollte, oder auch um höchste sexuelle Erfüllung zu finden, haben sie auf ihrer Suche nach Bundesgenossen und Helfern im Laufe der Zeit kaum eine Pflanze ausgelassen. Pflanzen, Kräuter und Früchte dienten dazu, Herzen zu schmelzen, abtrünnige Liebhaber zurückzubringen, die Frucht-

Fruchtbarkeit, Vitalität und mehr!

barkeit und Potenz zu stärken, die Vitalität zu erhöhen, die Schönheit zu mehren und sogar, um einen künftigen Ehemann zu benennen. Selbstverständlich wurden sie auch verwendet, um unerwünschte Liebe zu wehren und ungelegenes Feuer abzukühlen.

Chinesische Männer, die Angst hatten, ihre Manneskraft zu verlieren, verzehrten große Mengen Seepferdchen oder pfundweise die Wurzeln des Ginseng, der schon vor zweitausend Jahren rar und sündhaft teuer war. Im Mittelalter wälzten sich züchtige englische Mädchen nackt in frisch gedroschenem Weizen und backten daraus Plätzchen für den ahnungslosen Mann, den sie umgarnen wollten. In vielen Kulturen versuchen die Menschen seit eh und je mit Hilfe von Zauberpflanzen, verführerischen Früchten und betörenden Gewürzen die Freuden der

Liebe aufs höchste zu steigern. Dabei gingen sie häufig Wege, die uns heute ein wenig simpel anmuten. Aber die Methoden müssen irgendwann gewirkt haben – sonst hätten sie nicht so viele Jahrhunderte überdauert. Da gab es die unterschiedlichsten Vorstellungen: Was sexy aussieht, wirkt auch gut. Was exotisch, rar und fast unbezahlbar ist, steigert die Liebeskraft. Was scharf schmeckt, macht auch scharf. Was süß schmeckt, macht auch die Liebe süß.

Die Göttin, die mit diesen Bemühungen in Verbindung gebracht wird, hieß bei den Babyloniern Ishtar, bei den Phöniziern Astarte, bei den Römern Venus und besaß in ihrer griechischen

Die Göttin Aphrodite

Gestalt den bei uns populären Namen Aphrodite, die dem Meer Entstiegene. Die schönste aller Göttinnen, Symbol der Schönheit, Liebe, Fruchtbarkeit, war eine Göttin der Gegensätze. Auf immer jungfräulich, doch mit zahllosen Liebhabern. Die Schutzgöttin der Fruchtbarkeit, Mutter des Eros, des geflügelten Gottes der Liebe. Sie verkörperte die vollkommensten Aspekte der Sexualität, verband Begierde mit Zärtlichkeit und vollendeter Liebeskunst. Die Alten beteten sie an, die Menschen der Moderne verehren sie, indem sie den Substanzen, die der Liebe Flügel verleihen, ihren Namen gaben: Aphrodisiaka.

FRÜCHTE DER LIEBE

In Aphrodites Namen verzehrten unsere Ahnen je nach Klima hoffnungsvoll phallisch geformte Gurken, Karotten, Maiskolben und Bananen. Es gibt ernstzunehmende Forscher, die überzeugt sind, daß nicht der Apfel, sondern die Banane zur Vertreibung aus dem Paradies geführt hat. Eine himmlische Mahlzeit aus gekochten Karotten, die mit Kardamom und Zucker gewürzt waren, hatte eine lange Tradition als Verführungsmahl für arabische Prinzessinnen. Gekochter Spargel, drei Tage hintereinander genossen, würde, so glaubte man im alten England, unstillbare Liebeslust bei Mann und Frau bewirken.

Reis ist im Osten ein uraltes Fruchtbarkeitssymbol, und in manchen Ländern bewirft man noch heute ein Brautpaar nach der Trauung mit Reis. Oder man schätzte Früchte, die mit an nichts zu wünschen übriglassender Deutlichkeit an pralle, kräftige Hoden erinnerten: Allen voran die Avocado, die wollüstige Wunderfrucht der Azteken. Sie waren von der Form dieser Frucht so beeindruckt, daß sie ihr den Namen ahnacatl (Hoden)

Avocado – die Wunderfrucht der Azteken

gaben und ihretwegen allerlei Befürchtungen hatten: Um zu verhindern, daß ihre Jungfrauen auf dumme Gedanken kämen, verfügten sie, daß junge Mädchen während der Avocadoernte nicht das Haus verlassen durften! Aber auch mit Feigen, Guaven, die in unserer Sprache und in einigen anderen auch Passionsfrucht, die Frucht der Leidenschaft, genannt werden, Tomaten, die lange Zeit offiziell den Namen Liebesäpfel trugen, Äpfeln, dem Symbol der Verführung schlechthin, und vielen anderen Obstsorten wurden große Erwartungen verknüpft.

Im »merry old England« servierten die Inhaberinnen der Freudenhäuser ihren Kunden pralle, saftige Pflaumen, um sie auf preiswerte, aber wirkungsvolle Art in Stimmung zu bringen. Saftig-süße Granatäpfel, deren zahllose, leuchtend rote, feuchtglänzende Kerne die Frucht geradezu zum Symbol der Fruchtbarkeit machen, werden im indischen Kamasutra lobend erwähnt: Ihr Verzehr soll den Penis vergrößern und zur Liebe animieren. Oder es gibt Früchte, die den intimen Teilen des weiblichen Körpers bis ins Detail nachgebildet zu sein scheinen:

Das Kamasutra empfiehlt Granatäpfel

Samthäutige Aprikosen oder Pfirsiche mit ihrer suggestiven Spalte versprachen höchste Liebesfreuden, ebenso wie Trauben und Nüsse aller Art. Im alten China wurden der Braut Pfirsiche erstmalig am Hochzeitstag serviert! Montezuma, der Herrscher der Azteken, stärkte sich vor jeder Liebesnacht mit heißer Schokolade, hergestellt aus Kakaobohnen und Schnee, den er zu diesem Zweck aus den Bergen Mexikos herunterbringen ließ, auch Casanova schwor auf die Wirkung von heißer Schokolade. Warum alle diese Früchte wirkten, war unseren Vorfahren gleichgültig. Erst heute interessieren wir uns nicht nur für die Wirkung, sondern auch für die Ursache. Sind es geheimnisvolle Wirksubstanzen aus der Naturheilkunde? Psycho-Tricks? Oder ist alles nichts weiter als Einbildung? Die moderne Ernährungswissenschaft weiß, daß viele Obst- und Gemüsesorten ungewöhnlich viel Vitamin B und E sowie diverse Mineralien enthalten, die die Sexualität anregen. Schokolade wiederum enthält Substanzen, die im Gehirn das gleiche Gefühl von Wohlbehagen

Was die moderne Ernährungswissenschaft herausgefunden hat

auslösen, das wir empfinden, wenn wir bis über beide Ohren verliebt sind.

Granatapfel

Kakaobohne

Aphrodisierender Avocadowein

Wenn Mann und Frau sich plötzlich nicht mehr für Sex interessieren, ist das für die Kariben ein Zeichen, daß dieser Mensch durch zuviel Arbeit, eine Krankheit oder auch ungesunde Ernährung aus dem Gleichgewicht geraten und »kalt« geworden ist. Dann helfen »heiße« Speisen und Gewürze wie Ingwer, Pfeffer,

Ein hochwirksames Rezept aus der Karibik

Ananas, Avocado, Gesundheit und Liebeslust wiederherzustellen. Die Bewohner der Insel Guadaloupe raspeln den Kern einer Avocado und weichen die Raspel acht Stunden in einem Liter Weißwein ein. Am Nachmittag und nochmals vor dem Schlafengehen trinken sie jeweils ein Likörglas.

KRÄUTER FÜR DIE LIEBE

Leider muß gesagt werden, daß unsere männlichen Ahnen bei der Verteilung liebesfördernder Kostbarkeiten nicht gerecht vorgingen. Sie selbst gönnten sich alles, um sexuell auf der Höhe zu sein. Aber die köstlich schmeckenden Wurzeln des Ginseng etwa wurden Frauen »aus gesundheitlichen Gründen« dringend abgeraten. Auch die Azteken waren nicht gewillt, ihre heiße, mit anregender Vanille gewürzte Schokolade, die sie vor der Liebe in großen Mengen tranken, mit ihren Frauen zu teilen. Hatten sie Angst, daß der Genuß geheime Kräfte – oder gar Wünsche – in ihnen wach werden ließe?

Kein Wunder, daß die benachteiligten Frauen bei Bedarf auf die Mittel zurückgriffen, von denen diese seit altersher mehr verstanden als die Männer: auf Heilpflanzen und Kräuter. Schon seit Jahrtausenden ist bekannt, daß diese nicht nur Krankheiten

WAS MÜDE LENDEN WIRKLICH MUNTER MACHT

Eine medizinische Fachzeitschrift hat kürzlich zusammengestellt, welche Früchte nach jüngsten wissenschaftlichen Erkenntnissen als potenzsteigernd gelten können. Dies ist der vorläufig letzte Stand der Dinge:

Apfel: Seine Aminosäuren beleben den Kreislauf, liefern Vitalkräfte.

Aubergine: Die harmlose Schwester des Bilsenkrautes und der Tollkirsche enthält Alkaloide, die entkrampfen und beleben.

Feldsalat: Sein Eisen hilft bei der Blutbildung, seine opiumähnlichen Stoffe entspannen.

Karotte: Ihre Farbstoffe stimulieren die Ausschüttung von Sexualhormonen. Besonders reichlich sind sie im (eßbaren) Kraut der Möhren enthalten.

Petersilie: Zwei ätherische Öle (Apiol und Myristicin) sorgen dafür, daß sich die Geschlechtsteile gut mit Blut füllen. Der Duft der Petersilie wirkt berauschend, soll in größeren Mengen sogar erotische Phantasien hervorrufen.

Lauch: Der darin enthaltene Schwefel ist ein Muntermacher und verjagt Schüchternheit.

Sellerie: Seine Pflanzenhormone regen den Stoffwechsel und die Hormondrüsen an. Knollen nur roh, Stangen auch gekocht essen!

Spargel: Die in ihm enthaltenen Sapotonine sind dem menschlichen Sexualhormon verwandt und wirken auch so.

heilen, sondern auch die Potenz steigern, die Fruchtbarkeit fördern, die Lust erhöhen und Hemmungen mindern können

Frauen verstehen davon mehr

(oder, falls gewünscht, auch das Gegenteil bewirken). Mönchspfeffer, Keuchlamm, Liebstöckl, Rose, Kardamom, Damiana, Basilikum, Koriander, Kümmel, Bohnenkraut, Knoblauch, Sellerie, Hanf und Senf standen den »weisen Frauen« bei Bedarf zur Wahl. Sie mischten daraus die geheimnisvollen Elixiere, die in erster Linie sexuelle Störungen behoben und gegen Unfruchtbarkeit halfen, aber bisweilen auch die Sinne berauschten, die Hemmungen lösten und die Lust zur Raserei trieben – bei Männern und bei Frauen. In vielen Fällen kann das die moderne Wissenschaft nur bestätigen: Zahlreiche Medikamente, die heute gegen funktionale Störungen im sexuellen Bereich eingesetzt werden, enthalten exakt diese Substanzen.

40-TAGE-KUR ZUR STEIGERUNG DER LIEBESKRAFT

Der französische Kräuterheiler Mességué empfiehlt zur Steigerung der Liebeskraft folgende Kur:
Den unteren Teil der Wirbelsäule täglich mit Knoblauch einreiben. Dazu trinkt man täglich zweimal einen Tee aus sechs Teilen Bohnenkraut, zwei Teilen Rosmarin, zwei Teilen Minze und zwei Teilen Eisenkraut. Sind die 40 Tage um, soll man drei Tage lang reinen Bohnenkrauttee zu sich nehmen. Wem diese Zeit zu lang ist, der soll einfach abends bei Bedarf einen Tee aus Rosmarin, Bohnenkraut, Basilikum und Salbei trinken.

Häßlich wie die Nacht – aber himmlisch sinnlich – die Trüffeln bringen es, wenn nichts anderes. Der dekadenteste Geschmack der Welt wird diesem teuersten Gemüse der Welt zugesprochen. Sie sind entweder schwarz (melanosporum) oder weiß (magnata) und können gekocht werden, aber die meisten Menschen mögen sie roh, z. B. dünn gehobelt über Nudeln. Seit mindestens 2000 Jahren gelten sie als Aphrodisiakum. Balzac und Colette haben die Kraft des unscheinbaren Pilzes gerühmt, der die

Sie erinnern an die Schwüle eines zerwühlten Bettes

Lenden kraftvoll wie die eines Löwen machen soll, wobei Lenden nur symbolisch zu sehen sind. Brillat-Savarin, einer der größten Feinschmecker, verwendete drei Ausrufezeichen, als er den Geschmack der Trüffel beschrieb. Ein namentlich nicht bekannter Autor hat über Trüffeln einen Vergleich hinterlassen: Sie erinnern an die Schwüle eines zerwühlten Bettes nach einem Liebesnachmittag in den Tropen.

Die besten schwarzen Trüffeln stammen aus dem Périgord im Südwesten Frankreichs. Die besten weißen aus Piemont in Italien. Von Napoleon wird gesagt, daß er seinen einzigen legitimen Sohn nach dem Verzehr von Trüffeln gezeugt haben soll. Trüffeln wachsen, so heißt es, in der Nähe bestimmter Linden, Eichen und Haselnußsträucher. Oft werden Hunde zur Suche abgerichtet, aber am besten klappt es mit Schweinen. Genauer gesagt: mit Säuen. Wenn man sie in der Nähe der Trüffeln losläßt, schnüffeln sie und rennen dann wie von Furien gejagt und graben, so schnell sie können. Es ist aber nicht etwa der Geschmack der Wunderknolle, der die Säue anzieht. Wie so oft in der Natur, geht es bei dieser Begeisterung allein um Sex. Trüffeln haben zweimal soviel Androstenol wie ein normaler Eber. Androstenol, muß man wissen, ist ein männliches Schweinehormon. Wenn ein Trüffelsucher mit einer Sau loszieht, riecht sie plötzlich den Duft eines liebestollen Ebers – das potenteste Exemplar, das ihr je begegnet ist. Leider hält er sich aus unerfindlichen Gründen unter der Erde auf. Also buddelt sie liebeshungrig drauflos – und alles, was sie findet, ist ein kleiner, unscheinbarer Pilz. Doch bevor sie die Knolle zerstört, übernimmt ihr Halter das Graben und speist die Sau mit einer Kartoffel ab. Was hat das aber nun damit zu tun, daß Trüffeln auch bei Menschen als Aphrodisiakum gelten? Wissenschaftler haben herausgefunden, daß das männliche Schweinehormon chemisch einem männlichen Hormon sehr nahe kommt. Experimente haben gezeigt: Wenn ein Androstenol-Duft in einen Raum gesprüht wird, in dem Frauen sich Bilder von Männern anschauen, dann werden die Männer viel wohlwollender bewertet.

DIE TRIPS DER BLUMENKINDER

In den Kommunen der Hippies der 60er Jahre kursierten Broschüren, in denen die Mitglieder über legale Drogen und pflanzliche Aphrodisiaka aufgeklärt wurden. Dazu gehörten aus unserem Kulturkreis:

Bilsenkraut (Hyoscyamus niger): rauchen, auch in Kombination mit Marihuana.

Buntblatt (Coleus sp.): Blätter rauchen oder ca. 50 Blätter auskauen.

Ginster (Genista sp.): Blüten rauchen, auch als Tee.

Katzenminze (Nepeta captaria): Blätter mit Marihuana oder Tabak mischen und rauchen.

Mimose (Mimosa pudica): Saft auf die Hände reiben.

Stechapfel (Datura ssp.): Blätter oder Samen mit Marihuana rauchen.

Süßholz: kauen, Pulver einnehmen, besonders in Kombination mit Marihuana.

Tollkirsche: Blätter mit Marihuana rauchen.

Wermut (Artemisia absinthium): als Tee oder rauchen.

Wilde Minze (Mentha sativa): Tee

Nicht bei uns wachsend, aber problemlos erhältlich:

Damiana (Turnera): Blätter rauchen, mit Marihuana vermischt oder auch pur. Dazu Damiana-Tee.

Ginseng: Wurzelstück alle 3–4 Stunden auskauen.

Ingwer: frisches Wurzelstück kauen.

Kalifornischer Mohn (Eschholtzia california): Blätter rauchen, besonders in Kombination mit Marihuana.

Muskatnuß: ein Teelöffel Pulver einnehmen.

Vanille: zwei bis drei Schoten essen.

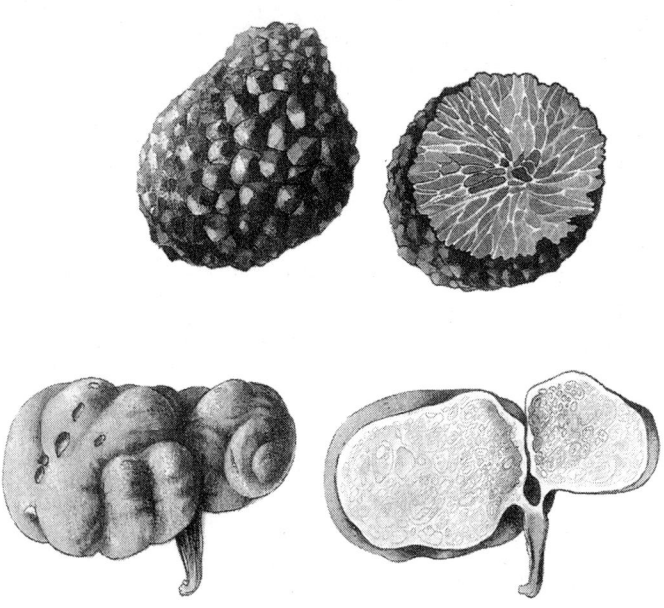

*Schwarze und
weiße Trüffel*

Kardamom

Die Inder schwören auf die aphrodisierende Kraft des Kardamoms. Eine Prise pulverisiertes Kardamom, in Milch gekocht und mit Honig gesüßt, soll, jeden Abend eingenommen, ausgezeichnet wirken. Wenn's schnell gehen soll: Eine Tasse starker Kaffee mit einem Teelöffel zermahlenem Kardamom hat eine sehr anregende, potenzsteigernde Wirkung.

Ginseng

Ginseng ist vermutlich das populärste Aphrodisiakum, obgleich es eigentlich ein Allheilmittel ist, das bei regelmäßiger Einnahme nicht nur die Libido, sondern ganz allgemein Energie und Vitalität erhöht. Alte vedische Texte behaupten, daß Ginseng alten wie jungen Männern die Kraft des Stieres verleihe, und dieser Ruf ist durch die Jahrtausende erhalten geblieben. Es tat

Wächst mittlerweile auch in Deutschland

ihm auch keinerlei Abbruch, daß moderne Wissenschaftler festgestellt haben, daß Ginseng zwar die allgemeine Kraft und das Wohlbefinden erhöht, aber keinerlei Einfluß auf die Sexualorgane haben soll. Ginseng wird in der Regel mit China in Verbindung gebracht, obgleich die Pflanze auch in Sibirien, Korea, Nordamerika und mittlerweile sogar in Deutschland wächst (allerdings mit unterschiedlichen Wirkstoffen.) Wenn Sie Ginseng ausprobieren möchten, sollten Sie über einen längeren Zeitraum ein Tonikum oder Ginseng in Tablettenform nehmen. Dabei müssen Sie mit hohen Preisen rechnen – die Pflanze ist astronomisch teuer, was zur Folge hat, daß es auf dem Markt von Fälschungen nur so wimmelt!

Kardamom

Ingwer

Ebenfalls eine wirksame Heilpflanze, die in China seit dreitausend Jahren als Aphrodisiakum und als Gewürz verwendet wird. Sie können die Wurzel frisch oder kandiert verwenden, als Honigsirup oder in Tablettenform. Ein einfaches Rezept für einen stimulierenden Ingwertee:

Ein halber Teelöffel frischgeschälte und geriebene Wurzel in eine Tasse geben, mit kochendem Wasser übergießen und 10–15 Minuten zugedeckt ziehen lassen. Filtern und mit etwas Honig süßen!

Damiana

Der Damianastrauch wächst in der Wüste von Mexiko und Texas und in Afrika. Der botanische Name Turnera aphrodisiaca verrät schon, was man der Pflanze zutraut. Sie enthält einige Alkaloide, die die Durchblutung fördern und stimulierend auf

Alkaloide zeigen Wirkung

die Nerven und Geschlechtsorgane wirken. Früher tranken die Mexikanerinnen einen Tee aus Damiana, wenn sie für eine Liebesnacht besonders gut gerüstet sein wollten. Angeblich soll das Getränk, vor dem Einschlafen genossen, auch erotische Träume bewirken. Medizinisch gesehen reguliert Damiana bei jungen Mädchen den Menstruationszyklus und erleichtert älteren Frauen die Beschwerden der Wechseljahre. Auch Männer sollen davon profitieren: Damianatee erhöht angeblich die Spermienproduktion. Damiana bekommen Sie bei uns in der Apotheke oder in Kräuterhandlungen, ebenso wie den Mönchspfeffer, vitex castus.

Ingwer

Vanille

Der Mythos erzählt uns über die Herkunft der göttlichen Pflanze. Die schöne Göttin Xanath kam auf die Erde und verliebte sich in einen Sterblichen. Da es Göttinnen nicht erlaubt war, einen irdischen Mann zu lieben, verwandelte sie sich in die Orchideenart mit den wundervoll duftenden Vanillestangen.

Auf den Inseln im Indischen Ozean wie Madagaskar, Reunion, die Komoren, auch in Indonesien, Mexiko und Indien werden jedes Jahr Tausende von Tonnen wunderbar duftender Vanilleschoten für den Export verpackt, aber das, was uns in unseren Supermärkten heute unter der Bezeichnung Vanille angeboten wird, ist meist ein synthetisches Produkt aus dem Labor und hat

Gönnen Sie sich das Aroma einer Vanilleschote

mit der echten exotischen Kostbarkeit, die als Samen exotischer Orchideen heranwächst, herzlich wenig gemein. Die grünweißen Blüten dieser Pflanze sind geruchlos und leben nur einen Tag, und es dauert Monate und erfordert unendliche Mühe, bis daraus die schwarzen, krummen Schoten werden, die das berühmte Aroma besitzen.

Cortez bemerkte als erster Europäer, daß die Azteken ihre heiße Schokolade mit gemahlenen Vanilleschoten würzten. Sie schätzten den Geschmack so sehr, daß Montezuma von seinem Volke Vanille als Steuern erhob. Die Spanier nannten die Wunderfrucht vainilla (kleine Vagina) und waren von dem Aroma so beeindruckt, daß sie sie zusammen mit dem Gold, dem Schmuck und der Schokolade der Azteken sackweise nach Europa schleppten. Dort brach dann eine regelrechte Leidenschaft für Vanille aus, und in Paris kam die Schote in den Ruf, in größeren Mengen genossen, ein erstklassiges und hochwirksames Aphrodisiakum zu sein. Madame Dubarry, die langjährige

Vanille

Geliebte von Ludwig XV., soll die Schoten in überreichlichem Maße verwendet haben, um ihre zahlreichen Liebhaber fit zu halten. Vorsicht: In exzessiven Mengen kann die Pflanze giftig sein!

Vanilletonikum

Zwei Vanilleschoten aufschlitzen und zwei Wochen lang in einem halben Liter Branntwein ziehen lassen. Schlückchenweise genießen!

Ein Liebestrank für Körper und Seele

Vanille-Rosen-Trunk

450 g frische Rosenblätter (oder 120 g getrocknete)
4 Vanillestangen
120 g Mönchspfeffer
120 g Damiana
1 l Branntwein

So wird's gemacht:

Beginnen Sie, wie beim Rumtopf, bereits im Sommer mit der Zubereitung. Um 450 g Rosenblätter zu sammeln, brauchen Sie so manche verblühende Rose. Die vitaminreiche Rose symbolisiert im indischen Tantra übrigens das Herz, hat beruhigende Eigenschaften und galt im Mittelalter als bewährtes Liebesmittel. Deswegen hießen die Freudenhäuser früher auch gern »Zum Rosengarten« oder »Rosenbad«. Sparen Sie keinesfalls bei den Vanillestangen, die besten sind gerade gut genug. Wenn Sie die Zutaten zusammen haben, mischen Sie alles in einem großen Gefäß aus Glas oder Steingut, verschließen es gut und stellen es zwei Wochen lang an einen kühlen Ort. Dann gießen Sie die Mischung durch einen Filter und füllen sie in eine Flasche um.

Trinken Sie mit Ihrem Liebsten jeden Abend ein Gläschen vor dem Schlafengehen. Wenn Ihnen das Getränk zu herb ist, dürfen Sie es mit ein wenig Honig süßen. Warten Sie ab, was geschehen wird!

TONIKA AUS EINHEIMISCHEN KRÄUTERN

Roter Klee

Roter Klee (trifolium pratense) enthält hochwertige Vitamine, Mineralien und blutverdünnende Substanzen. Als Tee ist er blutreinigend, entzündungshemmend und leicht stimulierend. Pro Tasse vier Teelöffel getrocknete Blüten mit kochendem Wasser übergießen und 10 Minuten zugedeckt ziehen lassen. Als verführerisches Getränk zu einem romantischen Mahl für zwei gilt dieses alte Rezept für Kleeblütenwein, das aus den USA stammt.

Kleeblütenwein

1 l frische Kleeblüten oder 1/2 l getrocknete
2 l kochendes Wasser
3 Zitronen
1,5 kg Zucker
2 Orangen
30 g Hefe, auf ein Stück Toast gestrichen.

Kleeblüten in einer großen Schüssel mit kochendem Wasser übergießen und stehen lassen. Wenn die Flüssigkeit lauwarm

Wird durch Lagerung besser

ist, in Scheiben geschnittene ungespritzte Zitronen und Orangen und den Hefetoast dazugeben. Fünf Tage lang zugedeckt

85

ziehen lassen, zweimal täglich umrühren. Die Mischung durchseihen und nochmals fünf Tage lang stehen lassen. In Flaschen füllen und mit einem Korken locker verschließen. Nach zehn Tagen fest verkorken und mindestens einen Monat lang reifen lassen.

Klette

Das gewöhnliche Unkraut (Arctium lappa) ist auf der ganzen Welt als eisenhaltiges, blut- und leberreinigendes Tonikum bekannt. Ein Trunk aus Klette und Löwenzahn gilt seit Jahrhunderten als ein Mittel, erlahmende Kräfte aufzufrischen. Von den Zigeunern stammt der Brauch, den Trank mit süßem Wein noch stimulierender zu machen.

Drei bis fünf Gramm Klette mit kochendem Wasser übergießen und zehn Minuten zugedeckt ziehen lassen.

Süßholz

Die Pflanze wurde auf der ganzen Welt schon vor Jahrtausenden wegen ihrer medizinischen und stimulierenden Wirkung geschätzt. Tutenchamun hatte unter seinen Grabbeigaben eine Süßholzwurzel! Zeitweise war Süßholz oder Lakritze beliebter als Schokolade. Von Nicolas Culpeper, dem berühmten englischen Herbalisten des 16. Jahrhunderts, stammt das folgende Rezept.

Ein englisches Rezept aus dem 16. Jahrhundert

200 g getrocknete Süßholzwurzel, fein gehackt
1,5 l Quellwasser (oder stilles Mineralwasser)
Die Wurzel ins Wasser geben und zum Kochen bringen. Sprudelnd kochen lassen, bis nur noch ein Liter der Wassermenge übrig ist. Füllen Sie eine Tasse zur Hälfte mit der dicklichen,

gummiartigen Flüssigkeit und geben Sie heiße Milch und Honig dazu. Kräftig umrühren!

Wermut

Die alte Heilpflanze (Artemisia absinthium) wird seit Jahrhunderten als bitteres Heilmittel bei Leber- und Gallenleiden und zahllosen anderen Krankheiten eingesetzt. Als Aphrodisiakum wurde es erst im 19. Jahrhundert berühmt, als Absinth, ein starker Likör aus der Pflanze, in Europa populär wurde. Vor allem Künstler schätzen das Getränk, das neben seiner stimulierenden Wirkung auch einen träumerischen Zustand hervorrief, der die Geburt des Impressionismus zur Folge gehabt haben soll. Pernod, Chartreuse und Wermut enthielten bis 1915 das Wunderkraut, doch schließlich wurde es als Zusatz verboten, da die Nebenwirkungen – geistige Verwirrung, Lähmung und Zuckungen – zu erschreckend waren. Die Pflanze, die in Verbindung mit Alkohol wenig empfohlen werden kann, ist aber in guten Kräuterhandlungen immer noch erhältlich und als stimulierendes und verdauungsförderndes Tonikum in kleinen Mengen durchaus zu empfehlen. Ein Teelöffel getrocknetes Kraut auf eine Tasse kochendes Wasser!

Bohnenkraut

Das einfache Kraut gilt seit Jahrhunderten wegen seiner anregenden Wirkung als »Pflanze des Glücks«. Deshalb war es den Mönchen des Mittelalters verboten, das Kraut in ihren Kloster-

Der französische Naturheiler Maurice Mességué rät

gärten zu ziehen. Der berühmte französische Naturheiler Maurice Mességué gibt Paaren, die ihr Eheglück auffrischen wollen, den Rat, ihre Fleischgerichte mit Bohnenkraut zu würzen, das sie in der Pfeffermühle zermahlen haben. Oder er rät impotenten Männern und frigiden Frauen: »Reiben Sie die Wirbelsäule mit einem Absud aus Bohnenkraut und Bockshorn ein.«

Liebstöckl

Die Pflanze stammt eigentlich aus Persien, sie wurde im 12. Jahrhundert nach Europa gebracht, wo sie sogar im Halbschatten prächtig gedeiht und seitdem als Liebesmittel, Gewürz und Medizin benutzt wird. Alle Pflanzenteile enthalten ätherische Öle, verschiedene Vitamine und Bitterstoffe. Ein Tee aus der Wurzel (zwei Teelöffel mit 250 ml kochendem Wasser übergießen, zehn Minuten ziehen lassen) gilt als gutes Mittel für den Magen-Darm- und Genitalbereich. Er ist verdauungsfördernd, erhöht die Blutzufuhr im Unterleib, wirkt entblähend und hilft gegen Menstruationsbeschwerden. Im Volksmund ist die Pflanze (nomen est omen) hauptsächlich als Potenzmittel bekannt. Wenn Frauen früher die Speisen kräftig mit Liebstöckl würzten, war das, so heißt es, für Männer ein sicheres Indiz für bevorstehende Liebesfreuden.

MAGISCHE LIEBESPFLANZEN

Daneben gab es noch zahlreiche Pflanzen, denen nachgesagt wurde, daß sie auf magische Weise und ohne gegessen oder geraucht zu werden, aphrodisierend wirken. Viele von ihnen haben den Test der Zeit bestanden, obgleich sie keinerlei oder zumindest keine nennenswerten wissenschaftlich nachweisbare liebesfördernde Substanzen enthalten. Sie wirken auf der energetischen Ebene, und das, wie es scheint, bisweilen mit großer Macht und auf den unterschiedlichsten Wegen.

Es gibt Pflanzen, die durch ihre Energien Liebessignale aussenden: Aufgepaßt, dies ist ein Mensch, der einen Partner sucht.

Sie schaffen es, auf denjenigen, der sie bei sich trägt, der nach ihnen duftet, aufmerksam zu machen. Und wenn man Glück hat, finden die ausgesendeten Signale Resonanz bei einem Menschen, der die gleiche Sehnsucht verspürt. Dazu gehören z. B. Zitronenmelisse, Basilikum, Sternmiere, Koriander, Frauenmantel, Zitronenverbena, Liebstöckl, Majoran, Pfefferminze, Rosmarin.

Es gibt Pflanzen, die bei Männern und Frauen Lust auf erotische Begegnungen entfachen oder die Lust vermehren: z. B. Küm-

Anregend oder dämpfend – ganz wie Sie möchten

mel, Zimt, Dill, Knabenkraut, Knoblauch, Hibiskus, Zitronengras, Minze, Nesseln, Sesam, Safran. Es gibt Pflanzen, die dafür sorgen, daß auf den Willen auch die Tat folgt, und selbstverständlich gibt es Pflanzen, mit denen man die Notbremse ziehen kann, wenn die Liebe nicht erwünscht ist, z. B. Kampfer, Kopfsalat, Verbena, Hamamelis.

Es gibt Pflanzen, denen man nachsagt, daß sie zur Treue verhelfen, z. B. Sternmiere, Klee, Holunder, Süßholz, Rhabarber, Rosmarin, Muskat und Chilipfeffer.

Pflanzen, die die Fruchtbarkeit steigern, z. B. Alraune, Mistel, Weizen, Mohn, Geranie, Myrte, Eiche, Senf, Haselstrauch, Hagedorn.

Es gibt Pflanzen, mit denen man sich von unerwünschtem Liebeszauber lösen kann, z. B. Lilie, Lotus und Pistazie.

Pflanzen, die die Harmonie und das Glück bewahren helfen, z. B. Katzenminze, Lavendel, Lilie, Majoran, Mädesüß, Safran, Quitte, Johanniskraut.

Pflanzen, die nach einem Streit Frieden stiften, z. B. Basilikum.

Pflanzen gegen Liebeskummer: Baldrian, Alpenveilchen.

Pflanzen, die unpassende oder störende Lustgefühle dämpfen,

z. B. Kampfer, Myrrhe, Weinraute, Baldrian, Dillsamen und Kopfsalat.

Die Frage bleibt: Was kann man tun, um sich die magische Unterstützung der Liebespflanzen zu sichern?

LIEBESKRÄUTERZAUBER:
REZEPTE AUS ALTER UND NEUER ZEIT

Wahrscheinlich hat jede von uns sich schon mal heimlich gewünscht, das Kraut zu kennen, das den heimlich Geliebten für immer an uns zieht und bindet. Und die Frage, ob das nun ethisch vertretbar sei oder nicht, war uns in jenen Augenblicken herzlich gleichgültig. Aber so lange der Kopf frei ist und der Verstand klar, sollten wir trotzdem über ein paar Dinge nachdenken.

Alle, die sich ernsthaft mit Magie beschäftigen, sind sich darüber einig, daß Liebeskräuter niemals dazu verwendet werden

Zwingen Sie niemand zu Ihrem Glück

dürfen, einen Unwilligen zur Liebe zu zwingen. Zwar mag ein Liebestrank erreichen, daß jemand, der bisher kalt war, tatsächlich in heißer Liebe entbrennt. Aber er wird über kurz oder lang erkennen, daß er nicht mit dem Herzen dabei ist, und aus der heißen Liebe wird emotionale oder körperliche Abhängigkeit, und irgendwann Haß. Zur Liebe gehört mehr als nur der Rausch, der durch die Macht eines Krautes entfacht wird. Lachen, Nähe, Zärtlichkeit, geteilte Geheimnisse, Vertrauen. Und für diese Dinge ist leider – oder zum Glück – kein Kraut gewachsen! Alles, was man mit diesen Kräutern tun darf, ist Signale auszusenden: Ich möchte lieben und geliebt werden und suche jemanden, der zu mir gehört, wer auch immer das sein mag. Wem das nicht genügt, weil er sein Herz an eine bestimmte Person verloren hat, muß damit rechnen, daß er mit Hilfe der Kräuter zwar möglicherweise sein Ziel erreicht – aber er (oder sie) wird irgendwann dafür einen hohen Preis bezahlen müssen.

So moralisch waren die Magier natürlich nicht immer. Die Geschichte ist voll von Fällen, wo Liebende fern aller Vernunft als letztes Mittel zum Liebestrank gegriffen haben. Allerdings ist mir nur ein einziger überlieferter Fall bekannt, in dem das gut ausgegangen ist. Aber deshalb muß man auch nicht gleich vor Moral triefen. Wenn also in manchen (modernen) magischen Büchern steht, man dürfe die folgenden Kräuter und Früchte nicht mit der Absicht geben, Liebe zu erwirken, dann frage ich mich, was um alles in der Welt man denn sonst damit tun soll und gebe diese Empfehlung nur mit halbem Herzen weiter.

Vorsicht bei: Basilikum, Dill, Gewürznelke, Ginseng, Ingwer, Kamille, Kardamom, Knoblauch, Koriander, Kümmel, Liebstöckl, Majoran, Safran, Schafgarbe, Senf, Thymian, Vanille. Sagen wir es so: Wenn Sie diese Kräuter reichlich beim Kochen verwenden, dann sollten Sie sich zumindest darüber im klaren sein, daß sie damit nicht unbedingt nur den Geschmack der Speisen unterstreichen!

Wenn Sie die magischen Eigenschaften der Liebespflanze gezielt nutzen möchten, sollten Sie nach Möglichkeit keine gekauften Kräuter verwenden. Die nützen zwar auch, sagen die erfahrenen Magier, aber die selbst gesammelten sind viel wirkungsvoller.

Achten Sie beim Sammeln der Liebeskräuter auf den Mond, wie schon bei den Heilkräutern erwähnt (siehe S. 22ff.). Aber zusätzlich sollten Sie vor oder nach Sonnenaufgang bzw. -untergang sammeln, da es bei den Liebeskräutern um Gefühle geht, und der Planet, der die Gefühle regiert, ist der Mond. Und die

Domäne des Mondes ist die Nacht. Manche Kräutersammler sammeln die Zauberkräuter sogar nur an dem Wochentag, der die Pflanze regiert:

Montag vom Mond regierte Pflanzen,
Dienstag vom Mars regierte Pflanzen,
Mittwoch von Merkur regierte Pflanzen,

Achten Sie auf den Mond

Donnerstag von Jupiter regierte Pflanzen,
Freitag von Venus regierte Pflanzen,
Samstag von Saturn regierte Pflanzen,
Sonntag von der Sonne regierte Pflanzen.

Weil es aber zu kompliziert ist, von jeder Pflanze den astrologischen Herrscherplaneten zu kennen, und weil die auch nicht immer übereinstimmen, ist es ein guter Kompromiß, wenn Sie Ihre Liebeskräuter entweder an einem Montag sammeln – der Montag ist der Tag des Mondes, der die Gefühle regiert – oder an einem Freitag, dem Tag, der der Göttin der Liebe geweiht ist.

Kräuterzauber, selbst gemacht

Kräuterzauber für die Liebe können in verschiedener Form angewandt werden.

Für ein Beutelchen (Sachet) zerstoßen Sie die Kräuter, die Sie verwenden möchten, mit einem Stößel in einem kleinen Mörser und vermischen Sie sie gut. Dann nehmen Sie ein kleines quadratisches Stück Stoff, geben ein wenig von der Kräutermischung in die Mitte, fassen den Stoff zu einem Säckchen zusammen und binden es mit einem Stück Kordel oder einem Bändchen in der gleichen Farbe zu. Denken Sie, während Sie den Knoten binden, an das, was Sie sich wünschen. Machen Sie einen Doppelknoten – fertig.

Übrigens kommt es nicht auf die Größe des Säckchens an. Wenn Sie auf der Suche nach einem Liebsten sind, reicht ein ganz kleines, weil Sie das ja immer mit sich herumtragen. Zumindest sollten Sie es so lange bei sich führen, bis der Zauber erfolgreich war.

Tee

Als Tee geben Sie einen Teelöffel der Kräuter in eine Tasse und übergießen mit kochendem Wasser und lassen alles gut zugedeckt 10 Minuten ziehen. Setzen Sie sich in eine stille Ecke, und trinken Sie den Tee in langsamen Schlucken. Währenddessen wünschen Sie sich ganz fest einen Liebsten und daß er Ihnen bald begegnen wird.

Bad

Als Bad erreicht die magische Kraft der Pflanze den ganzen Körper. Füllen Sie die Kräuter in ein Leinensäckchen und hängen Sie es unter den Wasserhahn, während das heiße Badewasser einläuft. Notfalls können Sie auch ein paar Tropfen des ätherischen Öls dieser Pflanze verwenden. Auch hier gilt: Beim Baden ganz konkret ausmalen, was Sie mit der Kräutermischung erreichen möchten.

Ätherische Öle

Ätherische Öle brauchen Sie nicht selbst zu machen, es gibt

Was tut Haschisch für die Liebe?

Hasch (Hanf, Pot, Marihuana, auch unter dem botanischen Namen Cannabis sativa bekannt) gilt wegen seiner – wie das heute heißt – entkrampfenden, euphorisierenden und psychoaktivierenden Wirkung schon seit Jahrtausenden als bedeutendes Heilmittel und ebenso bedeutendes Aphrodisiakum. Bei den Germanen war Hanf

Durch Marihuana wird Sex besser

eine heilige Pflanze, die der Liebesgöttin Freia geweiht war. Auch im indischen Tantra wird Marihuana lobend erwähnt und in den Geschichten von 1001 Nacht. Die Griechen und Römer waren indes geteilter Meinung: Dioskurides empfahl den Saft der Pflanze bei Libidostörungen, aber Plinius warnte, daß eine Überdosis zu Impotenz führen könne. Noch im letzten Jahrhundert verordneten die Ärzte Marihuana regelmäßig bei Menstruationsstörungen und zur Verkürzung der Wehen.
Die jüngste Geschichte der Pflanze ist nicht minder kontrovers. Die Tatsache, daß Haschisch in den dreißiger

Jahren unseres Jahrhunderts verteufelt und als illegal erklärt wurde, ist zum guten Teil darauf zurückzuführen, daß man den Genuß für die sexuelle Freizügigkeit der Zeit verantwortlich machte. Marihuana, so hieß es, führe zu vorehelichem Sex, zu Sex zwischen verschiedenen Rassen und zu Homosexualität. Jüngere Studien weisen nach, daß Marihuana tatsächlich bei vielen Männern und bei Frauen die Lust am Sex erhöht. Das bestätigen auch die meisten Raucher. Die häufigste Begründung für den Genuß ist, »daß dadurch der Sex besser würde«. Wissenschaftler erklären den (subjektiven) Eindruck, daß der Sex mit Hasch sehr viel länger dauert, mit dem veränderten Zeitgefühl, das durch den Genuß von Haschisch entsteht. Andere vermuten, daß die Haut durch das Rauchen empfindsamer wird und dadurch der Spaß am Sex größer. Allerdings wirkt die Droge bei Männern stärker als bei Frauen. In manchen Fällen führt Haschisch auch zu extremen Ängsten und zu verstärkter Müdigkeit, also zu Eigenschaften, die sich beim Sex als eher störend erweisen.

genügend zu kaufen. Sie können Sie als Parfüm verwenden oder als Bad.

Räucherung

Zur Räucherung zerstoßen Sie die gewünschten Kräuter in einem Mörser zu Pulver. Dann legen Sie ein Stück Holzkohle in einen Behälter, der zur Hälfte mit einer Mischung aus Salz und Sand gefüllt ist, zünden Sie an und streuen die Kräuter darüber. Als Liebesmischung ideal ist Zitronenmelisse, Kardamom, Zimt, Ingwer und Vanille. Sie können aber auch Ihre Lieblingskräuter kombinieren.

Ritual

Für ein Ritual können Sie die Kräuter aber auch zusammen mit einem Blatt Papier verbrennen, auf das Sie ihren Wunsch geschrieben haben, oder dem Meer übergeben, oder in der Erde vergraben. Denken Sie dabei ganz fest an das, was Sie sich wünschen und gehen Sie danach getrost heim.

Amulett

Wenn Sie ein Amulett tragen, sollten Sie neben dem Foto (oder anstelle eines Bildes) Ihres Liebsten auch ein wenig von den getrockneten Kräutern hineingeben, die die gewünschte Wirkung bringen können. Sei es Rosmarin für die Treue, Basilikum für die Harmonie oder Senf, damit er endlich Lust auf ein Baby bekommt!
Ein paar Regeln sollten Sie unbedingt befolgen: Nie unaufgefor-

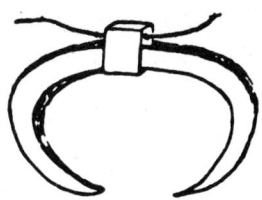

*Ein Amulett aus dem
alten Rom*

dert einen Liebeszauber durchführen. Nie gegen Geld. Nie um
anzugeben. Niemals um jemandem zu schaden.

Das oberste Gesetz lautet: Magie, erst recht, wenn es um die
Liebe geht, sollte immer ein Akt der Liebe sein.

Wenn Sie Ihre Fühler ausstrecken und einen Partner zum Lieben suchen, füllen Sie ein Säckchen mit Lavendel, getrockneten
Kornblumen, ein wenig Baldrianwurzel und einem Lorbeerblatt,
und tragen Sie den Zauber stets bei sich.

Das folgende ist ein komplizierter Kräuterzauber, aber es ist
sicher einen Versuch wert.

Nehmen Sie gut getrocknete Rosenblätter, ein wenig Katzen-
minze, ein halbe Handvoll Schafgarbe, etwas Minze, Huflattich,
Himbeerblätter, gemahlene Iriswurzel, Rainfarn und ein wenig
Verbene.

Mischen Sie alles gut miteinander, und zwar an einem Freitagabend bei zunehmendem Mond. Dann teilen Sie die Kräuter in drei gleiche Teile. Nehmen Sie einen Teil nachts mit in den

So finden Sie einen Partner

Garten (nackt), werfen Sie die Kräuter zum Mond und bitten Sie, daß er Ihnen Liebe schickt. Gehen Sie ins Haus und verstreuen den zweiten Teil in Ihrem Schlafzimmer. Den dritten Teil nähen Sie in einem Säckchen aus rotem oder grünem Stoff ein, verschnüren es gut und tragen es immer bei sich – so lange, bis der Zauber wirkt.

Tragen Sie stets zwei Wurzeln des Knabenkrauts bei sich, das macht Sie für Männer anziehend. Hilft auch, wenn Sie eine Rivalin aus dem Feld schlagen möchten.

Wie man Liebesleid lindert

Nehmen Sie einen Becher und ein paar Blättchen frische Melisse, die die Fähigkeit hat, Herzeleid zu lindern, und gehen Sie zu einem Bach. Setzen Sie sich hin, lauschen dem Plätschern und Rauschen des Wassers und spüren Sie, wie Ihr Herz Ihnen wehtut. Aber tun Sie nichts, seien Sie einfach still. Irgendwann schöpfen Sie mit dem Becher frisches Wasser aus dem Bach. Passen Sie auf, daß Ihnen die Melissenblätter dabei nicht davonschwimmen. Während Sie aus dem Becher trinken, sagen Sie mit fester Stimme:

Das Wasser zum Heilen,
das Kraut zum Lindern.
Ich werde wieder glücklich sein.

Bevor Sie nach Hause gehen, füllen Sie den Becher mit frischem Wasser, legen die Melisse hinein und stellen ihn neben Ihr Bett. Nach drei Nächten wird es Ihnen wieder gutgehen.

Für die Treue

Ein Brauch aus viktorianischen Zeiten: Pflücken sie gemeinsam mit Ihrem Liebsten einen Lorbeerzweig ab und brechen Sie ihn in zwei Teile. Jeder bekommt ein Stück. So lange der Lorbeer hält, hält auch die Liebe.

Wenn der Haussegen schiefhängt

Ein paar Tropfen duftendes Basilikumöl in der Aromalampe tragen dazu bei, daß beide Seiten bereit zum Einlenken sind. Falls das allein nicht ausreicht: Ein Mahl aus reifen, aromatischen Tomaten (Liebesäpfeln!) mit frischem Basilikum müßte eigentlich Wunder wirken!
Nach einem Krach gemeinsam einen Verbenentee trinken wirkt Wunder. Nach dem Versöhnungstrunk steigt die Bereitschaft zur Liebe!

So holt man einen treulosen Ehemann zurück

Vermische Zimt, Knoblauch und Koriander in einem großen irdenen Gefäß, bete darüber siebenmal die Sure »Yasin« aus dem Koran (rückwärts, bitte) und fülle das Gefäß mit Rosenwasser. Tauche ein Hemd des Treulosen hinein und einen Zettel, auf dem in allen vier Ecken sein Name steht, und setze den Topf aufs Feuer. Wenn es zu kochen beginnt, ist der Ehemann schon wieder auf dem Weg nach Hause. (Ein Rezept aus dem alten Persien, Abdruck ohne Gewähr.)

LIEBESKRÄUTER UND IHRE BEDEUTUNG

Dill: Senf und Dill, mein Mann muß tun, was ich will. Das erhofften sich zumindest früher die Bräute, wenn sie auf dem Weg zum Altar Senf und Dillblätter in die Schuhe legten. Als Badezusatz soll Dill unwiderstehlich machen. Verzehrt oder als Duft stimuliert er die Lust (ob deshalb in Dill eingelegte Gurken so beliebt sind?)
Johanniskraut: Es gehört zu den sogenannten Bettstrohkräutern – duftende, heilende Kräuter, auf denen die Wöchnerinnen

Ein Liebesorakel

und die Neugeborenen ruhten. Sie waren alle der Göttin Freya geweiht, die auch die Liebesgöttin der Germanen war. Von jungen Mädchen wurde das Sonnwendkraut gern als Liebesorakel verwendet. Die Mädchen taten eine Handvoll der zu Johanni gesammelten Blütenknospen in einen Leinensack, dachten an ihren Liebsten und sagten:

Ist mein Schatz gut, kommt rotes Blut.
Ist er mir gram, gibt's nur Scham (Schaum).

Die Chancen, daß der Liebste ihnen gut war, standen ziemlich gut, denn wenn man die goldgelben Blüten richtig zwischen den Fingern zerreibt, quillt eine rote Flüssigkeit, das sogenannte Johannisöl, hervor!
Lavendel: Der Duft des Lavendels, heißt es, soll auf Männer

Lavendel

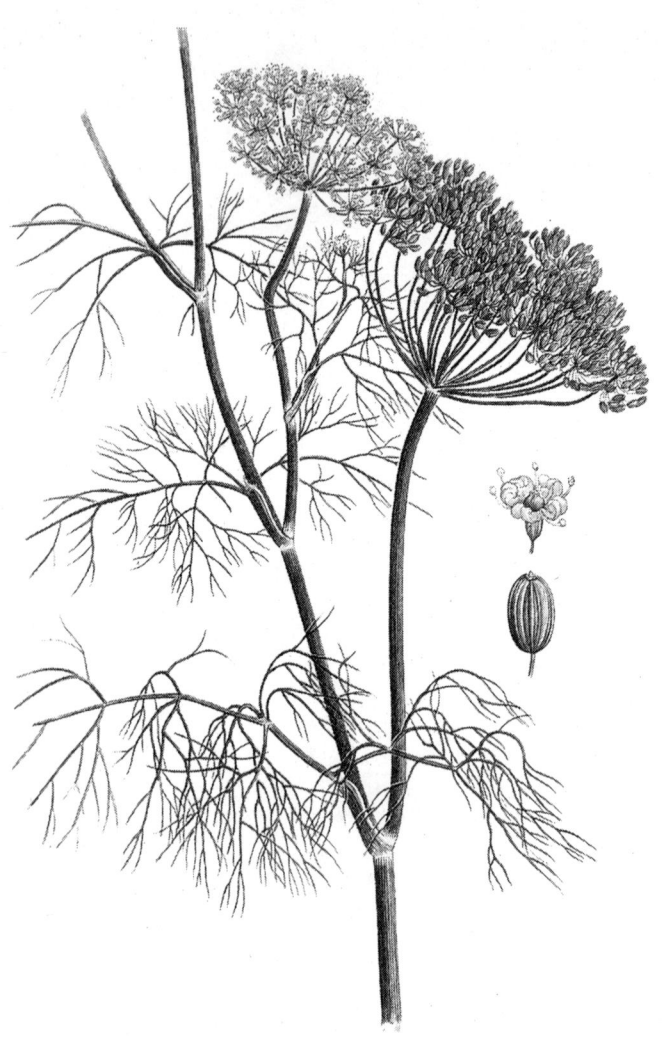

Dill

besonders anziehend wirken. Früher parfümierten sich die Prostituierten mit Lavendelwasser – einmal zu Werbezwecken, zum anderen aber auch, um Männer magisch anzuziehen.

Myrte: Die Myrte wird seit uralten Zeiten mit Liebe, Ehe und Fruchtbarkeit in Verbindung gebracht. Sie und die Rose stehen unter dem besonderen Schutz des Liebesgöttin Aphrodite (oder Venus, wie sie bei den Römern hieß.) Wenn sie ihrem Liebsten eine Tasse Myrtentee servierten, so glaubten die Mädchen, würde er sie nie verlassen. Ein Myrtenzweig gehörte, wie der Rosmarin, in den Brautstrauß und ans Revers des Bräutigams. Ein Rosmarinzweig als Symbol der Treue hat sich bei den Männern dagegen nicht durchsetzen können. Am Morgen nach der Hochzeit pflanzten früher die Brautjungfern einen Myrtenzweig aus dem Brautstrauß. Wuchs er an, so stand bald eine neue Hochzeit ins Haus: ihre eigene!

Rosmarin: Bringt Zufriedenheit, Heiterkeit und Liebe, wird seit altersher in Liebestränken, zu Räucherungen und in Amuletten verwendet.

Vanille: Die fermentierte Orchideenart wird gern für Liebesbeutelchen verwendet. Der Duft soll sexuell stimulierend sein. Eine Vanilleschote in einer Zuckerdose erzeugt nicht nur aromatischen Zucker, sondern auch die »Schwingungen der Liebe«.

Weide: Die Blätter der Weide werden verbrannt, um jemanden zur Liebe (und zur Lust) anzuregen. Aus dem Holz der Weide wird der Zauberstab geschnitzt, der in der Mondmagie verwendet wird. Wenn Sie wissen wollen, ob Sie im nächsten Jahr heiraten werden, müssen Sie einen Schuh in eine Weide werfen. Wenn er nicht gleich in einem Zweig hängenbleibt, haben Sie noch acht weitere Versuche. Sollte es Ihnen glücken, daß der Schuh sich in der Weide verfängt, werden Sie innerhalb von 12 Monaten heiraten. Aber Sie müssen auch sehen, wie Sie den Schuh wieder herunterbekommen.

Rosmarin

EINLADUNG ZUM LIEBESMAHL

Zwei Liebende sitzen einander gegenüber. Ein festlich gedeckter Tisch, sanftes Kerzenlicht, leise Musik. Hände, die einander wie zufällig berühren. Die beiden schauen einander in die Augen und auf den Mund und wissen, was nach dem Mahl geschehen wird. In einem solch magischen Augenblick wird fast jedes Gericht zum Aphrodisiakum, zum verführerischen Vorspiel für das, was danach geschehen wird. Trotzdem fragen sich Frauen seit Menschengedenken: Was koche ich, wenn ich meinen Liebsten zum ersten Ma(h)l in meine Wohnung bitte? Nach dem neuesten Stand der Wissenschaft haben Sie den größten Erfolg mit einem Menü, das wohlschmeckend, leicht und reich an Proteinen ist. Als Vorspeise etwa ein Shrimp-Cocktail, eine reife gefüllte Avocado oder Büffel-Mozzarella mit Tomaten und frischem Basilikum (»... bewegt zu ehelichen Werken« steht in den alten Kräuterbüchern über das aromatische Grün). Als Hauptgericht am liebsten nur ein wenig leichtes Gemüse – frischer Spargel ist ideal. Oder ein wenig, aber wirklich nur ein wenig frische italienische Pasta mit einem Hauch gehobelter weißer Trüffel (siehe dazu den Kasten auf Seite 74). Zum Nachtisch natürlich erotische Früchte. Vielleicht saftige Granatäpfel, die, so steht es im Kamasutra, »den Penis vergrößern und zur Liebe animieren« sollen. Falls Ihnen das zu direkt erscheint: Wie wäre es je nach Jahreszeit mit frischen Feigen, saftigen Mangos, Herzkirschen oder reifen Erdbeeren? (»Ich bin so wild nach deinem Erdbeermund ...«, schrieb schon im Mittelalter der französische Dichter François Villon.)

Weinraute: In keinem mittelalterlichen Klostergarten fehlte die Weinraute, von der es hieß, sie verhindere Erektionen. Das aus

Vorsicht bei der Anwendung

ihr gewonnene Wasser, vinum rutae, gab es in jeder Klosterapotheke, ähnlich wie Baldrian und Kampfer, die die Mönche wegen ihrer beruhigenden Wirkung schätzen. Kampfer in der Nase, so lehrten die alten Ärzteschulen, kastriert den Mann.

LIEBESKRÄUTER FÜR SCHWERE FÄLLE

Wenn weder erotische Früchte noch aphrodisierende Kräuter wirkten, hatten die Kräuterfrauen immer noch einige Mittel in der Hand, die es häufig schafften, schlafende Hunde zu wecken, oder auch im Gleichgültigsten unstillbares Liebesverlangen zu erwecken. Diese Wunderwaffen waren allerdings hochgiftig und mußten deshalb mit größter Vorsicht verwendet werden:

Dem Hexenwahn fiel manches zum Opfer

Alraune, Aronstab, Bilsenkraut, Tollkirsche, Fliegenpilz, Christrose, Bärenklau, Schöllkraut und der wunderschöne Stechapfel. All diese Pflanzen waren im Altertum wohldosiert als hochwirksame Arzneimittel und Bestandteil ebenfalls hochwirksamer Liebestränke geschätzt worden, die »Rausch, Erregung, Wollust und Begierde steigern«. Im christlichen, sexualfeindlichen Mittelalter wurden sie dann zum Opfer des Hexenwahns, zu »Pflanzen des Teufels«, und das Wissen um ihre Heilkraft wurde systematisch unterdrückt.

Der Stechapfel etwa, dessen Blätter eine außerordentlich gute Wirkung bei schmerzhaften Asthmaanfällen hatten, galt mit einem Mal als höchst gefährlich und wurde wegen der »unangenehmen (lustfördernden) Nebenwirkung« als Heilmittel abgeschafft. Der arme Asthmatiker bekam nämlich in dem erlösenden Schlaf, der der Asthmaattacke folgte, vom Rauchen der getrockneten Stechapfelblätter oft erotische Träume. Also verschwand die wunderschöne, plötzlich als hochgefährlich verschrieene Pflanze für einige Jahrhunderte völlig aus europäischen Gärten. In der Natur blieb sie dagegen in ihrer wilden Form erhalten. Erst seit einigen Jahren hat sie unter dem Namen Datura oder Engelstrompete wieder in allen Gartencentern Einzug gehalten. Zehn frische Samen der Pflanze sollen, so heißt es, die Wahrnehmung der sichtbaren Außenwelt schärfen, die Farben prächtiger und von mildem Licht durchstrahlt erscheinen lassen. »Im Körper breitet sich ein Wohlgefühl aus, die Haut fühlt sich angenehm an. Das verstärkt lustvolle Gefühle zum eigenen Körper wird von erotisch stimulierenden Vorgängen begleitet. Die dreifache Menge Daturasamen bewirkt dagegen Angstgefühle und Horrorvisionen. Plötzlich scheint die Umgebung von häßlichen Fratzen verzerrt. Fledermäuse, Kröten, Spinnen, Käfer, Eulen und Schlangen rücken den Menschen bedrohlich zu Leibe. Die Wonneschauer pervertieren zu Krämpfen, die bis zur Lähmung des Atemzentrums führen.« (Müller-Ebeling/Rätsch, Isoldes Liebestrank)

WENN DIE LIEBE UNERWÜNSCHT IST

Frauen, denen die Erfüllung ehelicher Pflichten zunehmend lästig wurde, Mönche und Priester, die enthaltsam leben sollten, und Gefängnisdirektoren, die ihre Gefangenen am liebsten auf Dauer ruhiggestellt sehen würden, haben stets Mittel und Kräuter gefunden, die Libido zu senken. Präparate, die eine Störung der Sexualität bewirken, werden Anaphrodisiaka genannt. Dazu gehören die weißen Lilien der Keuschheit, die in vielen Teilen der Welt von Mönchen genommen werden, allerdings ist das Rezept für die Zubereitung ein Geheimnis der Keuschen geblie-

Müssen Sie nicht ausprobieren

ben. Bekannter war das Mittel, das europäische Mönche täglich einnahmen, um das Zölibat nicht zu gefährden: die Samenkörner des Vitex agnus castus (Mönchspfeffer) wurden gekaut oder als Tee zubereitet und dienten dazu, die Sexualität der Frommen in Schach zu halten. Auch Kopfsalat, Chicorée, Kaffee, sofern er nicht mit Kardamom gewürzt ist, Majoran, Baldrian und die Beeren des Geißblatts, Sauerampfer, Malven, Veilchen und die Blüten der weißen Seerose kühlen, in großen Mengen genossen, heißes Verlangen auf längere Zeit! Auch ein Salbeitee wird als hervorragendes Anaphrodisiakum bezeichnet.

Das Siegel der Venus

EIN TALISMAN, UM DIE LIEBE ZU BESCHÜTZEN

Das Wort Talisman stammt aus dem Arabischen und bedeutet ursprünglich »Geheimnis«. Ein Talisman ist ein Gegenstand, der seinen Träger vor Gefahren behüten und ihm Glück bringen kann. Talismane stammen aus uralten Zeiten: das Kreuz, das Siegel Salomons, der Fisch, das Füllhorn, das Hufeisen.

Glücksaugen:
Steine, aus Onyx oder blauem Stein, die wie Augen aussehen, sollen Glück in der Liebe bringen.

Fisch:
Schon die alten Ägypter trugen den Fisch als Talisman bei sich – als Garanten für eine glückliche Ehe.

Frosch:
Die Römer glaubten, daß ein Frosch Glück in der Liebe und gegenseitige Leidenschaft bewirken würde.

Herz:
Das Symbol universeller Liebe, denn das Herz soll der Wohnsitz der Seele sein. Ein solcher Talisman bringt dem Träger Freude und Liebesglück.

Hufeisen:
Als Mondsichel schmückte es schon die Schuhe der Frauen im alten Rom. Dieser Talisman sollte glückliche Mutterschaft mit sich bringen und gleichzeitig Hysterie und Mondsüchtigkeit verhindern.

Das Siegel der Venus, auch Aphrodite genannt, ist seit altersher ein mächtiger Talisman für Liebende. Es sollte möglichst, so wie früher, auf Pergament gezeichnet (festes Papier tut's notfalls auch) und stets bei sich getragen werden, ganz besonders auf Reisen.

In längst vergangenen Zeiten waren Düfte so mystisch wie kostbar. Kühne Segler machten sich auf den Weg und überquerten die Meere, um kostbare Gewürze, Heilkräuter und Parfüms heimzubringen. Das erste Parfüm stammte aus Mesopotamien. Es wurde verwendet, um das Opferfleisch der Tiere zu behan-

Weihrauch diente zur Verehrung der Götter

deln, das man den Göttern darbot, außerdem wurden kostbare Düfte zum Austreiben von Dämonen benutzt, zum Heilen von Krankheiten und nach der Liebe, merkwürdigerweise nicht vorher. Duftende Kräuter, wie Weihrauch ins Feuer geworfen, erfüllten den Himmel und hinterließen ein geheimnisvolles Gefühl von Magie und überirdischem Geschehen. Der Duft stieg in die Gefilde der Götter. Auf dem Turm von Babel entzündeten die Priester Feuer, die mit Weihrauch vermischt waren.

Die erste Zivilisation, die Parfüm regelmäßig verwendete, waren die Ägypter. Sie verwendeten duftende Salben zum Einbalsamieren. Königin Hatschiput soll Weihrauch in großen botanischen Gärten kultiviert haben, der auf dem Weg zu ihrem Tempel entzündet wurde. Im Goldenen Zeitalter durften ihn auch normal Sterbliche benutzen, zunächst ölten sie sich damit ein, um böse Geister zu vertreiben. Später verwöhnten sie sich mit duftenden Salben und entwickelten die Kunst der Enfleurage, den Duft einer Pflanze auf Öle zu übertragen. Reiche Ägypterinnen besaßen zahlreiche Tiegel und Gefäße wunderbarer Düfte und trugen sogar Tätowierungen. Als 1920 ein ägyptisches Grab geöffnet wurde, entdeckte man an der Mumie einen tätowierten Scarabäus, und englische Damen der Gesellschaft, sogar Lady

Churchill, beeilten sich, es der Mumie nachzumachen. Die Ägypter liebten das duftende Bad, pflegten sich anschließend mit kostbaren Salben und entdeckten die Aromatherapie mit ihren Kräutermassagen.

Kleopatra besaß ein Schiff aus duftendem Zedernholz, dessen Segel parfümiert waren, als sie Mark Anton empfing. Sie selbst war in duftende Salben von Kopf bis Fuß eingehüllt, und auf dem Weg zu ihrem Thron brannten Weihrauchgefäße. Die Wände ihres Gemachs waren mit Rosen bedeckt, die von Netzen gehalten wurden. Ihre Hände waren mit Kyphi gesalbt, das Rosenöl, Krokus und Veilchen enthielt, ihre Füße rochen nach Mandelöl, Zimt, Henna, Honig und Orangenblüten – kein Wunder, daß sie unwiderstehlich war.

Im alten China mischten die Baumeister Rosenwasser und Moschus in den Mörtel, und wenn es heiß wurde in der Mittagssonne, brachte die Wärme den Duft hervor. Wenn die Kreter zu ihren Spielen aufbrachen, salbten sie sich mit ausgewählten Düften: Minze für die Arme, Thymian für die Knie, Zimt, Rose oder Palmenöl für Brust und Kinn, Mandelöl für Hände und

Der rechte Duft für jeden Zweck

Füße, Majoran für Haar und Augenbrauen. Auch die römischen Gladiatoren dachten lange darüber nach, ob sie für ihren bevorstehenden Kampf mit den wilden Tieren Neroli oder Sandelholz wählen sollten oder vielleicht doch lieber Zimt, Lavendel oder Rosenholz. Die Römer ließen bei ihren Orgien Rosenblätter von der Decke regnen, die Kissen waren mit Rosenblättern gefüllt, und aus ihren Brunnen strömte Rosenwasser.

Erst die frühen Christen, für die jede Form von Lebensfreude sündig war, beendeten die Ära der Düfte. Aber auch sie konnten sich mit ihrer Strenge nicht dauerhaft durchsetzen. Im Mittelal-

*Der Rosenkult im
alten Rom*

ter waren die Menschen zwar schmutzig und rochen schlecht, aber sie überdeckten den Körpergeruch mit duftenden Parfüms. Ludwig XIV. war geradezu parfümversessen. Er bestand darauf, daß täglich ein neues Parfüm für ihn gemischt wurde, ließ seine Wäsche in kostbaren Essenzen waschen und parfümierte seine Räume mit importiertem Rosenwasser. Auch die Damen des 18. Jahrhunderts parfümierten sich sorgfältig, sie trugen duftenden Haar- und Gesichtspuder, und in ihre Korsetts schoben sie parfümgetränkte Tüchlein. Auf den Tischen ihrer Salons standen Potpourris mit Düften, die zweimal täglich gewechselt wurden.

WIE DÜFTE BEGEHREN ERWECKEN

Körpergeruch gehört zu den stärksten Aphrodisiaka, die die Natur hervorgebracht hat. »Hör auf, dich zu waschen, ich komme bald zurück!« schrieb Napoleon an Josephine, bevor er nach einem beendeten Feldzug heimkehrte. Aber in aller Regel sind es die kaum spürbaren sexuellen Duftstoffe, Pheromone genannt, die unbewußt unser Begehren wecken und dafür sorgen,

Körpergeruch gehört zu den stärksten Aphrodisiaka

daß wir von einem Menschen magisch angezogen werden (und wenn wir noch so sehr davon überzeugt sein mögen, daß es ihre schönen Beine oder sein Lachen waren, die uns in ihren Bann gezogen haben). Bei Tieren ist das übrigens genau so: In Indien gibt es immer noch die Sitte, daß der weibliche Elefant vor der Paarung mit moschusduftendem Wasser abgerieben wird, damit die Kuh für den Bullen attraktiv ist. Unsere Schweinezüchter besprühen ihre Zuchtsauen mit einem Spray aus Pheromonen und Androsteron und bewirken damit, daß sie umgehend bereit für den Eber sind – und der Eber für sie!

Menschliche Pheromone werden in der Pubertät aktiv. Wie Hormone werden sie in Drüsen produziert und in den Blutkreislauf ausgeschüttet. Die Drüsen, die für Körpergerüche zustän-

Ihr Duft ist einzigartig!

dig sind, liegen in den Achselhöhlen und im Genitalbereich – dort, wo die Natur für Haarwuchs gesorgt hat, damit die Düfte möglichst lange verharren. Jeder hat seinen eigenen Duft, er ist so einzigartig wie sein Fingerabdruck. Im Gegensatz zu Hormonen, die ihren Besitzer in seinem Verhalten beeinflussen, wirken die Pheromone auf den Menschen, der diese Signale auffängt. Wissenschaftler haben vor einiger Zeit festgestellt, wie mächtig diese Signale sein können. In einem Doppelblindversuch wurde eine Gruppe junger Frauen weiblichen Pheromonen ausgesetzt, eine gleich große Gruppe bekam Placebos. In den ersten drei Wochen des Versuchs hatten 36 Prozent der jungen Frauen, die Pheromone erhielten, einmal in der Woche Sex, von der Kontrollgruppe waren es nur 11 Prozent. Zwischen der vierten und der vierzehnten Woche wurde die Diskrepanz noch größer: Nun hatten 73 Prozent der Pheromone-Empfängerinnen wöchentlich Sex. In der Kontrollgruppe waren es nach wie vor nur 11 Prozent. Aber auch andere Düfte können uns Menschen stark beeinflussen. In den USA wurde festgestellt, daß Arbeiter, in deren Fabrikhallen gelegentlich Düfte von Maiglöckchen und Minze verbreitet wurden, 25 Prozent effizienter waren als diejenigen, die normale Luft einatmeten. In Japan wurde nachgewiesen, daß Arbeiter, die in angenehm parfümierten Räumen tätig sind, weniger unter Streß leiden als ihre Kollegen in unparfümierten Räumen. Die Wirkung der Aromatherapie bei der Behandlung

*Die Herstellung von Duftölen
im 16. Jahrhundert*

psychischer und körperlicher Beschwerden ist seit 5000 Jahren bekannt und erst in jüngerer Zeit wieder zu neuem Ansehen gekommen.

Die heutige Parfümindustrie verdankt ihren Erfolg dem arabischen Arzt, Dichter und Philosophen Avicenna, der die Kunst der Destillation erfand und das erste Parfüm aus Rosenwasser in Flaschen füllte. Die Düfte des Altertums waren in Form von Puder und festen Substanzen verfügbar. Jahrhunderte nach Avicenna wurde dann das erste Parfüm aus Alkohol destilliert. Das älteste erhaltene Rezept spricht von Kornalkohol, Rosmarin, Zitronenschale, Melisse und Minze sowie von Extrakten von

Ein bewährtes Rezept aus dem 14. Jahrhundert

Rosen und Orangenblüten. Es wurde im Jahre 1370 für die Königin von Ungarn entwickelt und hat offenbar gut funktioniert. Nach der Überlieferung hat sie im Alter von 75 Jahren den König von Polen geheiratet.

Im 20. Jahrhundert gelang es, ätherische Öle auch synthetisch herzustellen. Heute gibt es über 2000 verschiedene Substanzen, die zu einer unschätzbaren Zahl von Düften kombiniert werden können. Aber so gut sie auch sein mögen, niemals erreichen sie die magische Wirkung der echten ätherischen Öle.

Schöne Düfte erfreuen nicht nur die Sinne, sie haben auch eine heilende Wirkung. Wissenschaftler bemühen sich heute, die einzelnen Wirkstoffe zu isolieren, doch erfahrene Aromatherapeuten sind überzeugt, daß nicht die einzelnen Wirkstoffe, son-

Haben Sie schon eine Aromalampe?

dern die Kombination aller Bestandteile für den Erfolg maßgeblich sind. Die Duftöle gelangen über Nase und Haut in den Körper. Sie beeinflussen sowohl die Psyche als auch den Stoffwechsel, die Hormone und das Nervensystem. Die Essenzen können auf die Haut gerieben, inhaliert, zum Badewasser gegeben und in Aromalampen verdampft werden. Es gibt Öle gegen vielerlei Beschwerden. Bei psychischen Verstimmungen haben sich folgende Mittel bewährt.

Alpträume: Majoran, Minze, Orange, Rosmarin.
Ängste: Basilikum, Bergamotte, Koriander, Minze, Rosmarin.
Depressionen: Engelwurz, Eukalyptus, Ingwer, Neroli, Petersilie, Zitrone.
Konzentrationsstörungen: Bergamotte, Jasmin, Koriander, Nelke, Zitrone.
Lethargie: Eukalyptus, Pinie, Rosmarin, Ylang-Ylang, Zitrone.
Schlaflosigkeit: Basilikum, Kamille, Lavendel, Neroli, Orange, Sandelholz.
Streß: Estragon, Rose

ÄTHERISCHE ÖLE GELTEN SEIT JAHRTAUSENDEN ALS
WUNDERMITTEL FÜR DIE LIEBE

Aprikose
Das aus dem Aprikosenkern gepreßte ätherische Öl duftet zwar nicht nach Aprikose, wirkt aber aphrodisierend und wird oft als Basisöl für Liebesdüfte verwendet.

Ingwer
Die Wurzel wird seit dreitausend Jahren wegen ihres würzigen Duftes als Anregungsmittel verwandt.

Jasmin
Der warme Duft stimuliert Leidenschaft und Lebensfreude, wirkt gegen Mißstimmungen, Ängste, Frigidität und Impotenz.

Kardamom
Ein Mitglied der Ingwerfamilie, besitzt einen frischen, bezaubernden Duft. Soll auf das andere Geschlecht eine anziehende Wirkung haben.

Neroli
Der Extrakt der Bitterorange, nach einer italienischen Prinzessin benannt, ist rar und dementsprechend teuer. Er wirkt regenerierend und hat angeblich einen leicht hypnotischen Effekt.

Patschuli
Die Pflanze stammt aus dem Fernen Osten und soll durch ihren Duft erotische Gefühle wecken. Ein klassischer Bestandteil moderner Parfüms.

Patschuli – Bestandteil vieler Parfüms

Rose

Rose

Die Königin der Düfte, Blume der Venus, das Symbol der Liebe schlechthin wirkt in erster Linie als Aphrodisiakum auf Frauen, obgleich ihr bezaubernder Duft auch schon zahllose Männer zur Liebe inspiriert hat.

Sandelholz

Sandelholz gehört vermutlich zu den ersten Düften, die den Göttern geweiht waren. Das Öl des Baums macht ruhig und gelassen und gilt als Mittel zur Wiederbelebung erschöpfter Liebeskraft.

Ylang-Ylang

Die Blume der Blumen stammt aus Malaysia und ist ein klassischer Bestandteil der fernöstlichen Liebeszauber. Die Blüte hat

Beruhigt hervorragend die Nerven

einen fast wollüstigen, verführerischen und zugleich entspannenden Duft. Ein hervorragendes Mittel zur Nervenberuhigung.

Wenn Sie die Wirkung verführerischer Düfte ausprobieren möchten: Es gibt viel mehr Möglichkeiten, einen Mann zu bezaubern, als durch teure Parfüms.

Liebeszauber mit Ylang-Ylang

Als die Nummer eins unter den Liebesmitteln der Aromatherapie gilt Ylang-Ylang. Ein bis drei Tropfen der Blütenessenz sollen, dreimal täglich in Honig, Alkohol oder Zucker eingenommen, die Sexualität beleben. Außerdem wird von Experten empfohlen, sich während des Vorspiels gegenseitig einen Tropfen unter die Zunge zu träufeln.

Magisches Venus-Öl
Der amerikanische Magier Scott Cunningham entdeckte ein uraltes Rezept, das Liebesverlangen erwecken und obendrein noch schön machen soll:

Der amerikanische Magier Scott Cunningham empfiehlt

3 Tropfen Ylang-Ylang
2 Tropfen Geranie
1 Tropfen Kardamom
1 Tropfen Kamille.
Vermischen Sie die kostbaren Öle miteinander und füllen Sie damit eine Duftlampe, wenn Sie Ihren Liebsten zum Mahl erwarten. Oder nehmen Sie allein oder zu zweit ein Bad, dem Sie diese Düfte zugesetzt haben.

Viktorianischer Pomander
Aus den Zeiten der englischen Königin Viktoria stammt die Sitte, im Raum eine Duftorange, Pomander genannt, zu halten. Der zarte, leicht aphrodisierende Duft hält bis zu einem Jahr. Am beliebtesten sind Pomander allerdings während der Adventszeit.
Spicken Sie eine feste, frische Orange rundum mit Gewürznelken. Lassen Sie zwischen zwei Nelken ungefähr den Platz für eine Nelke frei, damit die Orange unbehelligt schrumpfen kann. Rollen Sie die mit Nelken gespickte Apfelsine in einer Mischung aus je zwei Eßlöffel Veilchenwurzelpulver, Kardamom und gemahlenem Zimt. Sanft abklopfen, damit das überschüssige Pulver abfällt. Lassen Sie die Orange ein bis zwei Wochen in der

Schüssel mit der Gewürzmischung liegen und rollen Sie sie jeden zweiten Tag darin. An einem hübschen Band befestigen und aufhängen.

Sie können den Pomander auch für einen Liebeszauber verwenden. Dann müssen Sie die Orange so mit Nelken spicken, daß sie auf jeder Seite ein duftendes Herz bilden.

Traumkissen

Ein zauberhaftes Geschenk für einen lieben Menschen ist ein kleines Duftkissen. Füllen Sie einen kleinen, zarten Zierkissenbezug mit folgenden Kräutern:

Läßt sich gut verschenken

Lorbeer: für angenehme Träume.
Eukalyptus oder Hopfen: zur Heilung
Thymian: gegen Traurigkeit und Schwermut.

Liebesölmassage

Nicht nur von Magiern, sondern auch von erfahrenen Aromatherapeuten empfohlen wird dieses Rezept gegen ein Problem, das die Mediziner so lieblos als »sexuelle Antriebsschwäche« bezeichnen. Wenn Ihrem Partner also wegen Streß, Überforderung, Erschöpfung die Lust zur Liebe ein wenig abhanden gekommen ist, und wenn er zusätzlich auch noch Versagensängste hat, können Sie ihm mit einer liebevollen Massage Ihr Verständnis und Ihre Verbundenheit zeigen. Dabei helfen Sie ihm, die Spannungen und Ängste abzubauen.

2 Tropfen Muskatellersalbei
2 Tropfen Ylang-Ylang
3 Tropfen Geranie.

Verdünnen Sie die entspannend-erregende Mischung in 15 ml Trägeröl und massieren Sie ihm sanft Rücken und Bauch. Eisenkraut: entfacht Liebeslust, Kamille: bringt erholsamen Schlaf.

Düfte, die verführen:
Ingwer, Jasmin, Kardamom, Lardenie, Lavendel, Lorbeer, Moschus, Nelke, Neroli, Patschuli, Rose, Sandelholz, Veilchen, Ylang-Ylang, Zedernholz, Zimt.

Düfte, die Harmonie verbreiten:
Basilikum, Flieder, Gardenie, Narzisse.

Düfte, die Liebeslust entfachen:
Aprikose, Gardenie, Gewürznelke, Iris, Jasmin, Rose, Wicke. Überschneidungen sind möglich.

Natürlich weiß jede Frau, der ein Mann dunkelrote Rosen schenkt, was er ihr damit sagen will. Aber es ist noch gar nicht so lange her, daß auch jede andere Blume eine Bedeutung hatte, die denjenigen, die ihre Sprache verstanden, eine Welt eröffneten, in der es um Liebe und Leidenschaft ging. Der Duft von Blumen, der die gesamte Parfümindustrie reich gemacht hat, wirkt auf uns so sinnlich, weil wir ihn mit Liebe, Sex und Lebenskraft verbinden. Schließlich macht eine blühende Blume aus ihrer Lust nach Sex nicht den geringsten Hehl: Ihre weitgeöffneten leuchtenden Blüten, der betörende Duft und der süße Nektar in ihren Geschlechtsorganen teilen der ganzen Welt mit, daß sie fruchtbar, bereit und begehrenswert ist, und ihre sexuelle Energie, ihre Lebensfreude, ihr Optimismus übertragen sich ein wenig auf uns und erfüllen uns mit Sehnsucht.

Irgendwann haben sich die Menschen daran gemacht, die Sprache der Blumen zu übersetzen. Der geheimnisvolle Blumencode, der unsere Urgroßmütter so fasziniert hat, entstand in den Harems des Ottomanischen Reiches, wo die Frauen wenig an-

Die dezente Art der Kommunikation

deres zu tun hatten. Ein Mann wußte dort genau: Hielt seine Angebetete eine Iris in der Hand, so war das ein klares Nein. Trug sie dagegen eine blaue Traubenhyazinthe an ihrem Kleid, konnte er hoffen. In einer Kultur, in der die Geschlechter nicht offen miteinander sprechen, geschweige denn verkehren konnten, waren Blumen die einzige Möglichkeit, Gefühle auszudrücken. Im puritanischen England der Queen Victoria wurde der Blumencode zum ersten Mal in Europa benutzt. Es entstanden ganze Lexika mit der Sprache der Blumen, und wer in der Allgegenwart von Müttern, Tanten, Gouvernanten und Anstandsdamen erfolgreich flirten wollte, mußte wohl oder übel Vokabeln pauken. Leider waren die Lexika nicht immer einheitlich und damit Mißverständnisse und falsche Hoffnungen leider unvermeidlich.

Das Blumenwörterbuch
Alpenveilchen: Sie sind mir gleichgültig.
Apfelblüte: Sie sind gut und wunderschön.
Aster: Ich habe es mir anders überlegt.
Azalee: Ein bißchen maßvoller, bitte sehr!
Butterblume: Sie sind so strahlend jung und frisch.
Chrysantheme, gelb: Ich bin schon vergeben.
Dahlie, gelb: Ihre Aufmerksamkeit ist mir lästig.
Dahlie, rot: Sie haben mich mißverstanden.
Dahlie, weiß: Lassen Sie mich in Ruhe.
Frauenhaarfarn: Ich bin rein und unschuldig, aber Sie haben
   eine Chance.
Fuchsie: Vorsicht, Ihr Liebhaber ist Ihnen untreu.
Gardenie: Sie sind so rein wie eine Blüte.
Gänseblümchen: Ich werde nicht heiraten.
Glockenblume: Ich bleibe treu.
Hundsrose: Sie sind meine erste Liebe.
Hyazinthe, blau: Ich gebe mein Leben für Sie.
Hyazinthe, weiß: Ich bewundere Sie.
Kamelie: Sie sind strahlend schön.
Kamille: Sie können weiter hoffen.
Krokus: Mein Herz fühlt mit Ihnen.
Lavendel: Ich schätze Sie, aber ich liebe Sie nicht.
Lupine: Sie sind zu stürmisch, langsam.
Melisse: Das habe ich nur zum Scherz gesagt.
Mimose: Ich bin sehr empfindlich.

Mistelzweig: Ich schicke Ihnen tausend Küsse.
Nelke, rosa: Danke für Ihren Liebesbeweis.
Nelke, rot: Ich muß Sie unbedingt bald sehen.
Nelke, weiß: Meine Liebe zu Ihnen ist rein.
Orchidee: Ich lege Ihnen die ganze Welt und jeden
    erdenklichen Luxus zu Füßen.
Osterglocke: Ich erwidere Ihre Gefühle nicht.
Petunie: Ich möchte immer in Ihrer Nähe sein.
Rose, gelb: Ich liebe einen anderen.
Rose, rot: Ich liebe Sie.
Rose, weiß: Ich liebe Sie nicht.
Rosmarin: Ich werde Sie nie vergessen.
Sonnenblume: Ich bete Sie an.
Tulpe: Ich liebe Sie leidenschaftlich.
Veilchen: Wie süß und unschuldig Sie sind.
Verbene: Sie haben mich verhext.
Vergißmeinnicht: Denk an mich, wenn ich in der Ferne bin.
Veronika: Ich liebe Sie bis an mein Lebensende.

Ein erfinderischer Liebhaber oder vielleicht auch ein geschäfts-
tüchtiger Blumenhändler dachte sich sogar eine Blumenuhr
aus, und die Bedeutung hatten alle heimlich Verliebten schnell
gelernt.

Butterblume: heute
Efeu: triff mich
Glockenblume: morgen
Lichtnelke: heute abend

1 Uhr: Rote Rose
2 Uhr: Löwenmäulchen
3 Uhr: Veilchen
4 Uhr: Gänseblümchen

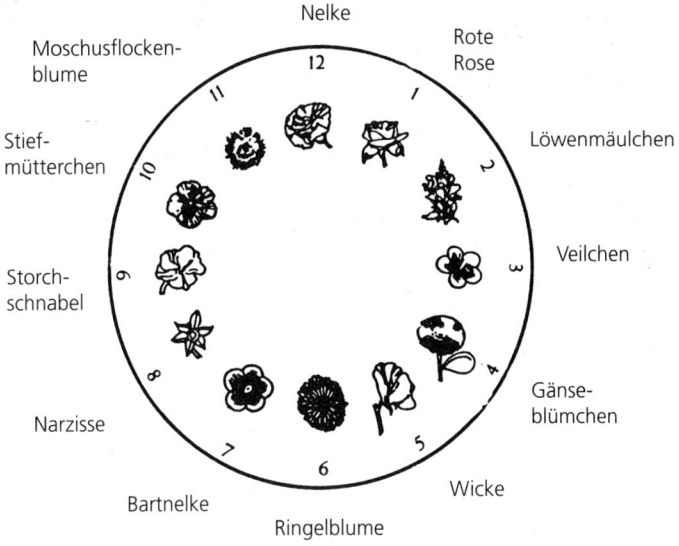

Die Blumenuhr

5 *Uhr:* Wicke
6 *Uhr:* Ringelblume
7 *Uhr:* Bartnelke
8 *Uhr:* Narzisse
9 *Uhr:* Storchschnabel
10 *Uhr:* Stiefmütterchen
11 *Uhr:* Moschusflockenblume
12 *Uhr:* Nelke

Wenn Sie diese Vorstellung nun sehr romantisch finden, aber einen Liebsten haben, der nicht nur die Sprache der Blumen nicht versteht, sondern auch sonst kein Gänseblümchen von einer Osterglocke unterscheiden kann: nicht traurig sein. Solange er Ihnen überhaupt Blumen schenkt, spielt es nicht die geringste Rolle, was die geheime Botschaft sein mag. In seinen Augen ist die Botschaft immer klar: Entweder der Strauß ist ein Liebesbeweis – oder aber er hat ein schlechtes Gewissen!

ROSEN, TULPEN, NELKEN: DIE MAGIE DER BLUMEN

Jasmin

Der Jasmin symbolisierte im alten China weibliche Sinnlichkeit. Der Duft der frischen Blüten (oder eine Massage mit ein paar Tropfen Jasmin- und Mandelöl) soll Frauen helfen, sich ihrer

Warum Sie einmal von Jasminblüten träumen sollten

Weiblichkeit bewußt zu werden und eine positive Einstellung zur Sexualität zu bekommen. Wer von Jasminblüten träumt, wird Glück in der Liebe haben. Möchten Sie sich besonders attraktiv, weiblich, sexy und verführerisch fühlen, wenn er Sie

So werden Wünsche wahr

Wenn Sie einen großen Wunsch haben und wissen möchten, ob er in Erfüllung geht: Nehmen Sie ein paar Samenkörner aus der Gruppe der Kräuter, in die Ihr Wunsch gehört, z. B. Gesundheit, Schönheit oder Liebe. Säen Sie sie in einem Topf mit Erde aus, und hegen und pflegen Sie sie mit viel Liebe. Denken Sie ganz stark an das, was Sie sich wünschen, und sagen Sie es auch den Saatkörnern. Dann sehen Sie zu, wie Ihre Saat wächst und gedeiht. Wenn die Pflanze groß und kräftig wird, haben Sie gute Aussichten, daß Ihr Wunsch in Erfüllung geht. Pflegen Sie sie weiterhin dankbar und respektvoll. Schließlich haben Sie sie ins Leben gebracht, damit Ihr Wunsch in Erfüllung geht. Wenn die Saatkörner nicht keimen, sollten sie das als Hinweis nehmen, die Erfüllung Ihrer Wünsche auf die Zukunft zu verschieben.

zum ersten Mal zu Hause besucht, wählen Sie einen Zweig Jasmin als Zimmerdekoration.

Lilie
Die weiße Lilie ist seit Jahrtausenden das Symbol der Reinheit und der Unschuld. Sie ist der Göttin Hera geweiht. Die Legende berichtet, daß ihr Sohn Herkules so kraftvoll an ihren Brüsten trank, daß einige Tropfen der göttlichen Milch auf die Erde niederfielen. Daraus sollen die Lilien gewachsen sein. In der Magie steht die weiße Lilie für Spiritualität und die Fähigkeit, in allen Dingen das Gute zu sehen. Ein Strauß weißer Lilien im

Hause wird Ihnen dazu verhelfen, Ärger, Eifersucht, Mißverständnisse und andere negative Gefühle zu überwinden.

Margerite

Im alten Griechenland war die Margerite der Göttin Aphrodite geweiht, im Christentum der Jungfrau Maria, deren Tränen sie symbolisieren sollte. Seit altersher wird sie als Liebesorakel verwendet. Die Blütenblätter werden eins nach dem anderen abgezupft, um die ewige Frage zu beantworten: »Er liebt mich, er liebt mich nicht …« Ein Margeritenstrauß im Haus soll Harmonie, Klarheit und Freude schaffen.

Rose

Die Rose gilt seit undenklichen Zeiten als die Blume der Liebenden. Sie war den Germanen heilig und stand unter dem Schutz der Liebesgöttin Freya. Ihre Farbe, rot, ist die Liebe selbst, und ihr Duft eine Metapher für die Geliebte. Casanova beträufelte die Körper seiner Geliebten vor der Liebe mit Rosenwasser. Denn was viele vielleicht nicht wissen: Die Rose galt nicht nur als Symbol der Liebe, sondern auch als Sinnbild der Vulva.

Tulpe

Die Tulpe stammt aus dem alten Persien. Sie soll aus dem Blut eines unglücklich Liebenden erwachsen sein. Lange Zeit war ein

Die Tulpe ist ein Friedensstifter

Tulpenstrauß so gut wie eine Liebeserklärung. Die Tulpe besitzt, so glaubt man, die Eigenschaft, gebrochene Herzen zu heilen und Frieden zu stiften. Wenn Sie sich mit Ihrem Liebsten oder mit einer Freundin gestritten haben, können Sie mit Hilfe der Tulpe den Streit beenden.

Veilchen

Das Veilchen war eine der Blumen, die Proserpina mit sich nahm, als sie von Pluto in die Unterwelt entführt wurde. Im alten Rom wurden Veilchen in verschwenderischer Fülle bei den Festmählern verstreut, weil die Römer glaubten, daß die zarten Blüten sie vor Trunkenheit schützen könnten. Im »Sommernachtstraum« verführt der Feenkönig Oberon die Geliebte, indem er ihr während des Schlafes Veilchensaft über den Augen verreibt. Er weiß, daß sie sich am nächsten Morgen unsterblich in die ersten Menschen oder den ersten Gegenstand verliebt, auf den ihr Auge fällt. Heute glaubt man, daß ein Veilchenstrauß einem Haus eine zärtliche, liebevoll-sanfte Atmosphäre verleiht.

Gefährlich und geheimnisvoll:
Zauberkräuter und Hexensalben

Die Pflanzen, die die Menschen seit jeher am meisten fasziniert haben, sind die Zauber- und Hexenkräuter. Die Zauberkräuter galten allgemein als die guten. Man glaubte, daß sie allein durch ihre Gegenwart (heute sagt man Energie) Böses vertreiben und Glück, Reichtum und Gesundheit bringen. Die Hexen- oder Teufelskräuter bildeten die dunkle Seite der Natur, die Rauschzustände, prophetische Träume, übernatürliche Kräfte und häufig auch Koma oder Tod bewirken konnten. Sie waren es, die für Liebestränke und natürlich auch für Flugsalben verwendet wurden. Sie interessieren uns heute noch so stark, wie sie im Mittelalter die Hexenjäger der Inquisition beschäftigt haben.

Eine Flugsalbe ist nicht mit einem Last-minute-Ticket zu verwechseln

Die Auswahl, Kombination und Dosierung, die notwendig waren, um einen Menschen auf Seelenreise zu schicken und zur Buhlschaft mit dem Teufel zu verlocken, blieben ein streng gehütetes Geheimnis. Ungefähr 60 Rezepte für Flugsalben sind uns aus alter Zeit überliefert. Doch darf man nicht vergessen, daß die Bestandteile aus den Geständnissen stammen, die den Hexen während der Verfolgung unter entsetzlichen Qualen herausgepreßt wurden. Die Grundsubstanzen sind immer gleich: Fett als Trägersubstanz, damit sich die Hexen mit der Salbe einreiben konnten, und drei oder vier der stark halluzinogenen und hochgiftigen Hexenkräuter. Einige Rezepte enthiel-

Ob sie sich selbs oder ander leut in
ander gestalt mögen verwandlen.
Cap. iiij.

Katzenverwandlung

ten zusätzlich Kräuter wie Basilikum, Sonnenblumenkerne, Petersilie, Fetthenne oder Zichorie. Diese Pflanzen wurden wohl wegen ihrer magischen Wirkung verwendet. Die Zutaten wurden fein zerstoßen und in Schweinefett gedünstet. Wenn die fertige Salbe auf den Körper aufgetragen war, erhöhte sich der Herzschlag, die Atemtätigkeit nahm zu und der ganze Körper lief rot an. Nach dem Salben legten sich die Hexen meist am Herd nieder und begannen ihre Astralreise durch die Lüfte: zum Hexensabbat, zu unsäglichen Verwandlungen in Tiergestalten und gefährlichen Ritualen, von denen die Menschen nur hinter vorgehaltener Hand sprachen.

Während sie am wärmenden Ofen lagen, reiste das Bewußtsein in andere Welten jenseits von Raum und Zeit. Bisweilen haben

Ein Notar wäre auch von Nutzen

besonders mutige (oder neugierige) Menschen die Hexensalben nachgekocht und ihre Erfahrungen während der Astralreise niedergeschrieben. Ein Wissenschaftler aus unserer Zeit hat diesen Selbstversuch gemeinsam mit seinem Rechtsanwalt durchgeführt. Beide haben – jeder für sich – die Erlebnisse und Erfahrungen während ihrer Astralreise unmittelbar nach dem Aufwachen zu Papier gebracht und zu ihrem grenzenlosen Staunen festgestellt, daß ihre Berichte übereinstimmten – auch mit den Aussagen und Geständnissen der zum Tode auf dem Scheiterhaufen verurteilten Hexen.

Für die meisten sind solche Unternehmungen äußerst gefährlich und enden oft tödlich. Angesichts dieser Tatsache und der manchmal grauenhaften Rezepte – zum Beispiel wird das Fett eines ungetauften, in einem kupfernen Kessel gekochten Knaben benötigt – fragen sich heutzutage moderne Hexen, ob diese hochgiftigen Substanzen tatsächlich in den Hexensalben ver-

wendet wurden. Vielleicht war es nur ein Trick, die sensations-
lüsternen Verfolger dazu zu verführen, das tödliche Rezept
selbst auszuprobieren und sich damit der gerechten Strafe zu-
zuführen – die letzte Rache der geschundenen weisen Frauen.
Aus einem modernen amerikanischen Hexenalmanach stammt
das Rezept für eine Flugsalbe, die keine gefährlichen oder
toxischen Substanzen enthält und als absolut ungefährlich gilt.

Moderne Flugsalbe, garantiert ungiftig

Die magischen Energien dieser Pflanzen sind subtil, aber mächtig. Kleine Mengen sollen genügen, damit die Salbe wirkt. Hier
das Rezept für eine Person. Ohne Gewähr, ich habe es nicht
selbst ausprobiert.

5 Teile Beifuß
2 Teile Petersilie
1 Teil Katzenminze
1 Teil Knabenkraut
3 Tropfen Jasminöl
eine Prise Baldrianwurzel

Zerstoßen Sie die Kräuter in einem Mörser und mischen Sie sie
mit geruchloser, fettfreier Körperlotion. Reiben Sie sich damit
am ganzen Körper ein, suchen sie sich ein stilles warmes Plätzchen und warten Sie ab, was geschieht. Guten Flug!

Wie solch ein Hexenflug im einzelnen ablief, kann man bei dem Römer Apuleius nachlesen, der als Augenzeuge dabei war.

»Zuallererst zieht sich Pamphile nackt aus. Nachher schließt sie eine Lade auf, aus der sie verschiedene Büchsen nimmt. Eines von diesen Büchschen öffnet sie und holt daraus eine Salbe, die sie lange zwischen beiden Händen reibt, alsdann beschmiert sie sich damit von der Ferse bis zum Scheitel. Nun hält sie ein langes, heimliches Gespräch mit ihrer Lampe. Darauf schüttelt und rüttelt sie alle Glieder. Diese sind kaum in wallender Bewegung, als daraus weißer Flaum hervortreibt. In diesem Augenblick sind auch schon starke Schwungfedern gewachsen, hornig und krumm ist die Nase, die Füße sind in Krallen zusammengezogen. Da steht Pamphile als Uhu!« (Aus: Der goldene Esel) Vorsicht, daß es Ihnen nicht so ergeht wie dem neugierigen Lucius, der sie dabei beobachtet hat. Er überredet die Zofe, ihm etwas von der Flugsalbe zu überlassen, sie verwechselt die Dosen, und er muß lange Zeit als Esel verbringen.

GEFÄHRLICHE GIFTPFLANZEN (HEXENKRÄUTER)

Alraune
(Mandragora officinarum). Blätter und Beeren der Alraune spielten in der traditionellen Magie als bewußtseinsveränderndes Mittel eine große Rolle. Nicht zu verwechseln mit der Wurzel, die als »gute« Zauberpflanze von höchster Kostbarkeit war und in großen Ehren gehalten wurde. Hilft gegen Asthma und Heuschnupfen.

Bilsenkraut, schwarzes
(Hyoscyamus niger). Der stark halluzinogene »schwarze Wahnsinn« gibt als Beimischung zur Hexensalbe Frauen die Einbildung, daß sie sich in Tiere verwandelt hätten. Wirkt entkrampfend, schmerzlindernd, hypnotisch.

Eisenhut
(Aconitum-Arten). Schon in der Antike als äußerst starkes Gift bekannt. Früher wurde die Knolle den zum Tode Verurteilten zu essen gegeben. War ebenfalls ein Bestandteil der Hexensalben. Enthält Alkaloide, Aconitin, Napellin.

Fliegenpilz
(Amanita muscaria). Der magische und entgegen allen Gerüchten nur in sehr hohen Dosen tödliche Pilz wurde überall in der Welt zu magischen Zwecken benutzt, und die Hexen bildeten da

Bei diesem Pilz besteht keine Verwechslungsgefahr

keine Ausnahme. Sie brauten Tee und tranken ihn dann unmittelbar vor den Hexenversammlungen oder auch, um hellsichtig zu werden. Medizinische Wirkung ist keine bekannt.

Nachtschatten, bittersüßer

(Solanum dulcamara). Stark narkotische Wirkung. Darüber hinaus abführend, blutreinigend, harn- und schweißtreibend, milchsekrektionshemmend.

Nieswurz

(Helleborum niger). Giftige Substanz, die als Rauch Unruhe und Panik verursacht. Wurde von Magiern früher gern als Streich angewendet, wenn sie ein wenig Nieswurz unter den Weihrauch in der Kirche mischten und dann zusahen, wie die fromme Gemeinde zunehmend unruhig und gewalttätig wurde. Auch in Flugsalben enthalten. Das Pulver der Nieswurz, auf dem Boden gestreut, sollte dazu verhelfen, einen Menschen unsichtbar zu machen. Außerdem zum Exorzismus notwendig und um böse Zauber zu bannen.

Schierling, gefleckter

(Conium maculatum). Stark giftig. 0,5 –1 g wirken tödlich. Sokrates ist auf diese Weise hingerichtet worden. Enthält das Alkaloid Coniin.

Schlafmohn

(Papaver somniferum). Enthält stark betäubende Stoffe, darunter Morphin.

Stechapfel

(Datura stramonium). Der Stechapfel stammt aus der Familie der Nachtschattengewächse. Er wurde in Flugsalben verwendet und zu Liebestränken, die Huren und Zuhälter früher ihren Opfern verabreichten, um sie besinnungslos zu machen und anschließend auszurauben. Entkrampft bei Asthma.

Tollkirsche

(Atropa belladonna). Wirkt stark halluzinogen. Trug dazu bei, den Hexen auf dem Scheiterhaufen die Qualen zu lindern. Unter der Menge, die sich zu den Hexenfeuern drängte, waren auch

Einheimisches Halluzinogen

immer einige andere Hexen, die den zum Tode Verurteilten heimlich ein wenig der tödlich giftigen Pflanze zusteckten. Sie schluckten das Kraut und waren darauf tief betäubt, wenn sie ihre Reise in eine andere Welt antraten. Gelegentlich wurde Belladonna auch angewendet, um die Schmerzen während der Entbindung zu mildern. Enthält eine Substanz, die stark verdünnt die sexuelle Erregung bei Frauen steigert und deshalb ein wichtiger Bestandteil von Hexensalben und Liebesträunken war. Wirkt beruhigend, entkrampfend, schmerzmildernd, unter die Augenlider geträufelt erweitert es die Pupillen.

DIE BEKANNTESTEN HEIL- UND ZAUBERPFLANZEN

Wenn Sie Pflanzen für magische Zwecke verwenden, dann vergessen Sie bitte nicht, daß viele Pflanzen medizinische Wirkstoffe enthalten, möglicherweise sogar gefährliche Gifte. Bereiten Sie niemals einen Tee aus einer Pflanze, die sie nicht genau kennen, und baden Sie auch nicht darin.
Siehe hierzu die Aufstellung auf den Seiten 140 – 145

Pflanze	medizinische Wirkung	verwendete Teile
Alant (Inula helenium)	für Leber und Nieren, gegen Erkrankungen der Atemwege, krampflösend, beruhigend	Wurzelstock
Alraune (Mandragora officinarum)	Heuschnupfen, Asthma, Schnupfen	Wurzelstock
Anis (Pimpinella anisum)	verdauungsfördernd, stimulierend, gegen Schlafstörungen und Nervosität	Samen
Baldrian (Valeriana officinalis)	krampflösend, schlaffördernd, beruhigend	Wurzeln
Basilikum (Ocimum basilicum)	appetitanregend, entzündungshemmend, krampflösend	Blüten und Blätter
Beifuß (Artemisia vulgaris)	appetitfördernd, beruhigend	Wurzelstock und Blätter
Bilsenkraut, schwarzes (Hyoscyamus niger)	beruhigend narkotisierend, als Öl bei Ohrenschmerzen und Rheuma, hypnotisch, nur unter ärztlicher Kontrolle	ganze Pflanze
Brennessel (Urtica dioica)	entwässernd, blutreinigend, adstringierend, blutstillend, harntreibend	Blätter

magische Wirkung	magische Anwendung
ertreibt negative Schwingungen	als Säckchen im Raum aufbewahrt
lücksbringend, Schutz, ruchtbarkeit, Liebe rweckt die feinstofflichen Energien ür magische Handlungen, Schutz, ugend, Reinigung	als Amulett, hochgiftig! Samen in Leinensäckchen
iebe, Schlaf, Reinigung, Schutz	in Kissen und Säckchen, aufgehängt im Haus
ringt Wohlstand, fördert Harmonie, iebe, Schutz	für Geldzauber im Mörser zerstampft, sonst als Tee oder Säckchen
chutz auf Reisen, Visionen, rophetische Träume ellsehen, Weissagen, Liebeszauber	Säckchen hochgiftig!
chutz, sexuelle Lust	Tee

Pflanze	medizinische Wirkung	verwendete Teile
Eisenkraut (Verbena officinalis)	fiebersenkend, krampflösend, harntreibend, adstringierend, reinigend	ganze Pflanze
Engelwurz (Angelica archangelica)	appetitanregend, verdauungsfördernd, belebend, krampflösend	Wurzel und Früchte
Fingerhut (Digitalis purpurea)	beruhigend, gegen Herzbeschwerden, narkotisierend	Blätter
Hanf (Cannabis sativa)	Menstruationsbeschwerden	Blätter, Blüten
Johanniskraut (Hypericum perforatum)	wundheilend, antiseptisch, harntreibend, wurmtreibend	Blätter, blühende Sproßspitzen
Kamille (Matricaria chamomilla)	verdauungsfördernd, beruhigend, bei offenen Wunden, gut gegen Hautprobleme	Blütenköpfchen
Knoblauch (Allium sativum)	verdauungsfördernd, antiseptisch, reinigend	Zwiebel
Lavendel (Lavandula officinalis)	beruhigend, heilend	Blüten
Liebstöckl (Levisticum officinale)	verdauungsfördernd, harntreibend, menstruationsregulierend	Wurzelstock, Blätter, Früchte
Lorbeer (Laurus nobilis)	tonisierend, reinigend, beruhigend	Blätter und Früchte
Majoran (Origanum majorana)	krampflösend, beruhigend, gut bei Kopfschmerzen	Blüten

iebe, Schutz, Reinigung, Frieden, Geld	alle Formen
chutz, Exorzismus, Visionen	Elixier
rweckt leidenschaftliche Liebe, chutz für Haus und Garten	in einer kleinen Schachtel aufbewahren. Nicht einatmen, hochgiftig!
iebe, Visionen, Meditation	Räucherung
chutz, Kraft, Mut, Glück, für iebesomen	Tee, Zweig, Bettunterlage, Räucherung
ringt Frieden, Harmonie, Geld, chlaf, Liebe, Reinigung	Tee
chutz vor Dieben und Dämonen. ördert sexuelle Lust	in die Küche, ins Fenster oder auf die Terrasse hängen
iebe, Schutz, Reinigung, Frieden, lück	Öl, Säckchen, Badezusatz
ebeszauber	Tee, als Pflanze
isionen von Ruhm	Räucherung, als Kranz
egleitet auf der Reise ins Jenseits. chutz, Liebe, Wohlstand, Geld	Räucherung

Pflanze	medizinische Wirkung	verwendete Teile
Malve (Malva sylvestris)	entzündungshemmend, gegen Augenprobleme und Störungen im Atembereich	Blüten und Blätter
Minze (Mentha piperita)	gegen Nervosität und nervöse Verkrampfungen	Blätter und Blüten
Mistel (Viscum album)	gegen Tumore und Epilepsie	Beeren und Blätter
Nieswurz (Helleborus niger)	regt die Herztätigkeit an, hilft gegen Depressionen und Hautprobleme	Wurzelstock
Petersilie (Petroselinum sativum)	entwässernd, gegen Menstruationsbeschwerden, appetitanregend	Samen und Blätter
Rosmarin (Rosmarinus officinalis)	antiseptisch, stimulierend, entkrampfend, gut für Haut und Haar	kleine Zweige und Blätter
Salbei (Salvia officinalis)	entzündungshemmend, zusammenziehend, antiseptisch	Blätter
Thymian (Thymus vulgaris)	tonisierend, antiseptisch	Blätter und Blüten
Weißdorn (Crataegus oxyacantha)	normalisiert Blutdruck, reguliert die Haut	Blüte, Frucht

magische Wirkung	*magische Anwendung*
Liebe, Schutz, Dämonenaustreibung, unterstreicht die Weiblichkeit	Badezusatz
Geld, sexuelle Lust, Reisen, Schutz	Tee
Schutz, Liebe, Fruchtbarkeit	Räucherung, im Raum aufhängen
bewußtseinserweiternd, Liebeszauber, anaphrodisierend	hochgiftig!
Schutz, Lust, Reinigung	Tee
Schutz, Liebe, Lust, Glück, Reinigung, Schlaf, Jugend	Tee, Säckchen, Zweig, Räucherung
langes Leben, Weisheit, Schutz, Gesundheit und Schönheit	Tee
Liebe, Mut, Schutz in schwierigen Lagen	Zweig, Räucherung, Badezusatz
Fruchtbarkeit, Züchtigkeit, Glück	Tee

Schlafmohn

Steine der Liebe

Nicht nur Pflanzen, auch den im Schoß der Erde verborgenen Steinen und Kristallen werden seit uralten Zeiten magische Kräfte zugesprochen. Manche glauben sogar, daß die magische Energie der Steine stärker sei, denn im Gegensatz zu den Pflan-

Die Steine sind der Wohnsitz der Götter

zen sind sie unvergänglich. Nach uraltem Glauben waren die Steine der Wohnsitz der Götter. Jeder Edelstein, jedes Kristall hat eine ganz bestimmte Schwingung, seine ureigene Signatur, und wer sie kennt, kann Steine als starke Verbündete gewinnen. Sie vermögen es, vor Krankheiten zu bewahren oder zu heilen, Glück und Liebe zu bringen, vor Unglück oder dem »bösen Blick« zu schützen und manche können, so heißt es, ihren Träger sogar unsichtbar machen.

Wie die Zauberpflanzen wurden sie als Amulett, Talisman, Fetisch oder Glücksstein verwendet, manchmal auch, zu Pulver zerrieben, als Medizin. Ausschlaggebend für ihre magischen Kräfte waren Form und Farbe. Rote Steine galten grundsätzlich als Liebessteine! Die Tatsache, daß die Juden und die Christen die Frauen, die sich gern mit Edelsteinen schmückten, ständig rügten und ihre Leidenschaft für Steine anprangerten, hat die Freude daran nie trüben können. Ob als Ring am Finger getragen (als stärkstes äußeres Zeichen der Verbundenheit), als Kette, Amulett oder in einer kleinen Tasche verborgen – die magische Kraft der Kristalle kann Ihnen in Situationen beistehen, in denen Ihre Liebe einen besonderen Schutz braucht.

Achat

Auch schwarzer Bernstein genannt, bituminöse, polierfähige Braunkohle. Wenn dieser Stein verbrannt wurde, konnte man am Rauch erkennen, ob eine Frau keusch war oder nicht. Die Frauen trugen ihn in erster Linie als Schutz gegen Frauenkrankheiten und Hysterie.

Amethyst

Vorsicht! Das ist der Stein der Nichtliebe. Die Assyrer haben ihn sogar als Anaphrodisiakum eingesetzt, denn er soll die Kraft besitzen, den Rausch der ersten Liebesnacht in glühenden Haß zu verwandeln. Wenn eine Frau sich ein Kind wünscht, aber trotz aller Bemühungen nicht schwanger wird, soll ihr der Glücksstein zu besonders schönen Babys verhelfen.

Aquamarin

Die Römer glaubten, er bringe den Seefahrern Glück, denn er trägt die Farbe des Meeres, außerdem soll er die Harmonie in

Klärt den Blick in Liebesdingen.

der Beziehung fördern. Wenn ein Aquamarin ins Meer getaucht wird, soll man einen guten Stein nicht mehr erkennen können, weil er sich dann in der Farbe des Meeres aufzulösen scheint. In Liebesdingen hilft der Stein, Klarheit zu schaffen, wenn zu viele Emotionen im Spiel sind und der Blick unscharf wird. Außerdem gilt er als der Beschützer der Unschuld, deshalb war er früher ein beliebtes Geschenk unter Verlobten.

Bernstein

Gilt in Nordeuropa und in Italien als Liebesstein, dessen anziehende Kräfte imstande sind, eine treulose Geliebte zurückzuholen. Aber wenn er rot und durchsichtig wird, zerstört er die Liebe und muß verbrannt werden, dabei müssen drei rote Rosen in die Flamme gehalten werden. In der Asche findet man dann einen goldfarbenen Tropfen. Den bindet man an ein Haar der treulosen Geliebten und ruft dreimal mit lauter Stimme ihren Namen. Sie wird dann von Sehnsucht erfüllt umgehend zurückkehren. Der Bernstein, so heißt es außerdem, bewahrt Schwangere vor einer Fehlgeburt.

Beryll
Er besitzt die Gabe, die Liebe derer zu bewahren, mit denen er zusammenlebt.

Blutstein
Hilft gegen Depressionen, Melancholie und Liebeskummer. Er wirkt ein bißchen wie gute Medizin und wurde früher auch als solche verwendet.

Diamant
In römischen Zeiten trugen die Krieger einen Diamanten am linken Arm, weil er ihnen Mut verleihen sollte. Aber in erster

Lassen Sie sich nicht durch den Preis abhalten

Linie ist er der Stein der Liebe. Er soll Ausdauer und Kraft bringen, das Auf und Ab der Beziehung durchzustehen, galt auch als Symbol der Versöhnung. In den USA bekommen Frauen noch heute als Verlobungsring einen Diamanten.

Granat
Macht offen für die Freuden der körperlichen Liebe, sagen die einen. Die anderen schwören dagegen darauf, daß er hilft, »un-

keusche Gedanken« zu vertreiben. Am besten, Sie probieren selbst aus, wie der Stein bei Ihnen wirkt.

Jade

Jade wurde schon vor Jahrtausenden von schwangeren Frauen als Amulett getragen, die grüne Farbe symbolisierte die Hoffnung. Außerdem sollte ein »Jadebeil«, am Oberschenkel getragen, den Geburtskanal öffnen, Fehlgeburten verhindern und Schmerzen bei der Geburt lindern.

Lapislazuli

Verhilft zu Fruchtbarkeit.

Rosenquarz

Heilt Liebeskummer.

Roter Jaspis

Bringt starke Gefühle, Liebe, Leidenschaft, ähnlich wie der Rubin. Wenn ein Herz kalt ist und Liebe braucht, hilft dieser Stein. Auch wenn der Körper kalt ist, sorgt ein roter Jaspis dafür, daß die Leidenschaft zwischen den Partnern wieder erwacht. Wer sehr leidenschaftlich und hitzig ist, sollte keinen roten Jaspis verwenden. Oder vielleicht erst recht: Der Jaspis, heißt es, wehrt nämlich den Ehebruch ab.

Rubin

Der Stein der kochendheißen Leidenschaften und der knisternden Sexualität. Lucrezia Borgia soll ihn immer dann getragen haben, wenn sie einen ihrer Liebhaber nach einer letzten Liebesnacht ermorden ließ.

Saphir

Unter Umständen ein gefährlicher Stein. Es heißt nämlich, daß Untreue oder Betrug den Glanz eines Saphirs auf der Stelle trüben können. Ein offenkundiger Betrug konnte den Stein sogar dazu bringen, sich in seiner Fassung aufzulösen. Außerdem beschützt er vor Gefahren und verringert die Schmerzen bei der Entbindung. Der heiligen Hildegard zufolge soll der Saphir auch als Anaphrodisiakum gewirkt haben. »Wenn eine Frau wider Willen von der Liebe eines Mannes belästigt wird, wobei der Teufel seine Hand im Spiel hat, so gieße sie oder ein anderer dreimal Wasser über den Saphir und spreche dabei: ›Ich gieße dich über diesen Wein in die lodernde Glut. So wie Gott deinen Glanz vom Teufel weggezogen hat, so nehme die leidenschaftliche Liebe dieses Mannes von mir.‹« Zudem soll der Saphir, über dem Herzen getragen, das Herz gesund erhalten, die Keuschheit der Trägerin bewahren und sich verdunkeln, wenn ihr Böses droht.

Untreue oder Betrug werden in seiner Nähe schnell aufgedeckt

Sardonyx

Trägt dazu bei, Glück und heiße Leidenschaft in der Ehe zu erhalten und die Geburt zu erleichtern.

Tigerauge

Hilft Schüchternheit zu überwinden, sich zu lösen, nach einer schmerzlichen Trennung, bereit zu werden für eine neue Liebe.

Topas

Ein sehr sanfter Stein. Er vermittelt Wärme und Mut, vertreibt Ängste durch liebevolle Zuneigung.

Türkis

Soll der Glücksstein schlechthin für Liebende sein. Bewahrt die Unschuld junger Mädchen, schützt vor bösen Absichten anderer. Fördert Glück, Frieden und Harmonie in der Ehe.

2.
Magischer Mond:
Das Wunder im Nachtmeer
des Himmels

Ist morgen ein guter Tag zum Rasenmähen? Kann ich heute die Tomaten pflanzen, oder warte ich besser noch ein paar Tage? Soll ich morgen zum Friseur gehen? Zur Kosmetikerin? Zum Zahnarzt? Ist der nächste Montag wirklich der beste Termin, um die Diät zu beginnen, die den Durchbruch bringt? Wird das geplante Gartenfest am übernächsten Samstag ein Erfolg, oder wäre der Freitagabend günstiger? Immer mehr Menschen genügt ein Blick zum klaren Nachthimmel (oder in den Mondkalender), und sie wissen die Antwort – und richten sich danach. Nach dem Mond zu leben, vor einigen Jahren noch eine belächelte Marotte hinterwäldlerischer Bauern und esoterischer

Der Mond beeinflußt auf geheimnisvolle Weise

Spinner, ist wieder in Mode gekommen. Wir entwickeln allmählich wieder ein Gespür für das, was unsere Vorfahren schon vor Jahrtausenden wußten und unsere Großeltern vergessen haben. Es gibt wenige Dinge auf dieser Welt, die nicht auf ebenso subtile wie geheimnisvolle Weise vom Mond beeinflußt werden. Niemand hat diese Mondregeln erfunden. Sie sind ganz einfach aus der Beobachtung der Natur entstanden.

Seit es Menschen gibt, haben die Erdbewohner den Himmel beobachtet und versucht, aus dem Stand der Himmelskörper Hinweise über ihre Lebensführung zu bekommen. Die Sonne, das war offensichtlich, brachte die Jahreszeiten, die Wärme und das Licht. Aber was sollte der Mond ihnen mitteilen? Im immer gleichen Rhythmus wurde die anfangs schmale Sichel voll und rund, nahm dann wieder ab und verschwand schließlich für ein paar Tage ganz, um pünktlich auf die Minute als schmale Sichel am Himmel wiedergeboren zu werden. Und alle 29 Tage, 12 Stunden, 44 Minuten und 12,8 Sekunden stand in klaren Nächten der Vollmond leuchtend rund am Himmel.

Der Mond war der erste Kalender der Welt. Archäologen haben Mondkalender entdeckt, die vor 30 000 Jahren in Knochen und Steine eingeritzt worden sind. Irgendwann erkannten unsere Vorfahren, daß der Mond viel mehr als nur ein Kalender ist. Sie entdeckten, daß er etwas mit der Fruchtbarkeit zu tun hatte. Daß bei Vollmond auch in warmen Sommernächten die Wiesen mit Tau bedeckt waren, bei Neumond dagegen nie. Sie merkten, daß in den Vollmondnächten mehr Kinder geboren wurden, daß die Frauen besonders bereit zur Liebe waren. Unseren Ahnen fiel auf, daß Saat viel besser aufging, wenn sie bei zunehmendem Mond ausgesät wurde, daß bei Vollmond viel mehr Fische anbissen und daß Haare kräftiger nachwuchsen, wenn sie bei zunehmendem Mond geschnitten wurden.

Diese Beobachtungen und viele, viele mehr notierten sie in ihrer Chronik. Zuerst an den Wänden ihrer Wohnhöhlen, später mit den Schriftzeichen in feuchtem Ton, noch später in den Almanachen und Bauernkalendern, und diese Mondregeln wurden

Im Mondkalender finden Sie viele Tips

so ernstgenommen wie heute die Prognosen des Wetterberichts. Im Laufe der Jahrtausende kam ein riesiger Schatz von erprobtem und bewährtem Wissen zusammen. Zunächst wurde nur auf die Mondphasen geachtet, Neumond und Vollmond, den zunehmenden und den abnehmenden Mond. Später wurde das System dadurch verfeinert, daß man auch das Tierkreiszeichen berücksichtigte, das der Mond bei seiner Bahn um die Erde durchläuft. Für unsere Vorfahren war klar, daß die Götter ihnen durch die Himmelskörper ein Zeichen geben wollten, und sie nahmen es dankbar an. Auch später, als nicht mehr der Sonnengott und die Mondgöttin das Geschehen auf der Welt bestimmten, sondern der Jahreszyklus und das Wetter, behielten die alten Mondregeln ihre Gültigkeit.

Warum sie wirkten, war den Menschen herzlich gleichgültig. Es reichte ihnen völlig, daß sie es taten. Erst unsere moderne Naturwissenschaft mochte sich damit nicht zufriedengeben, und weil die Mondeinflüsse sehr subtil sind und unter Laboreinflüssen oft nicht nachvollziehbar, wurde kurzerhand entschieden, daß es sich bei all diesen Beobachtungen um reinsten Aberglauben handelt. Einige Jahrzehnte sah es tatsächlich so aus, als wäre es den Wissenschaftlern gelungen, die wissen-

Gehören Mondeinflüsse zum Aberglauben?

schaftsgläubigen Menschen davon zu überzeugen, daß sie damit recht hatten. Aber mittlerweile sind wir alle wieder ein bißchen klüger oder vielleicht auch nur sensibler geworden. Es interessiert uns wenig, ob die magische Seite des Mondes, die wir so deutlich spüren und so häufig beobachten können, durch Magnetismus, Lichteinwirkung oder Gezeiten zu erklären ist. Wichtig ist nur, daß wir sie spüren – und nutzen – können. Und so blättern wir wieder alle in unseren Mondkalendern, und die Mondgöttin blickt lächelnd vom Himmel und schaut uns über die Schulter.

Es hängt natürlich nicht nur vom Mond ab, ob Ihre Pflanzen gedeihen oder nicht. Jahreszeit, Bodenqualität, Samen, Pflege, Dünger und Wetter haben großen Einfluß. Aber wenn trotz größter gärtnerischer Umsicht nichts so recht gedeihen will, dann ist die Wahrscheinlichkeit groß, Blumen, Gemüse und Kräuter beim falschen Mondstand gesät zu haben. Und wenn Sie einen Garten sehen, der so reich und prächtig blüht, wie Sie sich das immer erträumt haben, können Sie fast sicher sein, daß dahinter nicht nur der grüne Daumen des Gartenbesitzers steckt, sondern auch die richtige Mondphase. Falls Sie nicht schon längst zu den Mondgärtnern zählen, können auch Sie künftig erreichen, daß Ihr Blumengarten so schön wird wie nie zuvor. Natürlich steckt Magie dahinter, aber auch erprobte Mondregeln, die dadurch nicht weniger gültig sind, daß sie kein Botaniker zu erklären vermag.

*Der grüne Daumen und die richtige
Mondphase sind unschlagbar*

❖ Einjährige Sommerblumen sollten bei zunehmendem Mond ausgesät werden: Alyssium, Aster, Geißblatt, Jungfer im Grünen, Kosmee, Mädchenauge, Mohn, Petunie, Nelke, Portulak, Ringelblume, Strohblume, Wicke, Zinnie etc.

❖ Zweijährige Blumen, also Pflanzen, die im Frühjahr gesät werden, aber erst im Sommer des darauffolgenden Jahres blühen, sollten bei abnehmendem Mond gesät werden: z. B. Stockrose, Bartnelke, Akelei, Goldlack.

❖ Mehrjährige und ausdauernde Pflanzen (Stauden) sollten ebenfalls bei abnehmendem Mond gesät bzw. gesetzt werden: Eisenhut, Phlox, Rittersporn, Storchschnabel, Margeriten.

❖ Blumenzwiebeln und Knollen sollten bei abnehmendem Mond gesetzt werden, möglichst im dritten Quartal: Schneeglöckchen, Scilla, Krokus, Iris, Hyazinthe, Tulpe, Narzisse, Dahlie, Lilie. Wenn Sie allerdings erreichen möchten, daß Ihre Frühlingsblüher im Garten verwildern und einen ganzen Teppich von Blüten bilden, so sollten Sie die Zwiebeln schon im zweiten Quartal pflanzen.

❖ Manche Mondgärtner richten sich nicht nur nach der Mondphase, sondern auch nach dem Tierkreiszeichen, in dem sich

Die Tierkreiszeichen sind auch von Bedeutung

der Mond befindet. Optimal zum Säen und Pflanzen sind die Wassertage, also die Tage, an denen der Mond im Zeichen von Krebs, Skorpion oder Fische steht. Recht gut geeignet sind Mond im Stier, Steinbock, Waage. Eher ungünstig: Widder, Zwillinge, Löwe, Wassermann.

Grundsätzlich ist es sinnvoll, Mondphase und Tierkreiszeichen miteinander zu kombinieren. Aber wenn Sie sich beim Säen und Pflanzen für eine Methode entscheiden müssen, so hat die Mondphase Vorrang.

❖ Bei einjährigen Sommerblumen gilt die Faustregel: Waagemond für die Schönheit, Krebs-, Jungfrau- und Fische-mond für Blütenfülle, Skorpionmond für die Haltbarkeit, Stiermond für die Robustheit. Wenn Sie an jedem dieser Tage ein wenig Blumensamen aussäen, können Sie sichergehen, daß Ihr Blumengarten von jedem Mondzeichen die besten Einflüsse mitbekommt.

❖ Alle Blumen mit gefüllten Blüten (gleichgültig, ob es sich um einjährige Sorten oder um Stauden handelt) werden bei zu-nehmendem Mond ausgesät: z. B. Chrysanthemen, Ranun-keln, Levkojen, Pfingstrosen, gefüllte Margeriten.

❖ Bei Kletterpflanzen kommt es darauf an, was Sie erreichen wollen. Wenn Sie vor allem schöne Blüten haben möchten, ist zum Säen der Mond in der Jungfrau am besten geeignet. Wenn Sie eine schäbige Wand überdecken wollen oder einen Sichtschutz gegen neugierige Blicke brauchen, ist ebenfalls der Mond in der Jungfrau ideal. Die Kletterer bekommen rasch einen kräftigen Stamm und breiten sich schnell aus. Wenn es Ihnen auf die Höhe ankommt: Bei Skorpionmond werden die Triebe am längsten. Zu den Kletterern, die beson-ders schnell wachsen, zählt das Geißblatt. Wenn Sie Ihre Kletterpflanzen in erster Linie wegen der Ernte pflanzen: Bei abnehmendem Mond im Zeichen der Fische gepflanzt, tra-gen Bohnen, Gurken, Kürbisse, die besten Früchte.

❖ Gießen sollten Sie grundsätzlich so selten wie möglich. Zu häufiges Wässern richtet im Blumengarten mehr Schaden als Nutzen an. Wenn Sie gießen müssen, wählen Sie Tage, an denen der Mond im Krebs, im Skorpion oder in den Fischen steht. Im Idealfall bei abnehmendem Mond, weil die Erde dann einatmet, wie die alten Mondgärtner sagen, und dadurch den größten Nutzen aus dem Wasser ziehen kann.

Gießen Sie so selten wie möglich

❖ Düngen sollten Sie nach Möglichkeit immer mit schonendem Naturdünger an Wassertagen (Krebs, Skorpion, Fische), nach Möglichkeit bei abnehmendem Mond. Falls Sie einmal mit dem schnell wirkenden Kunstdünger erste Hilfe leisten wollen: Bringen Sie ihn im ersten Quartal, kurz nach Neumond, ein. So wird er möglichst sparsam von den Pflanzen aufgenommen.

❖ Rosen müssen jedes Jahr geschnitten werden, damit sie gesund und kräftig bleiben und möglichst viele prächtige Blüten bekommen. Schneiden Sie sie bei abnehmendem Mond im Frühjahr, kurz vor dem Austrieb. Ideal ist die Zeit der Forsythienblüte.

Das größte Gespür für den Einfluß des Mondes besaßen schon immer die Frauen. Das hat natürlich seinen Grund: In vielen alten Kulturen der Welt gab es früher einen Sonnengott und eine Mondgöttin. Die Mondgöttin symbolisierte die weibliche,

Bei Vollmond wurden die Fruchtbarkeitsfeste gefeiert

fruchtbarkeitsbringende, intuitive Seite der Schöpfung. Lange Zeit besaß sie am himmlischen Olymp den höchsten Rang. Ihr zu Ehren wurden, wenn der Vollmond rund und leuchtend vom Himmel schien, die großen Fruchtbarkeitsfeste gefeiert. Da ging es dann hoch her, denn unsere Vorfahren waren überzeugt: Je wilder und ausgelassener ein solches Fest verliefe, desto reicher würde die Ernte ausfallen.

Die Natur, immer auf Fortpflanzung und Vermehrung der Arten bedacht, war in solchen Nächten besonders kooperativ. »Der Vollmond«, stand schon vor zweitausend Jahren im Tao-te-king, dem alten chinesischen Weisheitsbuch, »macht die Frauen lüstern.« Und so wurde der altbiblische Befehl »Seid fruchtbar und mehret euch« in diesen heißen hellen Nächten mit besonders viel Lust und Liebe ausgeführt. Eine maximale Erfolgsrate war dank umsichtiger Planung der Mondgöttin gesichert. Die Menstruation fand in alten Zeiten bei vielen Frauen zur gleichen Zeit statt, nämlich bei Neumond. Vierzehn Tage später, also bei den Vollmondfesten, waren sie dann auf der Höhe ihrer Fruchtbarkeit. Das Resultat erblickte dann neun Mondmonate später und ebenfalls bei Vollmond das Licht der Welt!

So eindeutig ist diese Tendenz heute längst nicht mehr. Viele Frauen haben durch Umwelteinflüsse, Pille etc. die natürliche

Nähe zum Mond verloren. Aber trotzdem schwören viele Hebammen und Ärzte, daß in den Vollmondnächten auf den Entbindungsstationen immer noch Hochbetrieb herrscht.

EROTIK NACH DEM MONDKALENDER

Auch auf die Qualität unseres Liebeslebens hat der Mond sehr viel mehr Einfluß, als wir das zunächst für möglich halten. Unsere Ahnen waren uns auch in dieser Beziehung um vieles voraus: Der zunehmende Mond, das wußte schon das altindische Tantra, macht aktiv, drängend, fordernd, der abnehmende dagegen weich und zärtlich. Liebe im Licht des Vollmonds hat immer noch, so wie in alter Zeit, eine besondere Qualität. Nur bei Neumond, in der schwärzesten Nacht des Mondmonats, sollten Sie eine Pause einlegen, da steht die Liebe unter keinem guten Stern.

Bei Neumond steht die Liebe unter keinem guten Stern

Mondsex, das schrieben unsere heidnischen Vorfahren erfreut und unsere christlichen schaudernd, ist Lüsternheit in reinster Form. Bei den Vollmondfesten im Mai waren jahrtausendelang Orgien die einzig angemessene Form der Anbetung. Schon vor zweitausend Jahren vermerkte Plinius, dessen »Naturgeschichte« wir so viele Informationen über alte Bräuche und Riten verdanken: Wer die Freuden der Liebe und des Alkohols besonders intensiv genossen (und damit der Göttin besonders fleißig gedient) hatte, wurde von den Passanten am nächsten Morgen respektvoll als »gesegnet« begrüßt. Und ein gewisser Philipp Stubbs schrieb 1500 Jahre später über die gleichen Mai-Vollmondfeste im sittenstrengen England: »Alle jungen Männer,

Mädchen, alten Männer und Weiber laufen nachts in Wälder, Haine, Hügel und Berge, wo sie die Nacht bei angenehmster Kurzweil verbringen … und die wenigsten kommen ungeschändet zurück.«

Auch wenn uns diese Art von Feiern heute ein wenig übertrieben vorkommen mag: Was spricht dagegen, zumindest gelegentlich die Vollmondnächte mit unserem Partner so zu feiern, wie es die Mondgöttin vor uralten Zeiten vorgesehen hatte? Der Zauber dieser Nächte wirkt nämlich heute noch genauso wie damals. In mondhellen Nächten tritt unser Alltagsbewußtsein in den Hintergrund, und wir betreten eine viel ältere, archaische Bewußtseinsebene. Eine, die uns zu bis dahin unbekannter Ekstase führen kann und die von den Indern »Mondbewußtsein« genannt wird. Feiern Sie die zwei, drei Nächte, in denen, wie die Zigeuner behaupten, »nicht nur die Speisen, sondern auch die Küsse voller und saftiger schmecken«. Schöne Frauen, empfahlen die alten Chinesen, soll man unter Mondlicht betrachten. Am besten natürlich bei Champagner, dem Mondgetränk par excellence. Und feiern Sie die Liebe auch in den anderen Mondphasen: aktiv und leidenschaftlich, wenn der Mond zunimmt, sanft und zärtlich, wenn die Mondsichel am Nachthimmel kleiner wird.

*Der Zauber der Vollmondnächte
wirkt heute noch so wie damals*

Sie können bei der Liebe natürlich auch die besondere Energie der Tierkreiszeichen nutzen, in denen der Mond Monat für Monat jeweils zwei bis drei Tage und Nächte steht, und dadurch nicht nur eine Menge Abwechslung, sondern auch viel Heiterkeit in Ihr Liebesleben bringen.

❖ In Widdernächten ist die Liebe stürmisch und feurig. Da geht man so richtig aus sich raus, tut Dinge, die man sonst (eigentlich) nicht tut – oder schon lange nicht mehr getan hat. Zwischen Abendbrot und Tagesschau mal ganz schnell im Schlafzimmer verschwinden. Oder den attraktiven Mann mit zu sich nach Hause nehmen, den man gerade erst kennengelernt hat. Zu ungeplanten One-night-Stands kommt es besonders häufig dann, wenn der Mond im stürmischen Widder steht.

❖ In Stiernächten herrscht weniger Spontaneität, aber viel Genuß. Da ist die Liebe sinnlich, genießerisch, bodenständig und immer mit einem guten Essen verbunden.

❖ Wenn der Mond im Zwilling steht, ist die Zeit der flüchtigen, unverbindlichen Begegnungen, der One-night-Stands, und es dürfen auch schon mal mehr als zwei am Spiel beteiligt sein. Da wird gelacht, geredet und geliebt, und am nächsten Morgen ist vielleicht alles vergessen.

❖ Krebsnächte sind gefühlvoll und sinnlich, aber bisweilen ein wenig zu vordergründig mit der Absicht verbunden, eine

Möchten Sie eine Familie gründen?

Familie zu gründen. Da lädt sie ihn zu sich nach Hause ein, Kerzenlicht, ein schön gedeckter Tisch, ein frisch bezogenes Bett, Blumen auf dem Nachttisch … Wer keine festen Absichten hat, sollte in Krebsnächten auf der Hut sein!

❖ Wenn der Mond im Löwen steht, tritt »er« gern großartig auf, verwöhnt sie mit einer Einladung in eines der besten Restaurants am Platze und verführt sie (oder sie ihn) nach allen

Regeln der Kunst. In Löwenächten spielen verführerische Düfte eine große Rolle. Lotionen, Parfüms, Duftöle wirken in dieser Zeit besonders betörend. Aromalampe nicht vergessen! (Siehe Seite 118 ff.)

❖ In Jungfraunächten wird vor der Liebe erst einmal gebadet. Weniger wegen der Erotik als aus Gründen der Reinlichkeit. Aber es spricht nichts dagegen, aus der Hygiene ein Spiel zu machen, denn wenn die Ängstlichkeit und Prüderie erst einmal überwunden ist, kann es in Jungfraunächten zu manchen Überraschungen kommen.

❖ In Waagenächten geht es auch in der Erotik besonders kultiviert zu. Eisgekühlter Champagner, ein edles Spitzennachthemd, seidene Unterwäsche, aber es besteht auch immer das Risiko, daß sie (oder er) nein sagt, weil man sich bei Waagemond nun mal besonders schwer entscheiden kann.

❖ Steht der Mond im Skorpion, können Sie sich auf einiges gefaßt machen. Da knistert es vor Erotik, die Liebe ist leiden-

Die Nächte der geheimen Wünsche

schaftlich und intensiv, und in diesen Nächten ist die Chance am größten, daß geheime Wünsche ausgesprochen und erfüllt werden. Leder, S/M-Spiele, wenn der Mond im Skorpion steht, ist alles drin.

❖ Bei Mond im Schützen macht die Liebe im Freien den größten Spaß. Im Wald und auf der Wiese, im Meer oder auch nur im Reihenhausgärtchen – unbedingt (wieder) einmal ausprobieren!

❖ Liebe in Steinbocknächten fällt eher unter eheliche Pflichten, Zeugung des Stammhalters und Liebe als Tauschhandel: Wenn du mir das neue Kleid kaufst, die Wohnung tapezierst, mit mir ins Theater gehst … Sie können sicher sein: Wenn er

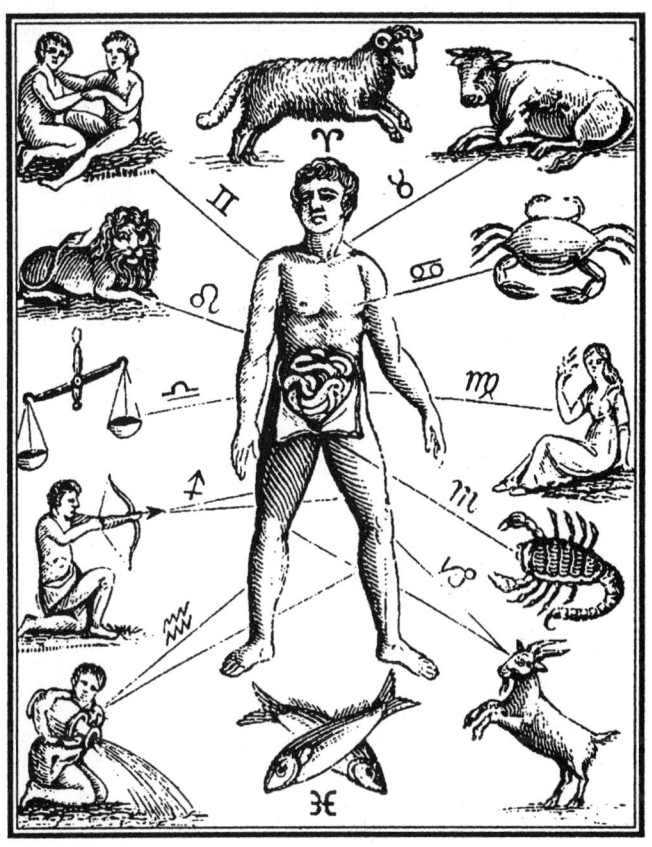

*Tierkreiszeichen und ihre Wirkung
auf den Körper*

mit einem Handbuch für Sexpraktiken nach Hause kommt, dann steht der Mond im Steinbock!

❖ In Wassermannächten ist alles möglich: Erlaubt ist, was gefällt und beiden Spaß macht.

❖ Und in den Fischenächten schließlich geht es überaus gefühlvoll zu. Herz, Schmerz sind angesagt, Tränen fließen, und das Thema Heirat wird, falls noch nicht erledigt, wieder einmal angeschnitten. Hingebungsvoll liebt das Seelchen …

Trennungen schmerzen am wenigsten, wenn das Ende einer Liebesbeziehung bei abnehmendem Mond im Zwilling oder Wassermann stattfindet. Und auf der Suche nach einer neuen Liebe kann Ihnen dann vielleicht die Mondmagie helfen, und die Rituale, die Sie ab Seite 197 studieren können …

Der Trennungsschmerz ist bei abnehmendem Mond schwächer

Wenn es um Fruchtbarkeit ging, ließen sich unsere Urahnen von niemandem etwas vormachen. In einer Kultur, in der Fortpflanzung existentiell wichtig war, gehörte das Wissen um die Zusammenhänge zwischen Sex, Menstruation und Fruchtbarkeit zum Allgemeingut. Und allen Kulturen war klar, daß der Mond damit zu tun hatte. Archäologen haben in Knochen und Elfenbein geritzte Menstruationskalender aus prähistorischer Zeit entdeckt. Darin waren alle wichtigen Daten vermerkt, inklusive der für die Empfängnis günstigsten Tage und der Anzahl der Mondmonate bis zum voraussichtlichen Geburtstermin.

Unser Wort Menstruation stammt vom lateinischen menses (Monate) ab. Zwischen zwei Menstruationszyklen vergehen ca.

Bestimmt die Mondgöttin die Menstruationszyklen?

30 Tage, also ein Mondmonat. Dafür, daß die Monatsregel in früheren Zeiten bei den meisten Frauen auf den Neumond fiel, gibt es die unterschiedlichsten Erklärungen. Für unsere Vorfahren war allerdings klar, daß nur die Mondgöttin dafür verantwortlich sein konnte. Sie glaubten, daß sie ihre Periode immer bei Neumond bekäme und sich deshalb einige Tage zurückzöge. Die irdischen Frauen würden es ihr gleichtun.

Heute menstruieren Frauen zwar nicht mehr nahezu geschlossen bei Neumond, aber auffällige Übereinstimmungen gibt es immer noch. Frauen, die in enger Gemeinschaft zusammenleben, Schwestern, Mitglieder einer Wohngemeinschaft, Mütter und Töchter, haben sehr häufig einen ähnlichen Zyklus. Da die Mondgöttin für uns nicht mehr als Verursacherin in Frage kommt, suchen die Wissenschaftler nach anderen Erklärungen für dieses Phänomen. Heute glaubt man, daß vor allem Pheromone, Dufthormone im Schweiß der Frauen, für diese Synchronizität verantwortlich sind. Vor einigen Jahren haben amerikanische Wissenschaftler ein Experiment durchgeführt, bei dem sie die Frauen ihrer Testgruppe in regelmäßigen Intervallen den Schweiß anderer Frauen riechen ließen. Nach drei Monaten hatten diese Frauen ihre Menstruation zur gleichen Zeit wie die Frauen, deren Schweiß sie rochen. Eine Kontrollgruppe, der die Wissenschaftler einen Wattebausch mit Alkohol unter die Nase hielten, änderte ihren Zyklus in keiner Weise.

WUNSCHKINDER NACH DEM MONDKALENDER

Der Prager Frauenarzt Dr. Eugen Jonas hat in den sechziger Jahren einiges Aufsehen erregt als er eine Methode vorstellte, die Frauen ermöglichte, mit Hilfe der Mondrhythmen ein Wunschkind zu empfangen. Er verkaufte ihnen einen individuellen, für jeweils ein Jahr gültigen Mondkalender, in dem sie nicht nur ihre fruchtbaren und unfruchtbaren Tage ablesen, sondern auch präzis ermitteln könnten, welches der optimale Zeitpunkt für die Zeugung eines Sohnes bzw. einer Tochter wäre.

Nach Dr. Jonas stimmt die Phase der höchsten sexuellen Erregbarkeit bei den Frauen nicht mehr unbedingt mit dem Eisprung überein, wohl aber mit ihrer Mondphase. Demzufolge haben die meisten Frauen nicht nur einen fruchtbaren Zyklus (Ovulation) sondern auch ihren individuellen Mondzyklus, der von der Mondstellung zur Zeit ihrer Geburt abhängt. Durch umfangreiche Untersuchungen fand er bestätigt, daß 85 Prozent der Kinder während des Mondzyklus ihrer Mütter gezeugt wurden. Nur 15 Prozent der Befruchtungen fanden während des Ovulationszyklus statt. Das wäre immerhin eine Erklärung dafür, daß

170

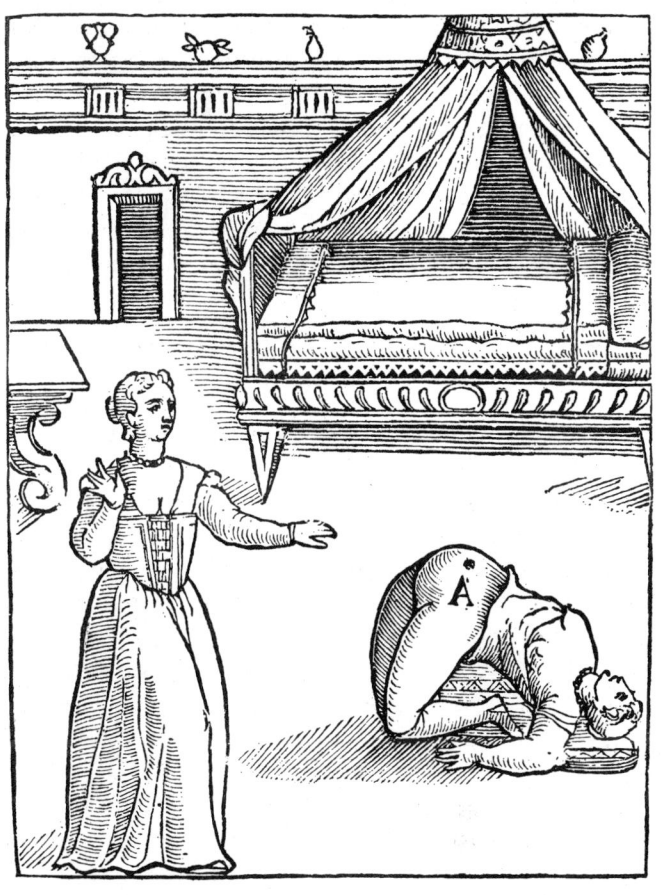

*Die »richtige« Geburtsstellung
in früheren Zeiten*

manche Frauen trotz nachgewiesener Fruchtbarkeit und präzisester Liebe nach Terminplan einfach nicht schwanger werden. Oder dafür, daß immer wieder Babys zu einem Zeitpunkt gezeugt werden, an dem eine Empfängnis nach den Gesetzen der Schulmedizin völlig ausgeschlossen ist.

Die größte Aussicht auf eine Empfängnis besteht nach Dr. Jonas, wenn beide Zyklen, der Ovulationszyklus und der Mondzyklus, zusammenfallen. Er behauptete, mit 98prozentiger Sicherheit im voraus bestimmen zu können, an welchem Tag eine

Junge oder Mädchen – das entscheidet der Mond

Frau, die seinen Kalender benutzt, einen Sohn oder eine Tochter empfängt. Dazu ermittelte er einfach die Tage, die nach den Gesetzen der klassischen Astrologie in einem männlichen oder einem weiblichen Zeichen standen. An Löwetagen würden zum Beispiel nur Söhne gezeugt, an Jungfrauentagen nur Töchter. Nahezu die gesamte Schulmedizin lief Amok, als sie von dieser These hörte, aber Jonas bestand alle Prüfungen der etablierten Medizin mit Bravour.

Heute freilich sieht es so aus, als habe Dr. Jonas mit seiner hohen Trefferquote einfach nur Glück gehabt. Ganz so einfach ist es eben doch nicht – das sagen nicht nur Gynäkologen, sondern selbst die Astrologen. Sie sind der Ansicht, daß es durchaus möglich ist, das Geschlecht eines Kindes astrologisch durch die Wahl des Zeugungstermins zu bestimmen. Aber dazu gehören präzise individuelle Berechnungen, erklärt die Hamburger Astrologin Martha Röhl, die vielen Frauen aus Südeuropa und dem Mittleren Osten zu dem Sohn verholfen hat, der in diesen Kulturen immer noch den Wert einer Frau bestimmt. Sie erzählt die Geschichte einer Iranerin, die bereits drei Töchter geboren hatte und deshalb bei ihren Schwiegereltern in Mißkredit geriet. Sie kam in ihrer Verzweiflung schließlich zur Beratung, um sich den Zeugungstermin für einen Sohn berechnen

Die Astrologen führen individuelle Berechnungen durch

zu lassen und zeugte auf diese Weise dann sogar noch einen zweiten Jungen. Dadurch erwarb sie in der iranischen Familie schließlich doch das Ansehen, welches ihr so lange versagt geblieben war.

GEBURT IM LICHT DES VOLLMONDS

Die Astrologen behaupten, nicht nur das Geschlecht eines Kindes wird vom Mond beeinflußt, sondern auch sein Charakter. Menschen, die bei Vollmond geboren werden, sind ganz anders als Menschen, die bei Neumond zur Welt kommen oder gar während einer Mondfinsternis. Und selbstverständlich spielt es auch eine Rolle, ob jemand während des zunehmenden oder des abnehmenden Mondes zur Welt kam.

Wenn Sie Ihr Sonnenzeichen kennen und auch noch wissen, bei welchem Mondstand Sie geboren wurden, können Sie nachle-

So prägt die Mondphase Ihren Charakter

sen, ob Sie sich in der dazugehörigen Kurzcharakterisierung wiederfinden.

Wenn Sie im ersten Quartal geboren sind

Selbst wenn Ihr Sonnenzeichen die zurückhaltende Jungfrau ist: Wenn Sie im ersten Quartal zur Welt gekommen sind, haben Sie

173

immer etwas von dem stürmischen, enthusiastischen Widder an sich, der ständig auf der Suche nach etwas Neuem ist. Sie

Neumond bis zunehmender Halbmond

nehmen mit Begeisterung jede Herausforderung an und schaffen es spielend, andere Menschen mitzureißen. Leider neigen Sie dazu, die angefangenen Dinge dann nicht zu Ende zu führen. Sollen das die anderen erledigen, während Sie schon längst wieder auf der Suche nach neuen Herausforderungen sind!

Wenn Sie im zweiten Quartal geboren sind
Sie sind ehrgeizig und leistungsbetont, und Sie legen großen Wert darauf, daß diese Eigenschaften auch allgemein gewürdigt

Zunehmender Halbmond bis Vollmond

werden. Weil Sie viel Charisma haben, werden Sie immer Menschen finden, die Sie auf ihrem Weg nach oben unterstützen. Aber Ihre Freunde und Gönner müssen immer damit rechnen, daß sie von Ihnen nicht allzuviel zurückbekommen werden. Denn so sympathisch und liebenswert Sie sind: Der Löwe in Ihnen brüllt bisweilen recht kräftig!

Wenn Sie im dritten Quartal geboren sind
Für Sie ist es ganz wichtig, in einem Netz von menschlicher Wärme getragen zu werden. Familie, Freunde, Kollegen spielen in Ihrem Leben eine wichtige Rolle. Und natürlich der Sex: In

Vollmond bis abnehmender Mond

dieser Mondphase ist der Skorpion nicht zu übersehen. Richtig zu Hochtouren laufen Sie erst in Ihrer zweiten Lebenshälfte auf. Ihre erfolgreichste Zeit beginnt dann, wenn andere den Zenith ihres Lebens schon überschritten haben.

Wenn Sie im vierten Quartal geboren sind

Sie führen die Dinge zu Ende, die andere vor Ihnen begonnen haben, lösen Probleme, die andere verursachen. Sie holen für

Abnehmender Halbmond bis Neumond

alle die Kastanien aus dem Feuer und sind mit dieser Rolle auch ganz zufrieden. Sie brauchen nicht viel, um zufrieden zu sein, materielle Dinge schon gar nicht. Aber lehnen Sie sich nicht zu früh zurück: Es kann gut sein, daß Sie dann, wenn Ihre Altersgenossen sich schon zur Ruhe gesetzt haben, zu Höchstform auflaufen und Ziele erreichen, von denen Sie früher nicht einmal geträumt haben.

ÜBER EINEN KLEINEN WEG ... WAS DIE ZIGEUNER ÜBER DIE MONDPHASEN WISSEN

Die Mondgöttin wacht seit altersher über das fahrende Volk, und so ist es kein Wunder, daß die Zigeuner über den Einfluß des Mondes einige Dinge wissen, die andere ohne sie niemals erfahren würden. Die Zigeuner kennen nicht nur die Bedeutung, die die Mondphase am Tag der Geburt für unseren Charakter hat, sie wissen auch, welche Bedeutung jeder einzelne Tag innerhalb der vier Mondphasen hat. Wenn es Ihnen zu mühsam ist herauszufinden, an welchem Tag des Mondmonats Sie geboren wurden, achten Sie einfach bei der nächsten Generation darauf. Wenn ein Baby zur Welt kommt, brauchen Sie nur im Mondkalender nachzusehen, ein wenig zu rechnen – und schon haben Sie die erste Prognose für den kleinen Erdenbürger. Keine Sorge: Wie sich das für Zigeunerweisheiten gehört, wird nur Gutes geweissagt!

Menschen, die im ersten Quartal geboren sind
Sie haben ein langes Leben.

Erstes Quartal

Am 1. Tag: Sie haben viel Glück.
Am 2. Tag: Noch mehr Glück.
Am 3. Tag: Einflußreiche Freunde.
Am 4. Tag: Mit ihrem Glück geht es stürmisch bergauf und bergab.
Am 5. und 6. Tag: Ihr Stolz könnte ihnen Probleme machen.
Am 7. Tag: Die Wünsche, die ihnen am Herzen liegen, müssen Sie für sich bewahren.

Menschen, die im zweiten Quartal geboren sind
Im Leben geht es ihnen besser als ihren Eltern.

Zweites Quartal

Am 1. Tag: Sie werden immer im Wohlstand leben.
Am 2. Tag: Sie haben ein leichtes Leben.
Am 3. Tag: Sie verdienen durch Reisen viel Geld.
Am 4. und 5. Tag: Sie haben besonders viel Charme.
Am 6. Tag: Der Erfolg fällt ihnen in den Schoß.
Am 7. Tag: Sie haben viele Freunde.

Menschen, die im dritten Quartal geboren sind
Sie haben manche Probleme, aber durch Ausdauer können sie
gelöst werden.

Drittes Quartal

Am 1. Tag: Sie finden Glück und Erfolg auf einem anderen
    Kontinent.
Am 2. Tag: Sie haben Erfolg im Geschäftsleben.
Am 3. Tag: Ihre Intuition bringt ihnen Erfolg.
Am 4. Tag: Sie sind besonders tapfer.
Am 5. Tag: Vorsicht im Umgang mit Geld.
Am 6. und 7. Tag: Sie haben besonders viel Kraft.

Menschen, die im vierten Quartal geboren sind
Sie sind liebenswerte, aufrechte Menschen.
Am 1. und 2. Tag: Sie lieben ihr Zuhause.
Am 3. Tag: Sie sind sehr zuverlässig.

Viertes Quartal

Am 4. Tag: Sie sind sehr empfindlich.
Am 5. Tag: Sie werden ideale Eltern.
Am 6. und 7. Tag: Ihre Loyalität verschafft Ihnen Reichtum!

Woran liegt es, daß wir an manchen Tagen einfach nicht gut drauf sind? Völlig grundlos neben der Spur stehen? Muffig, unkonzentriert und reizbar sind? Und warum gehen wir an anderen Tagen auf Wolken? Alles, was wir anpacken, gelingt uns mühelos? Es gibt unzählige Ansätze, eine vernünftige Antwort auf diese Frage zu finden. Die am häufigsten angeführte Erklärung ist das Wetter, das an allem schuld ist.

Immer mehr Menschen sind mittlerweile davon überzeugt, daß auch der Mond damit zu tun hat. Bei zunehmendem Mond steigen die Energien. Wir sind aktiv, lebendig, schwungvoll. Bei abnehmendem werden die Kräfte weniger. Und bei Vollmond drehen viel Leute erfahrungsgemäß durch. Zudem haben auch die Tierkreiszeichen, in denen der Mond gerade steht, noch einen gewissen Einfluß auf unser Verhalten, auch wenn man zugeben muß, daß die Wirkung des transitierenden Mondes nicht gerade Berge versetzt.

Und schließlich gibt es noch eine dritte Erklärungsmöglichkeit: der Biorhythmus. Damit befaßt sich seit vielen Jahren eine ernstzunehmende Wissenschaft, die sich Chronobiologie nennt. Sie ist zu dem Schluß gekommen: Unsere Stimmung, unser seelisches, körperliches und geistiges Gleichgewicht hat etwas mit unserem Biorhythmus zu tun. Biorhythmus nennt man die

Der Biorhythmus bestimmt unser Befinden

zyklischen Schwankungen im menschlichen Körper. Genau genommen gibt es nicht nur einen, sondern drei Biorhythmen, die für die Schwankungen in unserem ganz persönlichen Befinden verantwortlich sind, und zwar je einen für Körper, Geist und

Seele. Jeder der drei Rhythmen beginnt am Tag unserer Geburt. Sie färben vieles von dem, was wir tun, denken, fühlen und sind in vieler Hinsicht vorhersehbar. Wer um diese Zusammenhänge weiß, kann sich das Leben so manches Mal leichter machen.

Der körperliche Biorhythmus ist besonders wichtig für Menschen, die körperlich arbeiten. Während der Hochphase fühlen wir uns meist kräftig und in Form, der Sport macht Spaß, körperliche Arbeiten gehen leichter von der Hand. In der Tiefphase kommt es zu einem allmählichen Kräfteabfall. Alles kostet jetzt viel mehr Kraft, am schlimmsten sind die zwei Tage vor dem Wechsel. Da wäre eine Ruhepause, Entspannung angesagt.

Der seelische Rhythmus beeinflußt unsere äußeren und inneren Wahrnehmungen und Empfindungen. Besonders wichtig ist er

Seien Sie an Wechseltagen vorsichtig!

für Menschen, die von Berufs wegen mit Menschen zu tun haben: Lehrer, Kindergärtnerinnen, Ärzte, Krankenschwestern, Sozialarbeiter etc. In der Hochphase fällt es uns leicht, zu denken und zu lernen, alles fliegt einem nur zu. In der Tiefphase herrscht dagegen Luft im Kopf. Da fällt uns absolut nichts ein, und obendrein sind wir lustlos und unkonzentriert. Besonders gefährlich sind die Wechseltage: Achtung im Straßenverkehr!

Jeder dieser drei Rhythmen schenkt uns bis zur Hälfte seiner Dauer also eine langsam und kontinuierlich ansteigende Hochphase. Am Gipfelpunkt fällt unsere Leistungskurve dann fast senkrecht abwärts, bis sie ihren Ausgangspunkt erreicht hat. Von dort geht sie steil nach oben bis zum Anfang zurück, wo der gleiche Rhythmus von neuem beginnt. Alle drei Rhythmen beginnen am Tag unserer Geburt. Aber leider ist jeder der drei Rhythmen unterschiedlich lang.

- ❖ Der körperliche Rhythmus hat eine Länge von 23 Tagen,
- ❖ der seelische Rhythmus hat eine Länge von 28 Tagen,
- ❖ der geistige Rhythmus hat eine Länge von 33 Tagen.

Beim körperlichen Rhythmus endet die Hochphase nach 11 Tagen, beim seelischen Rhythmus nach 14 Tagen (der Wechseltag fällt übrigens immer auf den Wochentag, an dem Sie geboren sind). Der geistige Rhythmus beendet die Hochphase nach 16 Tagen. Diese Wechseltage sind bei allen drei Rhythmen von besonderer Bedeutung. Sie markieren eine kritische Zeitspanne, die manchmal Stunden, manchmal einen ganzen Tag lang anhalten kann. Ihre Wirkung auf Körper, Geist und Seele läßt sich mit einem raschen Klimawechsel vergleichen oder dem Wechsel der Kräfte nach dem Vollmond. Der Übergang von hoch zu tief wird dabei oftmals als weniger einschneidend empfunden als umgekehrt.

Der körperliche Rhythmus, der seelische Rhythmus und der geistige Rhythmus

Diese drei Rhythmen beeinflussen uns alle ständig, sie verstärken und schwächen einander und treten in Wechselwirkung mit Gesundheitszustand, Alter, Umwelteinflüssen, Streß etc. Dabei sind die Auswirkungen von Mensch zu Mensch verschieden. Ein geistiges Tief kann sich durchaus auch auf die körperliche Verfassung auswirken, ein seelisches Hoch kann dagegen bewirken, daß ein körperliches Tief als nicht so tragisch empfunden wird.

Am stärksten wirkt der Biorhythmus kurz vor den jeweiligen Wechseltagen.

Nun können wir in unserem Alltag natürlich nicht immer auf den

Biorhythmus Rücksicht nehmen, ebensowenig wie auf die Mondphasen. Oft müssen wir Dinge tun, gleich ob wir dazu in Hochform sind oder nicht.

Und es ist sicher unsinnig, vor jeder Aktivität in der Biorhythmuskurve oder im Mondkalender nachzugucken, ob der Tag auch gut sein wird. Aber es ist durchaus sinnvoll, sich mit seinem persönlichen Rhythmus vertraut zu machen, in sich hineinzuspüren und ein wenig Rücksicht auf sich zu nehmen. Wenn wir wissen, daß unsere miese Laune, die Unkonzentriertheit oder die Antriebsschwäche mit dem Biorhythmus zu tun hat, dann fällt es leichter, diesen Zustand hinzunehmen, bei uns und auch bei unserem Partner. Es besteht übrigens kein Grund zur Panik, wenn die Kurven sinken, sondern nur zur Wachsamkeit. Wirklich kritisch sind nur die Tage, an denen zwei Kurven in die Tiefphase überwechseln.

Ihren ganz individuellen Biorhythmus druckt Ihnen heute der Computer aus, samt Erklärungen. Meist bekommt man sie im

Den individuellen Biorhythmus gibt es aus dem Computer

Block für ein ganzes Jahr, und zwar für jeden Tag gesondert. Dann können Sie sehen, wie weit Sie sich mit Ihren persönlichen Leistungskurven identifizieren können – und ob Ihnen das Wissen im Alltag hilft. Es heißt, daß die Piloten der Swiss Air an biorhythmisch kritischen Tagen nicht fliegen dürfen, in östlichen Ländern soll der Biorhythmus bei politischen und wirtschaftlichen Entscheidungen eine große Rolle spielen.

Ich selbst neige dazu, mir nicht die Zeit zu nehmen, in mich hineinzuhorchen, und so komplizierte Dinge wie Biorhythmen haben mich deshalb lange Zeit wenig interessiert. Was nützt mir das schon, dachte ich immer, wenn du weißt, daß du nicht gut drauf bist, aber trotzdem deinen Stiefel tun mußt? Neulich habe ich wieder einmal ein bißchen dazugelernt. Ich war gerade dabei, das Haus renovieren zu lassen. Tagelang fuhr ich von Baumarkt zu Baumarkt, gab viel mehr Geld aus als geplant und lud gerade wieder Farbeimer, Pinsel und Tapetenlöser aus dem Auto, als der Briefträger einen großen Umschlag brachte. Ich warf einen raschen Blick hinein. Eine befreundete Astrologin hatte ein neues Computerprogramm gekauft und mir meinen Biorhythmus für ein Jahr ausgedruckt und mit Erklärungen versehen zugeschickt: »Schau mal, ob Du damit etwas anfangen kannst!« Ich sah sofort, das war etwas Längeres, legte den Umschlag für eine ruhige Stunde neben mein Bett und vergaß ihn wieder. Als ich spätabends müde nach Hause kam, putzte ich mir in dem frischrenovierten Bad die Zähne, stieß dabei im Dunkeln, weil die Lampe noch nicht wieder angebracht war, mit der Stirn gegen die spitze Kante eines Schränkchens, das jemand dort vorübergehend geparkt hatte. Ich fluchte lauthals, klebte, weil es stark blutete, ein Pflaster auf die Wunde und ging

Nehmen Sie sich Zeit, den Ausdruck zu studieren

schlechtgelaunt ins Bett. Dort lag noch der Brief mit dem Biorhythmus. Spaßeshalber sah ich nach, was unter diesem Tag geschrieben stand, und traute meinen Augen nicht: »Vorsicht vor spitzen Haushaltsgegenständen ...«

Nein, ich gucke jetzt immer noch nicht täglich nach, was ansteht. Aber vor besonders wichtigen Terminen werfe ich doch mal einen Blick in meinen Biorhythmus, ebenso wie in den Mondkalender. Nicht, weil ich mir davon eine Art von Entscheidungshilfe erhoffe, sondern eigentlich nur, um ein wenig sensibler zu reagieren und nicht, wie ich das gern mache, in jedes offene Messer zu laufen. Und dann freue ich mich wie ein Kind, wenn ich das, was ich dort lese, eigentlich schon vorher gespürt habe.

182

Glücklicherweise reagiert nicht jede Frau so sensibel auf die Mondphasen wie die französische Adlige, von der in den Mond-büchern manchmal die Rede ist. In der Zeit von Neumond bis Vollmond soll sie so strahlend schön gewesen sein, mit samtig-glatter Haut, glänzendem Haar und funkelnden Augen, daß ihr Nacht für Nacht in den Salons von Paris die Männer zu Füßen lagen. Am Tage nach Vollmond zog sie sich dann zurück und wurde zwei Wochen lang nirgends mehr gesehen. Es hieß, daß die Mondgöttin, die ihr bei zunehmendem Mond die vollendete Schönheit schenkte, sie ihr in den zwei Wochen des abnehmen-den Mondes ebenso vollständig entzog. Ihre Haut wurde schlaff, faltig und grau, ihre Augen wurden müde und von tiefen Rän-dern umgeben, die Wangen eingefallen und hohl, und die weni-gen Menschen, die sie in dieser Zeit zu Gesicht bekommen

Eine besonders sensible Reaktion

hatten, berichteten entsetzt, sie gliche einer uralten, verhutzel-ten Frau. Erst wenn die silberne Sichel des zunehmenden Mon-des erneut am Himmel stand, erschien sie, strahlend wie eh und je auf der Bildfläche, und alle Männer lagen ihr zu Füßen – bis zum nächsten Vollmond.

Mag sein, daß die drastischen Veränderungen in ihrem Ausse-hen zum Teil auf das Konto eifersüchtiger Rivalinnen gehen. Aber ganz sicher hat der Mond auch Einfluß auf unsere Schön-heit. Immer mehr Kosmetikerinnen und Friseure führen außer ihrem Terminkalender nun auch noch einen Mondkalender, in den sie ihre Erfahrungen eintragen. Sie können sicher sein, daß Ihre Schönheitsbehandlungen erfolgreicher, langanhaltender und preiswerter sein werden, wenn auch Sie künftig den Mond in Ihre Schönheitspflege einbeziehen. Hier auf einen Blick die Mondregeln für die Schönheit.

MONDREGELN FÜR IHRE SCHÖNHEIT

Haut

Bei zunehmendem Mond ist Ihre Haut prall, rosig, feucht und gut durchblutet. Unreinheiten wie Mitesser, Pickel oder Grießkörner kommen jetzt zwar verstärkt an die Oberfläche, lassen sich aber problemlos und ohne Spuren entfernen. Deshalb sind die beiden ersten Quartale hervorragend geeignet für eine kosmetische Tiefenreinigung (Peeling). Weil die gut durchblutete Haut bei zunehmendem Mond besonders aufnahmefähig ist, tun Ihnen nun auch Gesichtsmasken ausgesprochen gut. Optimal sind Tage mit Mond im Stier. Wenn Sie jetzt zur Kosmetikerin gehen, haben Sie viel davon. Ideal sind die Tage vor Vollmond.

Bei abnehmendem Mond ist die Haut trockener und weniger stark durchblutet. Pickel und Unreinheiten lassen sich in dieser Phase nur mühsam entfernen. Trotz größter Sorgfalt kann es beim Ausdrücken zu Rötungen oder sogar zu Entzündungen und Narben kommen. Vor allem bei Neumond sollten Sie es erst gar nicht versuchen! Der abnehmende Mond hat aber auch Vorteile. Die Haut ist nun schmerzunempfindlicher und am ehesten bereit für Behandlungen, die wehtun könnten: Bio-Face-Lifting, Permanent-Make-up, kleinere Eingriffe etc.

Haar

Schneiden: Haare wachsen kräftiger und schneller nach, wenn sie bei zunehmendem Mond geschnitten werden. Falls Sie also dünnes Haar haben, oder Sie haben es kurzschneiden lassen und bereuen es jetzt: Drei Tage nach Neumond oder drei Tage vor Vollmond ist der optimale Termin, um sich die Spitzen schneiden zu lassen. Sie werden merken, das Haar wächst spürbar kräftiger nach!

Wenn Sie Geld sparen wollen und deshalb möglichst selten zum Friseur gehen: Haare, die in der Zeit zwischen Vollmond und Neumond geschnitten werden, wachsen deutlich langsamer nach!

Färben: Bei zunehmendem Mond ist das Haar besonders aufnahmefähig, insbesondere Pflanzenfarben halten länger.

Dauerwellen: Ideal bei zunehmendem Mond. Besonders gut halten sie, wenn der Mond im Zeichen der Jungfrau steht. Bei Mond im Löwen werden sie leicht zu kraus!

Körperhaare entfernen: Am besten und radikalsten geht's bei Vollmond, da sind die Haare vollzählig da. Allerdings tut's da auch am meisten weh. Wer schmerzempfindlich ist, sollte sich der Prozedur bei abnehmendem Mond unterziehen. Da hält die Wirkung auch länger vor.

Figur

Wenn Sie ein paar Kilo abnehmen möchten: Der ideale Zeitpunkt für eine Diät oder auch nur für ein paar Obst- oder Safttage zum Entschlacken und zur Blutreinigung ist die Zeit zwischen Vollmond und Neumond. Sie haben während dieser Mondphase deutlich weniger Appetit, und die Pfunde schmelzen schneller.

Zu guter Letzt:
Mondrituale zum Träumen, zum Schmunzeln
und selbstverständlich auch zum Ausprobieren

Mond und Magie gehören seit altersher zusammen. Der Mond beherrscht die Nacht, die Welt des Dunklen, Geheimnisvollen, Verborgenen, und die Bewohner der magischen Welten, Elfen und Feen, Vampire und Werwölfe, Geister und Dämonen, besuchen uns fast immer nur in der Dunkelheit der Nacht. Und so gab es neben der normalen Magie, bei der der Mond häufig eine Rolle spielte, auch noch eine spezielle Mondmagie. Der abnehmende Mond galt (und gilt heute noch) als der beste Zeitpunkt für Schadenszauber, aber auch zum Bannen negativer Energien und zum Studium magischer Schriften. Die schlimmsten und gefährlichsten Zauber wurden in den dunklen Nächten kurz vor

Bei Neumond ist der Schadenszauber tabu

Neumond zelebriert. Die Neumondnacht selbst war für Schadenszauber tabu. Bei Neumond stehen Sonne und Mond im gleichen Haus, da konnte man nie sicher sein, ob der Schadenszauber nicht den gegenteiligen Effekt haben würde – zum Wohl des Feindes und zum eigenen Schaden. Gute Zauber zum Wohle der Menschen, zur Mehrung von Gesundheit, Wohlstand, Liebe, Schutz wurden stets bei zunehmendem Mond gewirkt. Die wichtigste Nacht für guten Zauber war die Vollmondnacht. Aber auch die Tierkreiszeichen, die der Mond durchwanderte, hatten für die alten Hexen und Magier eine Bedeutung. In schwierigen Fällen konnte die Wahl des richtigen Zeichens den Unterschied zwischen gelungenen und mißglücktem Zauber ausmachen.

Mond im Widder: Zauber für Schutz, Mut.

Mond im Stier: magische Rituale für Geld, Wohlstand, Wachstum, Frieden.

Mond im Zwilling: Weissagungen, prophetische Träume.

Mond im Krebs: Liebeszauber, Heirat.

Mond im Löwen: Liebeszauber ohne eheliche Absichten.

Mond in der Jungfrau: Rituale zur Heilung.

Mond in der Waage: Liebeszauber, Heirat.

Mond im Skorpion: Mehrung von Mut, Exorzismus, Bannzauber.

Mond im Schützen: Schutz auf Reisen.

Mond im Steinbock: Bannzauber.

Mond im Wassermann: Mysterien, Geheimnisse.

Mond in den Fischen: Bewußtseinserweiterung, Träume, Magie.

Wichtig war auch der Wochentag, weil jeder unter dem Schutze eines bestimmten Planeten stand, und an »seinem« Tag galt der Planet (oder der Gott, der diesen Planeten symbolisierte) als

Die Wochentage stehen unter dem Schutz der Planeten

besonders großzügig. Selbst die Uhrzeit spielte eine Rolle, und die magischen Stunden nach Sonnenuntergang waren genau definiert (siehe Tabelle S. 188).

Stand der optimale Zeitpunkt fest, so ging es als nächstes um die genaue Einhaltung der Rituale: rituelle Reinigung, vorschriftsmäßige Kleidung, passendes Zubehör. Für spezielle Mondzauber mußte der Zauberstab aus Weide geschnitzt sein, da die Weide astrologisch dem Mond zugeordnet wird. Am besten mußte er von einem unschuldigen Kind geschnitten worden

Wochentag	nach Sonnenaufgang	nach Sonnenuntergang
Die magischen Stunden		
Sonntag	4, 11	11
Montag	1, 8	3, 10
Dienstag	5, 12	7
Mittwoch	2, 9	4, 11
Donnerstag	6	1, 8
Freitag	3, 10	5, 12
Samstag	7	2, 9

sein, oder aber von einem Mann, der rückwärts ging und dabei durch die Beine hindurch nach dem Zweig der Weide griff. Zusätzlich mußte der Mondgöttin ein Opfer gebracht werden. Am meisten schätzte sie die getrockneten Blätter von Myrrhe

Die genaue Einhaltung der Rituale ist unerläßlich

und Lorbeer. Durch spezielle Räucherungen wurde die Göttin günstig gestimmt. Die für die Rituale notwendigen Zubehörteile wie Mondstein, Silberkelch etc. wurden gereinigt und magisch aufgeladen.

Die komplizierten Regeln, die für die Durchführung magischer Rituale erforderlich waren, wurden in geheimen Mondbüchern aufgezeichnet, die nur Eingeweihten zugänglich waren: Männern und Frauen, die ihr ganzes Leben dem Studium der gehei-

Ein Zauberer in typischer Tracht

men Künste verschrieben hatten und die ihr Wissen entsprechend teuer verkauften. In einem solchen Mondbuch, das aus dem 12. Jahrhundert stammt, sind zum Beispiel für jeden Tag zwischen Neumond und Vollmond die jeweiligen Chancen für

Mondbücher geben genauer Auskunft

etwaige Vorhaben verzeichnet, und die Bedingungen, die für das Gelingen des Rituals erforderlich waren. So mußte man mit bestimmten Utensilien, etwa einem Weihrauchkessel und Turteltauben als Opfertieren, in vorgeschriebener Kleidung einen ganz bestimmten Ort (z. B. ein Flußufer) aufsuchen, dort beim Tieropfer die im Text angegebenen Geheimzeichen malen und dann den Mond anrufen und ihn bitten, die vorgetragenen Wünsche zu erfüllen. Die magischen Zeichen waren komplizierte hebräische Symbole für Planetenstände. Kein Wunder also, daß normale Sterbliche die rituelle Mondmagie den Experten (und den reichen Leuten als deren Kundschaft) überließen und sich mit der volkstümlichen Variante begnügten: den einfachen Zaubersprüchen und Ritualen, die jede Dorfhexe beherrschte oder, noch schlichter, dem Volksglauben. Der war, speziell wenn es um den Mond ging, dann auch entsprechend weit verbreitet.

Zwei Takte Aberglauben um den Mond

❖ Wenn man die neue Mondsichel über die rechte Schulter sieht, bringt das Glück.

❖ Wer sein Geld bei zunehmendem Mond zählt, der vermehrt es.

❖ Wer den Mond sieht und dabei eine Silbermünze in der Tasche berührt, hat Glück.

❖ Wer unter dem Kopfkissen eines Kindes ein sichelförmiges Messer aufbewahrt, schützt das Kind vor dem bösen Blick. (Bloß nicht nachmachen!)

❖ Wer die neue Mondsichel am Himmel sieht, soll die erste Person, die ihm über den Weg läuft, schweigend küssen. Dann bekommt er ein Geschenk.

❖ Wer bei Mondschein näht, näht sein Sterbekleid.

❖ Wenn der Mondschein aufs Ehebett fällt, so gibt es Unglück.

❖ Im Mondschein darf man nicht spinnen, sonst spinnt man für sein Kind den Strick.

❖ Wer Wäsche im Mondschein trocknet, trocknet Totenwäsche.

Viele moderne Magier und Anhänger des Wicca-Kultes praktizieren noch heute die komplizierte Mondmagie. Scott Cunningham, der vor einigen Jahren verstorbene amerikanische Magier, der viele erfolgreiche Bücher über Magie geschrieben hat, sah das allerdings lockerer. »Einige dieser Systeme werden heute noch angewendet, mit gutem Erfolg. Aber jedes System kann die Spontaneität umbringen und die Wirkung der Magie behindern. Timing ist wichtig, aber es gibt nur eine wirklich unverletzbare Regel: Magie wird angewendet, wenn es nötig ist. Wenn

Magie wird nur angewendet, wenn es nötig ist

ich Kopfschmerzen habe, daß ich nicht schlafen kann und nicht arbeiten kann, kann ich nicht warten, bis der Mond in die richtige Phase kommt, oder bis der Große Bär am Himmel aufgeht, da brauche ich sofort Hilfe ... Ich bestreite nicht, daß die Planeten, Jahreszeiten und Mondphasen dem Zauber eine zusätzliche Kraft verleihen – ich bestreite nur, daß eine solche Kraft in jedem Fall notwendig ist. Wenn die Magie wirkt, dann wirkt sie zu jeder Tages- und Nachtzeit.«

Das gilt in erster Linie für magische Rituale. Wenn Sie die geheimnisvollen Kräfte des Mondes für Ihren ganz normalen Alltag nutzen möchten, sollten Sie sich dagegen unbedingt an die Mondphasen halten. Sie wissen schon, alles, was neu in Angriff genommen wird, sollte bei zunehmendem Mond begonnen werden: das Vorstellungsgespräch, geschäftliche Unternehmungen, die erste Begegnung mit dem neuen Freund, der Termin beim Rechtsanwalt, die Eröffnung eines Sparkontos. Alles, was zu Ende gebracht werden soll, geschieht dagegen am besten in der Phase des abnehmenden Mondes: Schluß machen mit dem Freund, die Autoreparatur, Renovierungen am Haus, die längst fällige Kündigung, die Schlankheitskur etc. Das ist natürlich oft leichter gesagt als getan: Was machen Sie, wenn Sie morgen eine wichtige Rede halten müssen und all Ihren Mut brauchen, doch der Mond nimmt ab? Oder wenn Sie am übernächsten Wochenende in das neue Kleid passen möchten, aber vorher müssen drei Kilo runter, und gerade jetzt nimmt der Mond zu?

Da gibt es als letzte Rettung einen Trick: Führen Sie ein kleines Ritual durch, bei dem Sie das, was Sie von der Mondgöttin erbitten, einfach umformulieren. Wenn Sie also etwas bekommen möchten: wie Liebe, Geld, Kraft, Gesundheit, und der

Was tun bei unpassender Mondphase?

Mond nimmt ab, so bannen Sie einfach das Gegenteil. Bannen Sie Einsamkeit, wenn Sie Liebe suchen, Geldsorgen, wenn Sie nicht wissen, wie Sie die Miete zahlen sollen, Schüchternheit, wenn Sie einen Vorstellungstermin haben, Krankheit, wenn Sie schnell gesund werden möchten. Oder, wenn der Mond gerade zunimmt und Sie trotzdem mit der Schlankheitskur beginnen wollen, wählen Sie ein Ritual, daß Ihre Kraft zum

Durchhalten stärkt. Die falsche Mondphase muß also keine Ausrede sein!

Die Rituale, die Sie auf den folgenden Seiten finden, stammen nicht aus geheimen Mondbüchern, und sie erfordern auch keine

Der richtige Vers zur richtigen Zeit

großen magischen Kenntnisse, wohl aber ein wenig Mut, zumindest anfangs. Vielleicht müssen Sie sich zuerst überwinden, und Ihre Stimme schwankt ein bißchen, wenn Sie laut die Verse sprechen, die ein wichtiger Teil der Mondmagie sind. Manche klingen für unsere Zeit ein wenig pathetisch, doch bedenken Sie, daß die meisten Anrufungen seit Jahrhunderten, manchmal seit Jahrtausenden auf die gleiche Art und Weise praktiziert werden. Was natürlich auch zeigt, daß eine starke magische Kraft in ihnen steckt, sonst hätten sie nicht so eine lange Zeit überdauert. Probieren Sie sie aus, wenn Sie Lust haben und das Gefühl, jetzt kann Ihnen nur noch ein Zauber weiterhelfen. Oder lächeln Sie auch nur darüber, je nachdem. Sie wissen ja, man kann nie im vorhinein sagen, ob Magie wirkt. Denn wenn man das vorher wüßte, dann wäre ja nichts Magisches daran …

Doch wenn der Mond ganze Meere bewegen, Pflanzen zum Blühen bringen, den Biorhythmus der Menschen bestimmen und über ihr Wohlergehen, ihr Aussehen und ihren Gemütszustand entscheiden kann, dann dürfte es für ihn eine Kleinigkeit sein, Ihnen auch zu Liebe, Geld, einem Mann oder, wenn es sein muß, einem größeren Busen zu verhelfen. Vor allem diese kleine Gefälligkeit erwarten die Mädchen in meinem toskanischen Dorf von ihm, und wie man immer wieder hört, mit großem Erfolg. Der Zauber für einen größeren Busen – ursprünglich stammt er aus Neapel – ist mein Lieblingszauber, und nicht nur meiner: In einer wunderbar warmen Vollmondnacht habe ich heimlich beobachtet, wie meine vierzehnjährige Tochter ihrer Freundin das Ritual beibrachte. Die beiden traten in der mondhellen Nacht vors Haus, die Hände flehend zur Mondgöttin erhoben. Dann berührten sie ihren zarten Busen und sagten neunmal im Chor:

Ein toskanisches Rezept für größeren Busen

Santa luna, Santa stella,
fammi crescere questa mammella.

Das heißt auf deutsch ungefähr:
Heiliger Mond und heilige Sterne,
einen größeren Busen hätte ich gerne.

Die beiden sagten das sehr andächtig, und um jedes Mißverständnis auszuschließen, berührten sie bei dem Wort questa (diesen) jeweils ihren Busen, so wie das vorgeschrieben ist. »Du darfst dich nicht versprechen«, warnte meine Tochter ihre Freundin. »Sonst wirkt's nicht.«

Ob es hilft? Meine toskanische Freundin Fiorenza, die mir diesen Zauber verraten hat, ist davon überzeugt: »Schau dich doch hier im Dorf mal um. Wir haben früher alle dieses Ritual abgehalten.« In der Tat gibt es in ganz Sasso keine flachbrüstige Bewohnerin.

Ritual gegen die Mondkrankheit

Wenn der Vollmond Sie nervös, schlaflos, unruhig macht – hier ein Ritual, das Ihnen hilft, mit dem Mond vertraut zu werden. Beschaffen Sie sich einen Mondstein (er kann auch in einem Schmuckstück gefaßt sein) und tragen Sie ihn immer bei sich, mindestens bis zum nächsten Vollmond. Der Stein wird Sie mit den Energien des Mondes in eine harmonische Verbindung bringen. Es kann gut sein, daß der Mondstein Sie weicher, sensibler macht. Wenn wenige Tage nach Neumond die Mondsichel am Himmel erscheint, kochen Sie sich einen Kamillentee oder ein anderes Mondgetränk, und beobachten Sie jeden Abend mit Ihrer Tasse ein Weilchen den Mond: Wie er zunimmt.

Schließen Sie Freundschaft mit dem Mond

Wie er seine Farbe verändert, sich hinter einer Wolke verbirgt. Sie brauchen gar nichts weiter zu sagen oder zu tun. Sitzen Sie einfach da, und lassen Sie sich von Mutter Mond umarmen. Wenn der Vollmond kommt, werden Sie ihn als Freund willkommen heißen und seine Macht begreifen.

So begegnen Sie (vielleicht) Ihrem Schutzgeist

Dies Ritual sollte nur in einer klaren Vollmondnacht durchgeführt werden, aber nie zum Scherz, sondern nur dann, wenn Sie den aufrichtigen Wunsch haben, Ihrem Schutzgeist zu begegnen, oder Ihrem Schutzengel oder wer auch immer in den anderen Sphären für Sie zuständig ist. Sie können diese Begegnung nicht erzwingen. Es liegt an den höheren Mächten, ob Sie sich Ihnen offenbaren möchten, und wenn der Mond in dieser Vollmondnacht nicht leuchtend hell am Himmel steht, dann brauchen Sie es gar nicht erst zu versuchen. Aber in einer klaren, warmen Vollmondnacht haben Sie vielleicht Glück.

Nehmen Sie einen Mondstein, ein Stück schwarzen Samt, eine kleine Silberschale und einige getrocknete Blütenblätter der Christrose und des Eisenkrauts mit sich ins Freie. Beobachten Sie zunächst eine Weile, wie sich das Mondlicht in Ihrem Stein spiegelt. Dann breiten Sie den Samt aus und legen darauf Ihren Stein. Vermischen Sie in der Silberschale die Blütenblätter, die Sie mitgebracht haben. Vorsicht, die Christrose ist sehr giftig! Rufen Sie den Geist der Luft an. Nehmen Sie ein wenig von den Blättern, zerreiben Sie sie zwischen den Fingerspitzen und lassen Sie die Krümel vom Wind davontragen. Sagen Sie dabei folgenden Spruch auf:

Setzen Sie Ihren Schutzgeist nicht unter Druck

> Wenn du in deiner Weisheit
> entschieden hast, daß die Zeit gekommen ist,
> und dein und mein Herz eines sind,
> dann komm durch die Kraft von Mondstein und Opal
> und das magische Licht des Mondes
> herbei und such mich auf
> in dieser langen schönen Nacht.

Dann legen Sie sich auf die Erde und lassen sich von Ihrem Atem in eine andere Wirklichkeit tragen. Aus und ein, aus und ein … Lauschen Sie ihren tiefen Atemzügen. Wenn Ihr Schutzgeist bereit ist, wird er Ihnen nun in einer Vision erscheinen. Als Traumbild oder von bestechender Klarheit, als Blick, mit einem Wort, wer weiß. Sie selbst werden es ohne jeden Zweifel erfassen, und wenn Ihnen dieses Glück widerfahren ist, wird es Ihnen bis zum Ende Ihres Lebens unvergeßlich bleiben. Ihr Schutzengel ist nun nicht mehr nur in Ihrer Nähe, sondern auch in Ihrem Herzen.

Wenn Sie einen Liebsten suchen

Im Idealfall sollte dieses Ritual bei Südwind und zunehmendem Mond durchgeführt werden. Beschaffen Sie sich zunächst einen Blutstein. Dann schreiben Sie mit einem Zauberstift (einem, der nur für Zauber verwendet wird) folgenden Vers auf magisches Papier:

> Mondgöttin,
> in drei Tagen und drei Nächten
> wird die Liebe mir begegnen.
> Kommt im roten Schein der Flamme,
> kommt im vollen Licht des Mondes.
> Kommt zu mir

Blutstein und magisches Papier

> in der stillen Zeit des Wartens.
> Kommt auf den
> leidenschaftlichen Flügeln
> der Gezeiten.
> In drei Tagen und drei Nächten,
> zu dieser Stunde
> auf mein Rufen hin, komme.

Nehmen Sie ein Bad mit reinigenden Kräutern (Minze, Pinie). Dann ziehen Sie ein sauberes, möglichst weißes Gewand an, stecken das Papier und den Stein ein und gehen ins Freie. Dort rufen Sie zunächst das Element Feuer. Entzünden Sie ein kleines Feuer. Halten Sie den Stein so, daß sich das Licht der

Flammen darin spiegelt. Lesen Sie nun mit lauter Stimme den Zauberspruch.

Danach gehen Sie zurück ins Haus, legen den Stein zusammen mit dem Zauberspruch in eine kleine Schachtel und lassen sie einen Mondzyklus lang ungestört. Sie selbst sollten allerdings in der nächsten Zeit besonders offen zu Menschen sein, vielleicht auch mit einer Freundin zum Tanzen gehen oder in eine Kneipe. Wenn der Mond die jetzige Stellung wieder erreicht hat, werden Sie, das wird versprochen, Ihre Liebe gefunden haben. Dieses Ritual ist mindestens so erfolgreich wie eine Heiratsanzeige!

Liebeszauber, wortlos

Sammeln Sie so viele Kirschkerne, wie Sie Jahre alt sind. Bohren Sie in jeder Nacht ein Loch in einen Kern. Beginnen Sie in der Nacht nach Neumond, und hören Sie auf, wenn der Mond

Die Kniekette hilft weiter

abnimmt. Das bedeutet, daß Sie in einem Monat nicht mehr als 14 Kerne durchbohren dürfen. Wenn alle Kerne durchbohrt sind, warten sie bis zum nächsten Neumond. Dann fädeln Sie alle Kischkerne auf ein rote oder rosa Schnur und binden Sie 14 Nächte lang um das linke Knie. Morgens dürfen Sie die Schnur dann abnehmen. Scott Cunningham, der amerikanische Magier, der leider so früh verstorben ist, daß er keine Beschwerden mehr entgegennehmen kann, schwört darauf, daß Ihnen dieser Zauber den ersehnten Mann oder die gewünschte Partnerin verschafft.

Noch mehr Liebeszauber

Gehen Sie in einer Vollmondnacht mit einer rosafarbenen Kerze ins Freie. Blicken Sie zum Mond, halten Sie dabei die Kerze in Ihrer rechten Hand und erklären Sie der Mondgöttin, daß Sie gern einen Partner hätten und vielleicht auch noch, wie Sie ihn sich vorstellen. Nennen Sie aber keinen Namen, das wäre Manipulation und damit nicht nur unmoralisch, sondern auch gefährlich. Stellen Sie sich vor, der Zauber wirkt, aber der herbeigezauberte Partner erweist sich hinterher als ungeeignet! Es ist äußerst schwierig, einen Liebeszauber rückgängig zu machen und den Mann wieder loszuwerden.

Dann gehen Sie ins Haus zurück und errichten einen kleinen

Es ist äußerst schwierig, Liebeszauber rückgängig zu machen

Altar. Das geht am leichtesten, indem Sie ein weißes Tuch über ein Tischlein legen und darauf eine Aromalampe stellen, in die Sie ein wenig Liebesöl geben (Rose, Moschus). Legen Sie eine CD mit romantischer Musik auf. Dann ritzen Sie mit einem Nagel die zwei Worte »Wahre Liebe« in die Kerze, und stellen sie in einen Kerzenhalter und zünden sie an.

Sprechen Sie dazu:

> Mond der Liebe, bringe hier
> einen Liebsten her zu mir.
> Den, den du mir zugedacht,
> zeige mir in dieser Nacht.

Bleiben Sie sitzen, bis die Kerze niedergebrannt ist, und denken Sie darüber nach, was Sie dazu beitragen können, daß dieser Wunsch in Erfüllung geht.

Liebeszauber für den Meeresstrand

Gehen Sie in einer Nacht mit zunehmendem Mond an den Strand. Wo die Wellen im Sande auslaufen, zeichnen Sie einen magischen Kreis und schreiben den Namen des Menschen hinein, mit dem Sie zusammenkommen möchten. Die nächste Welle wird den Namen mit sich tragen und auf geheimnisvollen Wegen die Fäden Ihres Schicksals verknüpfen.

Stellen Sie sich bei Vollmond ins Freie oder ans offene Fenster, blicken Sie hinauf zum Mond und stellen Sie sich in allen Einzelheiten den Menschen vor, den Sie lieben oder lieben könnten. Dann sagen Sie laut:

> Ich schau auf den Mond,
> der Mond schaut auf mich.
> Er bringt mir den Mann,
> den ich liebe.

Ritzen Sie den Namen des Geliebten in einen Stein und lassen Sie ihn dort liegen, bis der Mond abzunehmen beginnt. Dann machen Sie sich aktiv daran, ihm zu begegnen und Ihre eigene Magie, den Zauber Ihrer Persönlichkeit, auf Ihn oder auf Sie wirken zu lassen.

Geldzauber I

Tragen Sie in einer hellen Nacht bei zunehmendem Mond eine Schüssel mit Wasser ins Freie. Lassen Sie das Mondlicht sich

Autorin und Verlag übernehmen keine Gewähr

darin spiegeln. Nach einer Weile tauchen Sie die Hände ins Mondwasser. Trocknen Sie Ihre Hände nicht ab, sondern warten Sie, bis sie von selbst trocken werden. Innerhalb von 28 Tagen sollte ein Geldsegen in Ihr Haus stehen.

Geldzauber II

Stellen Sie sich bei Neumond in den Garten, halten Sie eine Silbermünze in der rechten Hand, und sagen Sie mit fester Stimme:

> Neumond,
> wahrer Mond,
> Stern der Nacht,
> bring mir den Traum, der reich mich macht.

Legen Sie die Münze unters Kopfkissen und träumen Sie davon, was Sie tun müssen, um Ihre finanzielle Situation zu verbessern. Und am nächsten Morgen machen Sie sich daran, Ihren Traum in die Tat umzusetzen, und wenn es noch so langwierig sein sollte.

Klappt in der Regel leider nicht auf Anhieb. Sie brauchen ein wenig Geduld.

Prophetischer Mondzauber

Schauen Sie bei Vollmond dem Mondlicht zu, wie es sich in einem See widerspiegelt. Irgendwann sehen Sie in der Oberfläche des Sees Symbole, Zeichen, Hinweise auf Ereignisse, die für Sie von Bedeutung sein werden.

Diese Art der Wassermagie, Zauber der Diana genannt, wird übrigens heute noch in Tibet bei der Suche nach einem neuen Dalai Lama angewandt. In Zentraltibet gibt es heilige Seen, die für die Visionen berühmt sind, die dort möglich sind. Der berühmteste dieser Seen ist Lhamo Lhatso. Dort geschah, geschieht vielleicht immer noch das, was John F. Avedon in seinem Buch *Land of Snows* beschrieben hat: »Im Frühling des Jahres 1935 reiste Tibets neu ernannter Regent Reting Rinpoche ge-

Der heilige See bietet Visionen

meinsam mit den erfahrensten Lamas des Landes zum heiligen See Lhamo Lhatso, um eine Vision zu bekommen. Der dreizehnte Dalai Lama war durch eine dramatische Vision seines Geburtsortes gefunden worden, die von Hunderten von Menschen gesehen worden war und eine Woche gehalten hatte, in der Mitte des Sees.

Nachdem sie einige Tage lang im nahegelegenen Kloster Chokhorgyal verbracht hatten, begab sich der Regent mit seinen Begleitern auf ihren Ponys zu einem felsigen Abhang, von wo aus man das Ufer des Sees erblicken konnte. Dort trennten sie sich, jeder suchte sich für die erhoffte Vision einen anderen Ort. Als der Regent allein war, brachte er dem Schutzgeist des Sees ein Opfer und bat ihn um seine Unterstützung. Wenig später hatte Reting Rinpoche eine bemerkenswerte Vision. Als er auf das stille Wasser des Gebirgssees blickte, entdeckte er drei Buchstaben aus dem tibetischen Alphabet, die sich im Wasser näherten. Ah, Ka und Ma. Dann folgte das Bild eines großen, dreistöckigen Klosters und eines Daches aus Gold und Jade. Ein weißer Pfad führte östlich des Klosters zu einem Haus vor einem kleinen Hügel, das Dach war auffällig mit türkisfarbenen Ziegeln gedeckt, ein weißbraun gefleckter Hund lag im Hof.« Tatsächlich wurde der jetzige Dalai Lama an diesem Ort gefunden.

Außer durch Wasser können tibetische Lamas auch mit Hilfe

von Spiegeln oder sogar eines Daumennagels Visionen erzeugen. Zunächst müssen sie ein bestimmtes Mantra rezitieren, das seit Jahrhunderten vom Meister an seine Schüler weitergegeben wird. Dann haucht der Lama auf einen Spiegel oder auf

Spiegel und Daumennagel

seinen Daumennagel und ruft dadurch die Vision herbei. Das Problem dabei ist, daß die Lamas zwar durch die Kraft des Mantras die Gabe erhalten, die Vision herbeirufen, sie selbst aber nicht sehen können. Deshalb sind sie auf die Hilfe anderer angewiesen, die die Fähigkeit besitzen, die Vision zu sehen. Meist handelt es sich dabei um kleine Kinder, die sehen können, ohne durch ihren Verstand blockiert zu werden.

Zauber, um das Glück herbeizurufen

Dabei handelt es sich um einen alten Kerzenzauber, für den einige Vorbereitung erforderlich ist. Sie benötigen eine Kerze in Ihrer Lieblingsfarbe, außerdem eine orange Kerze, um den

Ein Zauber mit farbigen Kerzen

Wandel zum Guten zu symbolisieren, eine silberne Kerze, um das Pech unwirksam zu machen, eine schwarze Kerze, die das Unglück selbst darstellt, und eine magentafarbene (dunkelrote) Kerze, um die Umwandlung zu beschleunigen.

Wählen Sie eine Nacht bei abnehmendem Mond. Salben Sie die Kerzen mit einem Reinigungsöl (z. B. Salbei- oder Lotusöl), und stellen Sie sie in Kerzenhalter. Salben Sie die schwarze Kerze in Richtung des Dochts, das führt das Pech weg von Ihnen, und die anderen in der umgekehrten Richtung, das bringt das Glück

zu Ihnen. Dann entzünden Sie die Kerze, die Sie selbst darstellt, und sprechen langsam: »Das bin ich, alles, was für mich
steht.«

Entzünden Sie die schwarze Kerze und sprechen Sie: »Dies ist
mein Unglück. Es wird mich nun verlassen.«

Entzünden Sie die silberne Kerze und sprechen Sie: »Dies wird
die Reste des Unglücks vertreiben. Es wird sich in nichts auflö-
sen.«

Entzünden Sie die orange Kerze und sprechen Sie: »Dies repräsentiert den Wandel zum Guten, das nun in mein Leben treten
wird. Ich heiße es willkommen.«

Entzünden Sie die dunkelrote Kerze und sprechen Sie: »Dies ist
die feinstoffliche Energie, die diesen Wandel beschleunigen
wird.«

Dann bleiben Sie vor den brennenden Kerzen sitzen und wiederholen Sie: »Ich heiße den Wandel willkommen. Ich heiße das
Glück willkommen, das mir begegnen wird.«

Bleiben Sie sitzen, bis alle Kerzen niedergebrannt sind. Der
Magier D. J. Conway, der diesen Zauber niedergeschrieben hat,
meint, es sei wahrscheinlich, daß nach diesem Ritual einige
Bekannte sich von Ihnen zurückziehen werden. Das bedeute
jedoch nur, daß es die falschen Freunde waren. Seien Sie bereit,
alles, was sich aus Ihrem Leben löst, ziehen zu lassen. Es wird
zu Ihrem Glück sein.

Magische Mondknoten

Wie man die magischen Kräfte des Mondes binden kann, um sie
zu einem späteren Zeitpunkt zu nutzen.

Nehmen Sie in einer Vollmondnacht zwei Kordeln, eine grüne
und eine dunkelrote. Garn tut's auch, wenn Sie keine farbigen
Kordeln auftreiben können. Verknoten Sie die beiden Kordeln
am oberen Ende und sprechen Sie dazu:

»Macht der Mondin, strahlend hell,
   (binden Sie einen Knoten in der Mitte)
in diese Fäden binde ich dich ein.
   (machen Sie einen Knoten an das untere Ende)
Deine Kraft wird nicht schwinden, stärker nur sein,
drum bind' ich in diese Fäden dich ein …«

Wenn die Gelegenheit kommt, daß Sie diese Kräfte nutzen möchten, weil Sie keine Zeit haben, auf den nächsten Vollmond

Die Knoten bewahren die Kraft

zu warten, dann lösen Sie die Knoten an beiden Enden des Fadens und sprechen dazu:

»Macht der Mondin, strahlend hell,
   (lösen Sie den Knoten an einem Ende)
den Knoten löse ich, damit deine Macht
   (lösen Sie den Knoten in der Mitte)
meinem Zauber deine Kraft verleihen möge.«
   (lösen Sie den Knoten am anderen Ende)

SPIEGLEIN, SPIEGLEIN AN DER WAND

Die Frage von Schneewittchens böser Stiefmutter, wer die Schönste im ganzen Land sei, ist ein Echo aus alter Zeit, viel älter als der Spiegel selbst. In uralten Zeiten blickten die Menschen in die stille Oberfläche eines Sees, in polierte Steine oder Kristallkugeln. Der Symbolgehalt des Spiegels ist klar: Er wird mit dem Mond assoziiert, denn so wie der Mond das Licht der Sonne widerspiegelt, so reflektiert der Spiegel den Gegenstand, der vor ihm steht. Zauberspiegel sind deshalb meistens rund. Sie zeigen uns aber nicht nur die Dinge, die man sieht, sondern stellen die Verbindung zu unserem Unbewußten her, jenseits von Raum und Zeit. Dadurch können sich Visionen aus vergangenen Leben und aus der Zukunft ergeben.

So machen Sie Ihren eigenen Zauberspiegel

Kaufen Sie sich einen möglichst großen Spiegel, rund sollte er sein und möglichst schwarz gerahmt. Waschen Sie ihn sorgsam mit klarem Wasser oder einem lauwarmen Tee aus Beifuß. Wenn er getrocknet ist, hüllen Sie ihn in ein schwarzes Tuch ein und lassen Sie ihn an einer Stelle liegen, wo er von niemandem berührt wird. In der nächsten Vollmondnacht tragen Sie ihn ins Freie, und setzen Sie ihn dem Mondlicht aus. Sagen Sie dazu:

>»Große Mondgöttin,
>   die du alles siehst und alles weißt,
>   dir und deinen Strahlen weihe ich meinen Spiegel
>   und bitte dich darum,
>   daß er meine magischen Kräfte mehren und
>   mein Leben erhellen möge.«

Dann tragen Sie ihn ins Zimmer und hängen ihn an der Ostseite Ihres Schlafzimmers auf. Wenn er staubig wird, einfach mit klarem Wasser oder Beifußtee abwaschen. Niemals einen Glasreiniger benutzen. Benutzen Sie Ihren Zauberspiegel auch nicht als Schminkspiegel, sondern nur für magische Rituale.

Wie man schöner wird

Stellen Sie sich so vor Ihren Zauberspiegel, daß Sie sich möglichst ganz sehen können. Betrachten Sie sich im Schein einer Kerze und sagen Sie dazu:

Wie Kristall und Luft so fein
möchte ich in Zukunft sein.

Dann formen Sie mit Ihrer Vorstellungskraft Ihr Idealbild. Machen Sie die Nase kleiner, den Busen größer, die Taille schlan-

Formen Sie Ihr Idealbild

ker, die Beine länger, bis Sie mit allem zufrieden sind. Halten Sie dieses Bild so lange Sie können aufrecht. Dann wiederholen Sie den Zauberspruch.

Natürlich können Sie über Nacht keine Wunder erwarten. Wiederholen Sie das Ritual, jeden Morgen und jeden Abend, und vergessen Sie nicht, die Magie durch Diät, gesunde Ernährung und gute Hautpflege zu unterstützen.

Blick in die Zukunft

Nehmen Sie einen Spiegel, am besten einen alten Rückspiegel von einem verschrotteten Auto, in einer Vollmondnacht mit sich ins Freie. Setzen Sie sich ruhig hin und versuchen Sie, die Reflektionen des Mondlichts im Spiegel aufzufangen und den Spiegel dabei so zu bewegen, daß das Mondlicht im Spiegel hin und her tanzt. Wenn Sie das eine Weile gemacht haben, werden Sie in eine tiefe Entspannung fallen, die Sie hellsichtig macht. Je weniger Sie sich auf etwas konzentrieren, desto eher kommen die Bilder aus Ihrem Unbewußten und weisen Ihnen den Weg.

So können Sie sich an frühere Leben erinnern

Zünden Sie im Dunklen eine weiße Kerze an, und zwar so, daß Ihr Gesicht im Spiegel erleuchtet wird. Betrachten Sie Ihr Spiegelbild und sagen Sie dazu:

> »Orakelkraft vom Mondeslicht,
> verleihe mir das zweite Gesicht.«

Schauen Sie Ihrem Spiegelbild in die Augen oder in das dritte Auge, das zwischen den Augenbrauen liegt. Allmählich wird Ihr

Frühere Inkarnationen werden vertraut

Gesicht zerfließen, ein anderes wird auftauchen, das Gesicht aus einem früheren Leben. Es wird Ihnen unendlich vertraut vorkommen und mit einiger Übung manches über frühere Inkarnationen verraten. Beobachten Sie, welche Erinnerungen die Bilder in Ihnen wachrufen. Seien Sie darauf gefaßt, daß Gefühle wachgerufen werden, die mit den Bildern verknüpft sind und in einer Stärke erscheinen, die Sie nie für möglich gehalten hätten.

Mondzauber für Ihre Traumfigur

Machen Sie eine Zeichnung von Ihrer Traumfigur. Dann zeichnen Sie sich, um diese Figur herum, wie Sie wirklich sind, und verstecken die Zeichnung bis zum nächsten Vollmond. Holen Sie die Zeichnung hervor, und radieren Sie mit Ihrem Zeigefinger ein Stück von der äußeren Figur weg. Symbolisch verlieren Sie auf diese Weise etwas von Ihrem Übergewicht. Wiederholen Sie diese Übung jeden Abend, solange der Mond abnimmt. Bei Neumond sollte nur noch Ihr Idealbild zu sehen sein. Natürlich müssen Sie in dieser Zeit sehr kalorienbewußt essen und möglichst viel Gymnastik machen. Falls es in diesem Monat noch nicht geklappt hat, wiederholen Sie diese Übung beim nächsten Vollmond und beim übernächsten – so lange, bis Sie Ihre Traumfigur haben. Geduld!

So werden Sie eine schlechte Angewohnheit los
Sagen Sie bei abnehmendem Mond:

>»Mondgöttin, schenke mir die Macht,
>zu tun, was mich sehr glücklich macht.«

Dann schreiben Sie das, was Sie ablegen wollen, auf ein Stück Papier oder auf einen Stein. Begraben Sie den Gegenstand in der Erde, oder werfen Sie ihn in einen Bach. Geben Sie der Erde für den Stein, den Sie genommen haben, ein wenig Blumensamen zurück und beginnen Sie, sobald der Mond zunimmt, mit etwas völlig Neuem.

Wie man den Mond vom Himmel holt
Zum Schluß eine Übung, die früher zum Standardrepertoire jeder Hexe gehörte. Bei den alten Griechen war das Herunterholen des Mondes ein beliebter Liebeszauber, und es heißt, daß er dort heute noch manchmal angewendet wird. Der Geschichtsschreiber Lukian hat uns überliefert: Der Jüngling Glaukias hat-

Glaukias und Chrysis

te sich ebenso unsterblich wie hoffnungslos in Chrysis verliebt. Schließlich wurde die Lage so ernst, daß ein großer hyperboreischer Zauberer um Hilfe gebeten wurde. Der entschied, daß dieser Anlaß das Ritual des Mond-Herunterholens erforderlich machte, ein Zauber, der in Fällen von unerwiderter Liebe noch nie versagt hatte. Also wurden die schwarze Mondgöttin Hekate und ihre Gehilfen feierlich angerufen. Die Göttin kam, und der Zauberer machte aus Ton eine Figur, der er den Befehl gab: »Geh und hole Chrysis!« Kurz darauf eilte Chrysis, von Liebe ergriffen, zum Hause des Glaukias und warf sich in seine Arme. Bei den modernen Hexen findet das Ritual in etwas anderer Form statt, und es geht weniger um unerwiderte Liebe als um das Aufnehmen der Energie und die Kraft der Mondgöttin, manchmal auch nur darum, ihr an hohen Festtagen eine Ehre zu erweisen. Ganz sicher ist es kein Ritual für Anfänger. Wenn ich es hier aufschreibe, sollen Sie es nicht unbedingt nachmachen, sondern nur eine Vorstellung erhalten, wie die jahrtausendealten Rituale heute abgehalten werden.

Das Ritual sollte bei Vollmond und im Schutze eines magischen Kreises durchgeführt werden. Hexen verwenden ihren Zauberstab aus Weide. Zunächst öffnen sie alle Chakren. Dann nehmen sie, den Zauberstab in der rechten, mit erhobenen Armen die

Kein Ritual für Anfänger

»Stellung der Göttin« ein, heben langsam die Arme über den Kopf, umfassen mit beiden Händen den Zauberstab und deuten damit zum Mond. Dazu sprechen sie: »Ich hole nun die Kraft der Göttin in mich, verschmelze mit der reinen Essenz der Gottheit.« Sie erhöhen ihre Schwingungsfrequenz und lassen die göttliche Kraft in ihren Zauberstab eindringen. Dann senken sie allmählich den Stab und deuten mit seiner Spitze auf ihr Herz. Sie spüren, wie das silberblaue Mondlicht ihren Körper und den feinstofflichen Leib durchflutet und wie die göttliche Kraft sie durchfließt. Wenn der Energiestoß nachzulassen beginnt, lassen sie die Arme sinken und beginnen, erfüllt von göttlicher Kraft und im Zustand der Trance, die Rituale, mit denen sie die Hilfe der Göttin erbitten.

*Wetterzauber im
16. Jahrhundert*

WENN DER MOND EINEN HOF HAT ...

Bauernregeln zum Wetter

Wenn der Mond bei schönem, klarem Wetter einen zarten Ring hat, so ist das ein unfehlbarer Hinweis, daß es bald regnen wird. Ein großer nebliger Kreis um den Mond zeigt an, daß es sehr bald regnen wird. Und mehrere konzentrische Kreise um den Mond sind ein Indiz für eine langanhaltende Schlechtwetterperiode. Wenn der Vollmond von Wolken umgeben ist und die Scheibe blaß und farblos zu sein scheint, steht Regen an. Steigt er dagegen leuchtend gelb am wolkenlosen Horizont auf, ist eine Schönwetterperiode angesagt. In den Wintermonaten bringt ein klarer Mond Frost.

Geht der Vollmond rot auf, so ist das ein Zeichen für Wind. Wenn in stürmischen, regnerischen Nächten plötzlich der Mond am Himmel steht, ist das ein Zeichen dafür, daß sich der Sturm bald legen wird.

3.
Allerlei Zauber

DIE MEDIZIN DER ALTEN ÄGYPTER

Wenn man liest, welche Art von Medikamenten bisweilen im alten Ägypten verordnet wurden, bekommt man nicht nur das Grausen, sondern auch den Eindruck: Diese Medizin kann bestenfalls dazu geeignet gewesen sein, die Dämonen in die Flucht zu treiben, die nach Ansicht unserer Vorfahren (übrigens in allen Kulturen) für den Ausbruch von Krankheiten verantwortlich waren. Da wurde etwa Erde von einem Friedhof verordnet, frischer Krokodildung oder verrottetes Brot. In Wirklichkeit waren diese Heilmittel oft hochwirksam. Die Ärzte, die sie entdeckt hatten, wußten um die Heilkraft der Substanzen, die in ihnen enthalten waren, auch wenn sie noch nicht die Möglichkeit besaßen, die Wirkstoffe zu isolieren oder zu verfeinern.

Friedhofserde und Krokodildung als Antibiotika?

Heute wissen wir, daß die Erde auf einem Friedhof in ihrer Substanz dem klassischen Heilmittel Áureomycin ähnelt, das sein Entdecker, der Arzt Dr. Benjamin Duggar, aus Erde herstellte wie sie häufig auf Friedhöfen gefunden wird. Krokodildung und die Exkremente bestimmter anderer Tiere enthalten bakterielle Substanzen, die modernen Antibiotika ähneln. Und das verrottete Brot, das die Ägypter häufig verordneten, ist eine Rohform des Wundermittels Penicillin.

Die Rituale, die in Verbindung mit der medizinischen Behandlung durchgeführt wurden, waren sicherlich ein Mittel, die Dämonen abzuwehren, aber sie dienten in gleichem Maße dazu, den Patienten zu beruhigen und in ihm die Zuversicht zu stärken, daß er wieder gesund werden würde. Das ist, wie wir heute wissen und damals vielleicht geahnt wurde, eine hervorragende Methode, die Selbstheilungskräfte des Kranken in Gang zu setzen. In manchen Fällen mögen die langen, monotonen Gesänge und Gebete sogar dazu gedient haben, den Kranken in eine Art Hypnose zu versetzen, die ihm schmerzhafte Eingriffe erträglicher machten. Es gab bei den Ägyptern bereits den Tempelschlaf: Lichtdurchflutete Tempel, in denen die Patienten mit starken Drogen in einen künstlichen Schlaf versetzt wurden, in der Hoffnung, daß die Göttin Isis ihnen im Traum mitteilen würde, welche Behandlung zur Gesundheit verhelfen würde. Häufig soll das tatsächlich eingetreten sein.

In Alexandria gab es die weltberühmte Hochschule für Medizin, die beste der alten Welt. Hier durften Ärzte und Medizinstuden-

Die medizinische Ausbildung war hervorragend

ten mit besonderer Genehmigung des Pharaos die Leichen von hingerichteten Kriminellen sezieren und auf diese Art wichtige Informationen über die menschliche Anatomie sammeln – ein Wissen, das sonst absolut tabu war. Wenn jemand krank zum Arzt kam, gab es für ihn drei Möglichkeiten, und die Ärzte pflegten ihm das in aller Aufrichtigkeit mitzuteilen. Bestand die Aussicht auf Heilung, so sagte der Arzt: »Das ist eine Krankheit, die ich behandeln kann.« In schwierigen, aber nicht aussichtslosen Fällen pflegte der Arzt zu sagen: »Das ist eine Krankheit, mit der ich kämpfen werde.« Bestand keine Chance auf Heilung, so sagte der Arzt klipp und klar: »Dies ist eine Krankheit, die ich nicht behandeln kann.«

Zu den Krankheiten, die behandelt wurden, gehörte bereits damals der Graue Star. Aus alten Papyri wissen wir, daß der Arzt mit einer Nadel ins Auge stach, den grauen Star zur Seite schob und so die Sehkraft wiederherstellte. Wir besitzen auch Skizzen von Methoden, Knochenbrüche einzurichten und zu schienen. Die alten Ägypter konnten im Krankheitsfall sicher sein: Die Ärzte oder Priester, die sie behandelten, waren hervorragend ausgebildet, badeten täglich und reinigten sich regelmäßig Hände und Mund. Die Kranken wurden in wunderbar gelegenen Tempeln liebevoll behandelt, und die Götter wurden um ihren Beistand gebeten. Zustände, von denen unsere moderne Krankenscheinmedizin nur träumen kann. Ähnlich paradiesisch war das Medizinwesen im alten China.

HEILKUNDE IM ALTEN CHINA

Bereits vor dreitausend Jahren wurde in China die Akupunktur praktiziert, die bei uns im Westen erst seit 20 Jahren als Heilmethode ernstgenommen wird. Mit Hilfe von Nadeln wurde an bestimmten Punkten entlang der Meridiane (unsichtbare Energieleitungen) die gestörte oder blockierte Lebenskraft wieder zum Fließen gebracht. Übungen wie Tai Chi und Qi Gong verhalfen dem Kranken dazu, die Blockaden im Körper selbst zu spüren und aufzulösen, so daß den Krankheiten die Grundlagen entzogen wurden.

Aus dem alten China stammen geradezu sensationelle Dinge auf dem Gebiet der Heilkunst. Dort hatten die Ärzte in erster Linie dafür Sorge zu tragen, daß die Patienten gar nicht erst krank

Die Prophylaxe wurde honoriert

wurden. Nur dafür wurden sie in der Regel bezahlt. Weil diese Maximalforderung leider nicht immer aufrechterhalten werden konnte, gab es schließlich drei Arten von Ärzten, die sich hinsichtlich ihres Prestiges stark unterschieden. Die mit dem geringsten Ansehen waren diejenigen, die die Kranken behandelten. Schon einen besseren Ruf besaßen die Diagnostiker, vor allem diejenigen, die eine Krankheit bereits vor ihrem Ausbruch erkennen konnten. Das höchste Ansehen genossen jedoch Ärzte, deren Patienten gar nicht erst erkrankten. Kam es trotz dieser großartigen Vorsorge zu einer Erkrankung, so durfte der Arzt nur dann ein Honorar verlangen, wenn er seine Patienten wieder geheilt hatte. Gelang ihm das nicht, so mußte er in einigen Provinzen des Landes sogar Schadenersatz leisten. Schlimmer noch: Jedesmal, wenn ein Patient verstarb, wurde vor der Tür des behandelnden Arztes eine kleine Laterne angebracht, und wenn sich dort allzu viele Laternen befanden, konnte man sicher sein, daß die Patienten bei diesem Arzt nicht gerade Schlange stehen würden.

HEILKUNDE IM ALTEN INDIEN

Auch die indische Gesundheitslehre des Ayurveda, der Wissenschaft vom (langen und gesunden) Leben, die heute wieder in hohem Ansehen steht, existierte schon vor 5000 Jahren. Wie die Chinesen legten auch die Inder größten Wert darauf, einen Menschen gesund zu erhalten.

Ayurveda – die Wissenschaft vom langen und gesunden Leben

Erst wenn es dafür zu spät war, kümmerte sich der Ayurveda-Arzt um das Kurieren von Krankheiten. Er versuchte, die Störungen, die zum Ausbruch der Erkrankung geführt hatten, zu

erkennen und auf ganzheitliche Weise zu beseitigen. In erster
Linie kam es darauf an, die Einstellung des Patienten zu ändern.
Ernährung, Ruhe und Kräutermassagen trugen dann oft dazu
bei, den aus dem Gleichgewicht geratenen Körper des Kranken – ebenso wie die Seele – zu heilen.

HEILKUNST IM ALTEN GRIECHENLAND

Hippokrates, der im 4. Jahrhundert vor Christus die abendlän-
dische Medizin begründete, benutzte als Grundlage seiner ärztlichen Kunst auch die Astrologie. »Ein Narr«, so schrieb er in
seinen Tagebüchern, »ist der, der die Heilkunst ausübt, ohne
den Lauf der Planeten und Gestirne zu beachten.« Und so
(be)handelte er auch. Er wußte zum Beispiel schon, was die
moderne Medizinastrologie gerade erst wieder entdeckt hat:

Die Astrologie als Grundlage der ärztlichen Kunst

Daß der zwei- bis dreitägige Aufenthalt des Mondes in einem
der Tierkreiszeichen den von ihnen regierten Körperteil wesentlich beeinflußt. Alles, was man dem Körperteil dann Gutes tut,
wirkt doppelt, alles, was ihm schaden könnte, ist doppelt schäd-
lich. Dieses Wissen war jahrtausendelang fester Bestandteil
ärztlicher Kunst. Erst seitdem die Astrologie von den Universi-
täten ausgeschlossen ist, wurde Astromedizin zur Domäne von
Amateuren. Ganz langsam beginnt man jedoch, sich auf das alte
Wissen zu besinnen.
Natürlich war auch in den alten Zeiten nicht alle Heilkunst
vorbildlich. Es gab Praktiken, die uns, vorsichtig ausgedrückt,
merkwürdig anmuten: Haare, Haut, Blut, Speichel, Sperma und
andere Teile des menschlichen Körpers – tot oder lebendig –

waren Bestandteil der antiken Pharmazie und Medizin. Plinius der Ältere hat darüber ausführlich in seiner *Naturgeschichte* berichtet. In Rom trank man das Blut der Gladiatoren, um Epilepsie zu heilen, oder man bestrich kranke Füße mit Menstruationsblut. Diverse Krankheiten behandelte man mit einem Gebräu aus menschlichen Halsknochen. Oder man ließ einen Kranken zur Heilung Quellwasser aus dem Schädel eines hingerichteten Verbrechers trinken. In manchen alten Schriften heißt es auch, daß es sich dabei um den Schädel eines Gastes oder Freundes handeln mußte, und man wagt nicht, darüber nachzudenken, auf welche Weise sich der Kranke die notwendigen Heilmittel beschaffte.

Frauenspeichel wurde verwendet, um rote oder tränende Augen zu heilen. Gegen starke Zahnschmerzen sollte helfen, wenn man das Zahnfleisch eines Mannes berührte, der eines gewaltsamen Todes gestorben war. Hundebisse wurden mit Pillen aus dem menschlichen Schädel behandelt. Gegen Fieber half Menstruationsblut, das unter die Fußsohlen gestrichen wurde, oder Koitus während der Menstruation. Menschliches Fett wurde gegen Unterleibsentzündungen und Nervenschmerzen verordnet. Gegen Gicht half die Hand eines Frühverstorbenen, ganz zu schweigen davon, was man mit abgegangenen Föten machte.

DIE VOLKSMEDIZIN DES MITTELALTERS

Ähnlich absurd mutet uns heute an, was im Mittelalter regelmäßig unter der Bezeichnung Medizin betrieben wurde. Da sind, so scheint es uns, viele Jahrhunderte vergangen, in denen die Menschheit nicht nur nichts dazugelernt hat, sondern auch vieles von dem kostbaren Heilwissen der Alten vergessen hat. Die Vorstellungen, die über das Entstehen von Krankheiten herrschten, waren magischer als je zuvor. Besonders psychische Krankheiten wie Epilepsie, Wahnsinn, aber auch Seuchen, Fieber und Impotenz wurden als Strafe Gottes oder aber als das

Strafe Gottes oder das Werk von Dämonen und Hexen

Werk von Dämonen und Hexen angesehen, selbst wenn es, das muß der Gerechtigkeit halber gesagt werden, immer wieder Ansätze gab, sie auf natürliche Ursachen zurückzuführen.

Hinter jeder Krankheit wurde ein eigens dafür zuständiger Dämon vermutet, und so war es gang und gäbe, die Krankheiten mittels Exorzismus auszutreiben. Eine weitere gefürchtete Krankheitsursache war der »böse Blick«, der den Magiern und später den Hexen zugeschrieben wurde. Besonders Impotenz schob man ihnen gern in die Schuhe. Und so war es nur logisch, daß die Behandlung von Krankheiten nicht die Domäne kräuterkundiger Ärzte und weiser Frauen blieb, sondern in die Hände der Quacksalber und der Kirche geriet. Noch um 1700 trugen die Hauptlast der medizinischen Versorgung die Bader, die auch als Wundärzte und Chirurgen tätig waren. Erst im Verlauf des 18. Jahrhunderts übernahmen zunehmend studierte Ärzte die medizinische Versorgung. Bis dahin kamen die Bader und Heiler aus allen möglichen Berufsständen. Von Jahrmarktsschreiern, Volksheilern bis zu Gesundbetern, Priestern und Spruchheilern war alles vertreten.

Eine wohltuende Ausnahme im großen Kreis der Scharlatane

Jüdische Heilkunst

bildeten die jüdischen Ärzte. Mit ihren medizinischen Kenntnissen waren sie den meisten europäischen Kollegen haushoch überlegen. Sie hatten die Schriften studiert, besaßen gute

*Ein jüdischer Arzt
mit Judenhut*

Sprachkenntnisse auch des Arabischen und verfügten über ein Fachwissen, von dem ihre europäischen Kollegen nicht einmal zu träumen wagten.

Deshalb riefen die Mächtigen, wenn sie oder ihre Familien erkrankten, auch gern die sonst so verpönten jüdischen Ärzte herbei. Das brachte eine höchst zweischneidige Ehre: Hatten sie Erfolg, galten sie als große Magier. Gelang es ihnen jedoch nicht, die Kranken zu kurieren, wurden sie kurzerhand als Hexer mit dem Tod bestraft. Man warf ihnen Giftmord vor, selbst Kannibalismus und verbreitete immer wieder das Gerücht, sie benutzten für ihre Rituale das Blut gottesfürchtiger Christen.

OB'S GEHOLFEN HAT?
EIN ZAUBER GEGEN LAHMHEIT

Die Zaubersprüche der Landbevölkerung waren meist simpler und kamen ohne große Namen aus. So gab es einen weitverbreiteten Zauber zur Heilung von Lahmheit. Es ist überliefert, daß zumindest in einem Fall die Patientin durch diese Zauberei geheilt wurde und äußerst zufrieden war.

»Nimm Schweinedung und Knochen und tu alles zusammen: Halte es in deiner linken Hand, und nimm in die andere ein Messer und steche dreimal in die Medizin, dann werfe dieselbige in ein Feuer, nimm besagtes Messer und stech je dreimal von unten in einen Tisch und laß das Messer dort stecken. Danach nimm drei Blätter Salbei und genausoviel Johanniskraut, und gib dies in Ale (Bier) und trinke es als letztes am Abend und als erstes am Morgen.«

Schließlich riß die Kirche einen großen Teil der Heilkunde an sich und betrieb die christliche Heilmagie mit Hilfe von Jesus Christus, Maria, Sakramentenzauber, Bibelzauber und der Unterstützung sämtlicher Heiliger.

Alle auch noch so entfernt mit Heiligen in Verbindung stehenden Gegenstände galten künftig nicht nur als heilig, sondern auch als heilkräftig. Der Kuß eines Heiligen soll einmal einen Leprakranken geheilt haben, ebenso wie sein Speichel, und somit war »heiliger« Speichel jahrhundertelang ein Heilmittel gegen Kopfweh, Taubheit, Schlangenbisse, Blindheit, Lähmungen. Spektakuläre Heilerfolge wurden auch dem Waschwasser eines Heiligen zugeschrieben, insbesondere dem, in dem sein Leichnam gesäubert worden war. Besondere Heilkraft wurde erst recht seinem Blut, den wie auch immer erhalten gebliebenen Körperteilen und Kleidungsstücken sowie der Erde von seinem Grab nachgesagt. Allerdings konnte ein Heiliger längst

Die Heiligen sind Spezialisten

nicht jede Krankheit kurieren. Da gab es klare Zuständigkeitsbereiche. Sankt Blasius etwa war auf alle Halserkrankungen spezialisiert, der heilige Johannes auf Kopfschmerzen, weil er schließlich enthauptet worden war, und die heilige Anna, die Mutter Marias, auf Fruchtbarkeitsstörungen, weil sie die Gottesmutter zur Welt gebracht hatte, der heilige Sebastian, der »Pestheilige«, wurde bei Seuchen angerufen. Nur Jesus, Maria, und die Heiligen Drei Könige besaßen einen breiteren Zuständigkeitsbereich.

Bei den feierlichen Anrufungen und Gebeten wurden christliche, heidnische, lateinische, nordische und hebräische Heilsprüche frisch und frei kombiniert. In manchen Fällen konnten die Heiligen sogar schon vorbeugend einschreiten. Dabei war es völlig in Ordnung, daß sie nicht in jedem Fall mit sich reden ließen und manche Bitten einfach ignorierten. Und wenn sie sich nicht anständig behandelt und verehrt fühlten, dann griffen sie auch schon mal strafend ein und schickten dem Übeltäter eine Krankheit an den Hals. Daß sie in vielen Fällen jedoch Hilfe gewährten, bezeugen die vielen Votivtafeln, die in manchen alten Kirchen erhalten geblieben sind und berichten, in welch hoffnungslosen Situationen durch göttliche Intervention Heilung geschah.

So gesehen ist der Fall der »Heilerin« Uriella gar nicht neu. Uriella stand vor Gericht, weil sie ihren Patienten zu Heilzwecken ihr Badewasser, abgefüllt in Flaschen, auf dem Post-weg zugeschickt hatte. Zum Entzücken ihrer zahlreichen und dankbaren Anhänger, die für sie notfalls durchs Feuer gegangen wären, wurde sie freigesprochen.

Heidnischer, und deshalb von der Kirche nicht gern gesehen, war der Brauch, Krankheitsdämonen dadurch zu vertreiben, daß man sie an einen Baum nagelte, vergrub, ans Vieh fütterte oder im Wasser versenkte. Eine Spezialität in der Volksmedizin waren Zutaten, die heute unter der Bezeichnung »Drecksapo-theke« bekannt sind. Hier einige Kostproben.

Mumienmedizin

Bis zum Ende des 18. Jahrhunderts galt in der Volksmedizin der Körper einer Mumie als letzter Schrei. Am beliebtesten waren die Mumien junger, gewaltsam gestorbener Menschen oder

Ägyptische Mumien waren begehrt

Hingerichteter mit roten Haaren. Heißbegehrt, weil als überaus heilkräftig angesehen, waren ägyptische Mumien. In ganz Eu-ropa herrschte eine unglaubliche Nachfrage, aber die Moslems verwahrten sich gegen dieses Sakrileg und stoppten den Export. In der Folge kamen Fälschungen auf den Markt. Einheimische Leichen wurden mit Myrrhe, Aloe und Pfeffer gefüllt, im Ofen geschrumpft und zu astronomischen Preisen verkauft. Sie gal-ten unter anderem als Wundermittel gegen Skorpionstiche, Zahnweh und Ohrenschmerzen.

Wortzauber

Zu den gefragtesten Heilmethoden gehörte der Zauberheil-spruch. Der Vorrat daran war riesig, denn für jede Krankheit gab es einen eigenen Spruch. Substanzveränderungen wie Ge-

PARACELSUS' ZAUBERSALBE

Dieses Rezept wurde uns vom großen Paracelsus überliefert:

Wenn ein Schwert eine Wunde verursacht hatte, so wurde es mit einer Spezialcreme gesalbt, die Wunde selbst wurde nur gewaschen und bandagiert. Die Salbe bestand aus Moos, das aus dem Kopf eines Diebes wuchs, der aufgehängt worden war und im Freien hängen blieb, hinzu kam eine Unze von einer echten Mumie, eine Unze warmen Bluts und zwei Unzen menschlichen Fettes, dazu je zwei Drachmen Leinsamenöl, Terpentin und armenischer Baumstamm. Diese Salbe soll enorm wirkungsvoll gewesen sein, was wir uns heute nur damit erklären können, daß die Salbe auf dem Schwert blieb und an die Wunde nur Wasser kam.

schwüre wurden mit Sprüchen behandelt, die sich auf das Wegschicken konzentrierten. Bei Schwindsucht ging es in den Zaubersprüchen meist um Zunahme. Bei Knochenbrüchen drehte es sich um das Zusammenfügen. Bei Brand versuchte man es mit Analogiezauber, sprachlich ging es um Feuer. Fieber galt als dämonische Krankheit, als Racheakt böser Flußgeister, und weil damit häufig Schüttelfröste verbunden waren, wurden sie mit Sprüchen gegen Schütteln behandelt. Die meisten Zaubersprüche waren so alt, daß in der ursprünglichen Fassung noch Wotan um Hilfe gebeten wurde. Später wurde Wotan einfach durch Christus ersetzt.

Verschiedene Krankheiten wurden nicht nur mit magischen Beschwörungen behandelt, sondern auch mit schriftlichen Bot-

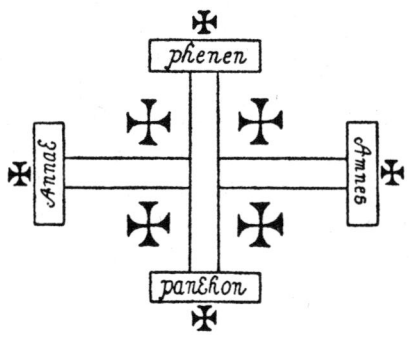

Magische Zeichen schützen
vor Dämonen

schaften. Zu einer Zeit, als nur wenige Privilegierte lesen und schreiben konnten, besaß die Schrift eine ganz besondere Magie. So waren zum Beispiel Gichtzettel gang und gäbe, die auf das leidende Glied gebunden und später zerrissen wurden.

Die magische Kraft der Zeichen

Darauf standen zusammenhanglose Buchstaben, magische Zeichen, unleserliches Gekritzel, das sie besonders geheimnisvoll machte. Sie wurden dreimal laut über dem Kranken gelesen, dann folgten sieben Vaterunser, während sie ihm auf die Brust gelegt wurden. Damit war die Behandlung abgeschlossen.

HEILENDE STEINE

Seit Urzeiten glauben die Menschen, daß Kristalle und
Edelsteine heilende Kräfte besitzen. In den meisten Fällen wurden die heilenden Steine den Kranken auf die
schmerzenden Hautpartien gelegt oder in Silber gefaßt
(auch zur Vorbeugung) als Amulett getragen. Manchmal
wurden die Steine auch geschabt, pulverisiert und gegen
die verschiedensten Krankheiten eingenommen.
In den Alpenländern waren die sogenannten Blutsteine
gegen Blutarmut weit verbreitet. Meist handelte es sich
bei dem Blutstein um den Hämatit, eine Eisenoxydverbin-
dung, die beim Schaben blutrotes Pulver liefert. Man
glaubte, daß er ein vortreffliches Mittel gegen Blutungen
sei, hielt den Stein über die blutende Wunde und schlug
das Kreuzzeichen. Dabei betete man ein Vaterunser, und
um die Heilung zu beschleunigen, durfte am Schluß kein
Amen gesprochen werden. Tatsächlich besitzt der Stein
eine blutstillende Wirkung. Das aus dem Stein stammen-
de Oxyd wird heute noch bei langanhaltenden Blutungen
verwendet. Auch Blutachat und roter Marmor galten als
Blutstein, obgleich sie keine erkennbaren Wirkstoffe
enthalten. Das meiste, was wir heute über die Edelstein-
medizin des Mittelalters wissen, stammt von der Äbtissin
Hildegard von Bingen (1098–1179) und Albertus Magnus

(1193–1280), der darüber fünf Bücher hinterließ. Jedem Stein wurden bestimmte Krankheiten zugeordnet, wie das in der Edelsteintherapie heute noch üblich ist. Allerdings haben sich die Indikationen stark geändert. Die heilenden Schwingungen der Steine werden heute so eingesetzt:

Amethyst: Gibt viel Energie, heilt Kopfschmerzen und Schlafstörungen, wirkt blutreinigend.

Bergkristall: Festigt insbesondere das Bindegewebe, gilt jedoch als Allheilmittel, weil er die gesamte körperliche und seelische Verfassung positiv beeinflussen soll.

Bernstein: Dient der Reinigung, hilft bei Verdauungsbeschwerden, Asthma, Infektionen und Erkältungen.

Jade: Gegen Grippe, Migräne, Neuralgien.

Lapislazuli: Gegen Entzündungen, Fieber, Ekzeme und Menstruationsbeschwerden.

Perle: Beseitigt Calzium-Mangel.

Rubin: Regt den Kreislauf an.

Saphir: Wirkt blutdrucksenkend, fiebersenkend, schmerzlindernd.

Smaragd: Normalisiert den Blutdruck, regeneriert, hilft bei Augenkrankheiten.

Schwangere Frauen trugen zur Erleichterung der Geburt die sogenannten »Längen Mariae« um den Leib, bedruckte Papierstreifen oder Seidenbänder mit Gebeten, die den Maßen heiliger Personen entsprachen. Fraisen, die gefürchteten Krampf-, Schrei- und Angstanfälle, wurden mit Fraisenbriefen und Amuletten behandelt bzw. zu verhindern versucht. Unbedingt mußte der Name des Kranken auf dem Briefchen stehen, und dann mußte der Brief dreimal unter Namensnennung des Kranken gelesen und auf dessen Brust gelegt werden, bis sich die Krankheit verändert hatte – oder auch nicht. Das war die sanfte Form der Therapie.

Schwerwiegender für den Kranken war der sogenannte Analogzauber. Da man vermutete, daß die Krankheit durch Schreck entstanden sei, wurde sie durch Schreck behandelt. Nach dem Prinzip »Ähnliches heilt Ähnliches« drangsalierte man die armen Kranken mit Ohrfeigen, angsterregendem Lärm und Güssen von kaltem Wasser.

MAGISCHE MEDIZIN HEUTE

So absurd uns all diese Methoden heute vorkommen mögen: Lange Zeit standen der Medizin außer den Heilpflanzen einfach keine anderen Mittel zur Verfügung. Es ist noch nicht einmal hundert Jahre her, daß die Medizin einen großen Schritt nach vorn gemacht hat. Erfolgreiche Operationstechniken und hoch-

Die Selbstüberschätzung der modernen Medizin

wirksame Medikamente haben allerdings auch zu euphorischer Selbstüberschätzung geführt. Ein paar Jahrzehnte lang hat die Schulmedizin allen Ernstes geglaubt, daß sich der kranke menschliche Körper reparieren ließe wie ein defekter Motor, und daß alle Krankheiten von Körper und Seele heilbar seien, wenn man nur die richtige Operationstechnik und das passende Medikament dafür ausfindig macht. In den siebziger Jahren setzte eine gewisse Ernüchterung ein.

Heilen mit den Kräften der Erde

Jeder, der für ein weinendes krankes Kind einmal »heile, heile Segen« gesungen hat, weiß, wie machtvoll Rituale zur Heilung von Körper und Seele beitragen können. Aber Rituale wirken längst nicht nur bei Kindern. Der amerikanische Magier Scott Cunningham schwor auf den folgenden Erdzauber:
»Wenn du dich krank fühlst, such dir ein schönes, stilles Fleckchen mit guter Erde. Setz dich hin, oder, noch besser, leg dich hin, und laß deine Probleme, deine Krankheit in die Erde fließen, gib sie ab an die Erde. Spür ihren Rhythmus, ihre Kraft, horch in sie hinein, so lange, bis du fühlst, daß dein Körper mit neuer Energie aufgeladen ist. Wenn jemand für dieses Ritual zu krank ist, bring ihm eine Topfpflanze – auch die Erde darin besitzt eine heilende Energie, die ihm guttun wird.«

Zwar waren viele Krankheiten mit Hilfe der modernen Medizin ausgerottet worden, aber für jede besiegte Krankheit kamen zehn neue, die sich allen medizinischen Mitteln widersetzten. Das hat dazu geführt, daß die Menschen auf der Suche nach Heilung wieder zu den alten ganzheitlichen und zum Teil auch

In Gullivers Reisen stellt uns Swift eine Gesellschaft vor, in der die Menschen, die Struldbrugs, unsterblich sind. Sie werden immer älter und immer schwächer, sterben aber nie. Sie sehnen sich danach, sterben zu dürfen. Die Unsterblichkeit, ewige Senilität, ohne Erlösung durch den Tod hat sie als entsetzlicher Fluch getroffen. Der Wunsch nach Unsterblichkeit wird oft unbesonnen geäußert, ohne die Folgen zu bedenken. Angenommen, wir würden tatsächlich unsterblich durch eine Pille, das geheimnisvolle Unsterblichkeitskraut, von dem seit Jahrtausenden in allen Kulturen gemunkelt wird, durch ein Bad im Jungbrunnen: Wer bekäme sie? Was wären die Kriterien? Was geschähe, wenn sie gewissenlosen Menschen in die Hände fiele? Was wäre mit der Bevölkerungsexplosion? Die Vorstellung ist ein Schreckensszenario. Die tödlichen Krankheiten zu eliminieren wäre ein Alptraum. Aber davon träumen wir ja gar nicht. Wir träumen davon, immer jung zu bleiben, und wenn das schon nicht

magischen Methoden greifen, und nicht selten haben sie damit Erfolg.

Pilgerreisen zu heiligen Orten, Akupunktur und traditionelle chinesische Medizin, Ayurveda, Gesundbeten, Besprechen, Rückführungen in frühere Leben, Handauflegen, Kristall- und Farblichttherapie, Wunderheilungen durch philippinische Heiler sind einige der Strohhalme, nach denen chronisch oder unheilbar Kranke heute immer häufiger greifen. Aufgeschlosse-

möglich ist, wenigstens qualitativer alt zu werden: Zu altern, zu reifen und dabei gesund, aktiv und attraktiv zu bleiben. Das ist ein erstrebenswertes Ziel und, wie uns die moderne Wissenschaft verspricht, zumindest zum Teil auch ein realistisches. Wir sind, sagen die Wissenschaftler, zwar noch außerstande, den menschlichen Alterungsprozeß zu bremsen, doch wir können die Lebenserwartung verlängern. Nahezu die gesamte biomedizinische Forschung arbeitet daran, die Krankheiten, die zum Tode führen, auszuschalten. Das klappt mittlerweile ganz gut, aber die Folgen sind erschreckend. Wenn die Zahl der Menschen auf unserem Planeten nicht bald reduziert wird, sind die Katastrophen vorhersehbar. Dann wird jede Sehnsucht nach Lebensverlängerung sich erübrigen, denn die Welt ist kein Ort mehr, wo man sich gerne aufhält. Das erstrebenswerte Ziel ist also nicht die Lebensdauer, sondern die Qualität, daß Menschen im Vollbesitz ihrer geistigen und körperlichen Kräfte alt werden und dann rasch sterben.

ne Ärzte wissen mittlerweile, daß niemand, ob Heiler, Schamane oder Facharzt, einen Menschen heilen kann. Das kann nur der Kranke selbst. Alles, was sie dazu beitragen können, ist, die Selbstheilungskräfte des Patienten anzuregen.

Über kurz oder lang kommen alle, die sich ernsthaft mit dem Thema Heilung beschäftigen, zum gleichen Fazit. Es gibt keine unheilbaren Krankheiten. Es gibt nur unheilbare Patienten. Allerdings darf man die Heilwirkung der Außenseitermethoden auch nicht überschätzen, vor allem dann nicht, wenn sie von selbsternannten Heilern lautstark versprochen wird. Bei wirk-

Was regt die Heilungskräfte an?

lich unheilbaren oder chronischen Krankheiten bringt zum Beispiel eine Pilgerfahrt nach Lourdes in vielen Fällen vorübergehende Linderung, aber zu einer echten, von der Medizin und der katholischen Kirche anerkannten »Wunderheilung« kommt es nachgewiesenermaßen »nur« in ein bis zwei Prozent der Fälle. Ungefähr gleich hoch ist die Chance, von einer Reise zu einem philippinischen Heiler geheilt zurückzukommen. Das Kraut der Unsterblichkeit, den vollkommenen Weg zur Heilung wird es wohl nie geben und das ist auch gut so. Ebenso begrüßenswert ist es, daß die Schulmedizin gegen viele Krankheiten erfolgreiche Behandlungsmethoden entwickelt hat. Aber wenn sich mit alternativen Methoden das gleiche Ergebnis erzielen läßt, dann ist es gut zu wissen, daß Heilung immer auch etwas Magisches ist.

Dämonen und Hexen bedrohten die Welt unserer Vorfahren nicht nur durch Seuchen und Krankheiten, sondern auch mit zahllosen anderen Gefahren. Diese Teufelsdiener konnten den Kühen die Milch wegzaubern, das Vieh krank machen, Mensch und Tier durch das Schlingen von Zauberknoten die Fruchtbarkeit rauben und auf einen Schlag durch Feuer, Blitz oder Hagel die gesamte Existenz vernichten. Wenn der Hagel strichweise auftrat und die gesamte Ernte des einen Bauern vernichtet wurde, während der andere verschont blieb, wenn der Blitz in den eigenen Hof einschlug und nicht in den des Nachbarn, wenn der gesamte Viehbestand durch eine Krankheit vernichtet wurde und dem des Nachbarn fehlte nichts, dann waren dafür nicht Naturkatastrophen, Unwetter, Seuchen und Viren verantwortlich, da konnte nur ein Schadenszauber dahinterstecken.

Die Menschen hatten eine geradezu panische Angst vor dem geheimen Treiben des lichtscheuen Gesindels, und im Mittelalter wurde diese Hysterie durch Kirche und Inquisition noch zusätzlich geschürt. Die Vorwürfe gegen die Hexen wurden immer schlimmer, immer absurder. Es gab keine Bosheit, keine Gefahr für Leib, Leben und Besitz, die sie einem nicht durch bösen Blick, Bildzauber, Zauberzeichen und Gesänge auf den Hals schicken konnten. Um solchen Schicksalsschlägen nicht völlig schutzlos ausgeliefert zu sein, suchten die Alten die Naturmächte mit Hilfe der Magie zu bannen und zu beherrschen. Es gibt eine unüberschaubare Menge von Abwehr- und Schutzzaubern. Gegen Unwetter halfen Anrufungen von Wetterheiligen, Wetterschießen und Wetterläuten, um durch Lärm die Dämonen zu vertreiben. Als Schutz vor den so gefürchteten Wölfen wurden bestimmte Zaubersprüche, der sogenannte »Wolfssegen«, gesprochen. Um die Feuerdämonen am Eindringen zu hindern, grinsten von fast allen Hausfassaden und Dächern Fratzen aus Holz oder Stein. Auch von Drudenfüßen,

Hexenkreuzen und Teufelsknoten erhoffte man sich eine abschreckende Wirkung und von am Haus befestigten Sensen, Sicheln und Hufeisen. Schwalbennester unterm Dach und Storchennester auf dem Dach schützten vor Blitzschlag. Amulette und Pentagramme, geweihte Kreuze, Amulettpfennige, Rosenkränze und »Neidfeigen«, getrocknete Spinnen, Medaillons und – immer wieder – Brot und Salz galten als Mittel, die Teufelsdiener zu vertreiben und mit undurchschaubarem Unheil fertig zu werden.

Die Wünschelrute diente der Schatzsuche oder um Diebe auszuforschen, es gab Sprüche, die Haus und Hof schützen sollten, Schaden abwenden, den Besitz mit einem Schutzwall umgeben. Große Angst herrschte auch vor Geistern. Besonders gefährlich waren die Nächte um Weihnachten, die zwölf heiligen Nächte, Allerseelen, der erste Mai, Fasten- und Adventszeit. Aber Gei-

ster konnten relativ leicht gebannt oder erlöst werden. Da genügte manchmal schon ein: »Vergelt's Gott« oder »Helf dir Gott!«

Andere Sprüche dienten zum Schutz vor bösem Zauber, zur Schärfung der Waffen, zur Abwehr des Beschreiens von Kindern und zum Schutz vor Feinden. Es gab sogar einen Spruch, der angeblich unsichtbar machte, zahllose Beschwörungen und Sprüche, die die verlorene Liebe wieder herstellen, oder die

Mörser zum
Wetterschießen

Gunst der Richter bei Prozessen erwirken sollten. Magie und Glaube arbeiten mit den gleichen Mitteln wie Anrufungen und Beschwörungen. Jesus Christus und alle Heiligen lebten in diesen Sprüchen in friedlichem Nebeneinander mit den Dämonen. Die Kirche mischte kräftig und gewinnbringend mit.

Papst Urban V. empfahl den Kauf einer Wachstafel (agnus dei) als sicheren Schutz gegen Blitz, Feuer und Wasser, auch sollte sie eine leichte Geburt verschaffen und die Vergebung der Sünden bewirken. Die Kirche verkaufte überdies Zauber, um Pferdehufe vor Rissen zu schützen, Krankheiten abzuwenden und sexuell potent zu werden. Jungen Frauen, die sich die Haare lang wachsen lassen wollten, wurde empfohlen, Haarlocken vor ein Bildnis des heiligen Urban zu hängen. Auch glaubte man fest, ein Mensch würde binnen eines Jahres sterben, wenn ein Priester den 108. Psalm gegen ihn sprechen würde. Messen konnten für Heilung und für Fruchtbarkeit sorgen, für den magischen Schutz des Viehs und notfalls sogar Feinde umbringen. Wer bis zum 15. Jahrhundert die Totenmesse für einen Lebenden las, konnte ihn damit töten.

Die obersten Beschützer waren die Heiligen Drei Könige Caspar, Melchior, Balthasar, und es gibt eine Menge Menschen, die

Die Heiligen Drei Könige

glauben, daß sie es heute noch sind, wenn nur das Schutzzeichen, die Anfangsbuchstaben der drei Namen, mit geweihter Kreide an die Haustür geschrieben worden ist. Wichtig war neben dem Schutz der Familie der Schutz der Haustiere, es gab neben den Pferden und Rindern sogar einen Hundesegen, einen Schweine- und einen Bienensegen.

Brot und Salz galten als Gegengift bei Zauberei und dämonischem Wirken. Hatte eine Zauberin jemand mit einem Zauber

Votivgabe aus Wachs

belegt und dieser forderte Brot und Salz aus ihrem Haus, so konnte er sie damit sogar töten.

Nahezu alle Manifestationen von Zauberei kennzeichnet eine Mischung von Tradition und Verworrenheit. Das betrifft besonders die Mischung aus Zaubersprüchen und heiligen Namen, die die übernatürlichen Kräfte heraufbeschwören sollten. Ein Magier mußte zum Gelingen des Zaubers Schutzsprüche aufsagen, in denen der Name Gottes und die Namen der Dämonen vorkamen. Zauberer bedrohten die Geister mit den schrecklichsten Strafen wie Exkommunikation und schwangen sich dadurch selbst zum Herrgott auf. Daß es haarsträubender Unsinn war, den Dämonen des Teufels mit ewigen Höllenqualen zu drohen, steht auf einem ganz anderen Blatt.

Für das Mißlingen eines Rituals gab es zahllose Entschuldigungen, zur Sicherheit wurden Rituale mit Details gefüllt, die kaum zu erfüllen waren. Der Zauber mußte mit ungeheurer Sorgfalt

Sorgfalt war oberstes Gebot

erfüllt werden. Allein die Namen der Heiligen und Dämonen in ihrer Reihenfolge aufzusagen war äußerst kompliziert, aber das war ein Kinderspiel im Vergleich mit der »Materialbeschaffung«. So gab es zum Beispiel ein Rezept für die Anfertigung eines Ringes, der garantiert unsichtbar machen sollte. Aber in den Ring mußten unbedingt drei Haare einer Hyäne eingeflochten werden, und davon gab es in Europa kaum welche, und selbst wenn, waren die Haare zum Flechten viel zu kurz. Allgemein gilt: Je unfehlbarer der Zauber, desto undurchführbarer und komplizierter ist er oft auch.

Eine besonders wichtige Rolle spielten beim Abwehrzauber die Pflanzen. Schier endlos ist die Reihe der Pflanzen, denen eine antidämonische Wirkung nachgesagt wurde. Oft waren es stark

SALZ UND BROT

Früher waren Hungersnot und Mißernten sehr gefürchtet. Deshalb gab es viele Bräuche, mit denen man eine Brotnot bannen wollte. So bekam jede Braut, die zum Hochzeitsessen einlud von jedem Gast, ein Stück Brot, und daraus wurde am Morgen die Hochzeitssuppe gekocht. Manchmal hob man ein Stück Brot vom Hochzeitstag als Talisman zum Schutz vor schlechten Zeiten auf.

Als glücksbringende Brotbacktage gelten Montag, Donnerstag und Samstag. Freitagbrot ißt Kummer und Not, hieß es früher. Weil am Freitag Christus »in der Ruhe lag«, durfte an diesem Tag kein Brot gebacken werden. Nicht gebacken wurde auch in den zwölf heiligen Nächten vom 25. Dezember bis 6. Januar. Bäcker waren hochgeachtet. Wer einen Bäcker umbrachte, der mußte dreimal soviel Geldbuße bezahlen wie jemand, der nur einen gewöhnlichen Mitmenschen ins Jenseits befördert hatte. Wenn man vor der Hochzeit Salz und Brot in die Tasche steckte, so schützte das Salz gegen böse Leute, und das Brot sollte im Hause nie ausgehen. Ein Stück Brot bekamen Mädchen bei der Taufe, Rekruten, wenn sie ins Feld zogen, Studenten, wenn sie in die Stadt gingen, manchem wurde von der Mutter heimlich ein Stück in die Jacke eingenäht. Einem Gast wurden Salz und Brot angeboten, denn wer mit dem Gast vom gleichen Brot ißt, mit dem wird er nie in Streit geraten können.

aromatisch duftende und mit ätherischen Ölen ausgestattete Kräuter wie verschiedene Doldengewächse, Kümmel, Dill, Fenchel, Liebstöckl, oder Lippenblütler wie Dost, Quendel und Salbei. Durch Räucherungen versuchte man schon im Altertum, böse Geister zu verscheuchen, und selbst heute halten Bauern noch viel vom Ausräuchern eines Stalles, in dem es nicht mit rechten Dingen zugeht. Die Blüten des Rittersporns, Hauswurz, Kornblume und Himmelfahrtsblümchen schützten vor Unwetter. Vor Hexen bewahrte vierblättriger Klee.

KRÄUTER, DIE SCHUTZ BRINGEN

Alfalfa
Wer Alfalfa im Hause hat, ist vor Hunger und Armut geschützt. Am besten in einem kleinen Glas im Küchenschrank aufheben.

Alraune
Auf den Kaminsims eines Hauses gelegt, schenkt die Alraune Schutz und Wohlstand. Wer das Glück hat, eine Alraunwurzel zu besitzen, braucht sich um seine Zukunft keine Sorgen zu machen.

Aronstab
Der Aronstab hieß früher auch Himmelfahrtswurzel. Er schütz-

Am Himmelfahrtstag heiß begehrt

te seinen Besitzer nicht nur vor Blitz- und Hagelschlag, sondern schenkte ihm auch Gesundheit und Schönheit. Kräftige Pflanzen deuteten zudem auf eine gute Ernte hin. Mädchen, die zum Tanz Aronstabblätter in die Schuhe legten, fanden bald einen

GLÜCKSBRINGENDES HIMMELFAHRTSKRÄNZCHEN

Am Himmelfahrtstag, glaubten die Alten, stünde der Himmel besonders weit offen, und so baten sie an diesem Tag besonders intensiv um Schutz vor Unwetter und Bösem. Als Mittel gegen Blitzschlag galten die Himmelfahrtskränzchen aus Rotklee, Katzenpfötchen oder Mausöhrlein, die in Haus und Stall aufgehängt wurden. Sie wurden morgens schweigend gepflückt und zum Kränzlein gewunden. Wenn Sie einen solchen Kranz als Frühlingsgruß und Glücksbringer an die Haustür hängen möchten, folgen Sie der Anleitung.

Kranzgestell aus Draht (für frische Blumen am besten geeignet) und Spaghnum-Moos oder, noch besser, Teppich-Moos im Bastelgeschäft besorgen. Das Moos sollte vor der Verarbeitung einige Stunden eingeweicht werden. Überschüssiges Wasser ausdrücken. Füllen Sie den Kranz gleichmäßig mit Moos, bis die gewünschte Dicke erreicht ist. Optimal sind fünf bis zehn Zentimeter. Auf der Wiese roten Klee pflücken, auf 6 cm kürzen. Die Kleeblüten zu Büscheln zusammenfassen, auf den Kranz legen und zweimal mit Blumendraht umwickeln. Auf die Stile des ersten Büschels kommen dann die Köpfe des zweiten. Beim Binden führt die rechte Hand die Drahtrolle von innen nach außen. Die Blüten des ersten Büschels sollten etwas länger sein, damit man am Ende die Stiele des letzten Büschels darunter verstecken kann. Überstehenden Bindedraht abschneiden und im Kranz verstecken. Zum Schluß den Kranz in Form biegen. Sieht auch getrocknet sehr hübsch aus.

Liebsten. Burschen, die am Himmelfahrtstag einen Aronstab im Walde fanden, konnten hoffen, bald ein Mädchen zu finden. So herrschte am Himmelfahrtstag schon oft vor Sonnenaufgang reger Verkehr, und mit Laternen wurde in Wald und Wiese nach der Wunderblume gesucht.

Basilikum

Auf den Boden Ihres Hauses gestreut, verhindert Basilikum, daß Böses aller Art sich einnistet. Schützt vor Ziegen, die Ihren Garten kahlfressen.

Beifuß

Wer Beifuß bei sich trägt, ist sicher vor Gift, wilden Tieren und Sonnenstich.

Birke

Im Norden gehörten die Birken seit eh und je zu den wichtigsten Bäumen. Sie symbolisierten Jugend und Frühling und waren dem Thor, dem Gott des Donners und Blitzes, geweiht. Hexenbesen wurden aus Birke gemacht, für die Reisen wurden sie angeblich gesalbt und dann geweiht: Away we go, not too high and not too low.

Birke als Glücksbringer

Sibirische Schamanen suchen ihre magischen Pilze immer noch in Birkenhainen, meist ist es der Fliegenpilz. Mit seiner Hilfe erreichen sie einen veränderten Bewußtseinszustand, steigen im Zustand der Extase auf eine Birke und schneiden neun Zweige aus der Krone.

Wenn junge Skandinavier heute eine neue Stelle antreten, tragen sie als Glücksbringer ein getrocknetes Birkenblatt bei sich.

244

Basilikum

Ein Birkenzweig auf dem Dach schützt in Deutschland vor Blitzeinschlag. Viele sagen, daß der Rauch vom Birkenholzfeuer eine reinigende Wirkung hat.

Buchsbaum
Eine zauberabwehrende Wirkung wird dem Buchsbaum zugeschrieben. Er schützt vor dem Teufel. Soll aber auch das Haus vor Blitzschlag und allerlei Ungemach behüten.

Dill
Über der Haustür aufgehängt, sorgt er dafür, daß keiner, der Ihnen Böses will, oder Ihnen etwas nicht gönnt, Ihr Haus betritt.

Engelwurz
In den vier Ecken des Hauses ausgestreut, hält Engelwurz alles Böse fern. Wer glaubt, Opfer eines bösen Zaubers oder Fluchs geworden zu sein, sollte ein Bad mit Engelwurz nehmen. Es macht den Zauber unwirksam.

Farnkraut
Farnkraut vor der Haustür gepflanzt, schützt das Haus von außen, als Zimmerpflanze schützt es das Innere des Hauses. Sogar in Blumensträußen werden Farnwedel bisweilen eingebunden, und längst nicht nur zur Zierde.

Holunder
Bewahrt vor Angriffen aller Art, schützt vor Bösem und bisweilen auch vor Versuchungen: Wer Holunder bei sich trägt, schreckt vor Ehebruch zurück.

Johanniskraut
Schützt beim Fenster aufgehängt vor Donner, Blitz und bösen Geistern.

Engelwurz

Knoblauch

Seeleute tragen ihn bei sich als Schutz vor Schiffbruch, wehrt böse Geister ab, zum Schutz von kleinen Kindern (unterm

Ein Universalmittel

Kopfkissen vor Vampiren und bösen Feinden). Den Wöchnerinnen gab man Knoblauch und Petersilie, in ein Tüchlein gebunden, unter das Leintuch, damit ihnen die Hexen keinen Schaden zufügen konnten.

Lorbeer

Ist das Schutzkraut schlechthin. Bewahrt als Strauch die Bewohner des Hauses vor Krankheiten. Schützt, im Hause aufgehängt, vor Blitzschlag und Poltergeistern.

Mistel

Schützt vor Blitzschlag und Feuer. Und verhindert, in die Wiege eines Babys gelegt, daß das Kind von bösen Feen geraubt und durch ein »Wechselbalg« ersetzt wird. Besonders im Mittelalter wegen der Dämonen, Druiden und Hexen abwehrenden Wirkung sehr geschätzt. Vollführte zum Beispiel eine Hexe einen Wetterzauber, bei dem sie auf einem Baum saß, konnte man Misteln rings um den Baum legen, worauf sich das Unwetter verzog.

Wacholder

Wacholder schützt vor Diebstahl, bösen Geistern und bösen Menschen, deshalb wurde er seit Jahrtausenden an der Haustür aufgehängt. Wer einen Zweig mit sich trägt, wird vor Unfällen und bösen Tieren bewahrt!

DIE STARKEN KÄTZCHEN

Die geweihten Palmkätzchen vom Palmsonntag waren
bei unseren bäuerlichen Vorfahren ein Universalmittel
gegen Gefahren aller Art. Der Knecht band mit rotem
Faden (weil rot die Dämonen bannt!) einen Kornsack an
einen Palmzweig. Nach der Weihe wurden die Hühner
mit dem Korn gefüttert, damit waren sie gefeit gegen
Fuchs und Habicht. Kinder mußten die Palmkätzchen
gegen Halsweh schlucken. Im Stall dienten sie der
Schadensabwehr. Drei Palmkätzchen wurden in den
Hofbrunnen geworfen, drei ins Feuer. Zudem galten die
Palmkätzchen als Geldhüter. Der Bauer trug sie als
Amulett in der Westentasche und sicherheitshalber auch
noch im Geldbeutel. Wenn der Knecht während des
Jahres einspannte, um die Hebamme für die Bäuerin zu
holen, ging er erst auf den Dachboden und holte sich
vom Palmbaum ein paar Kätzchen. Bei ihrem ersten
Ausgang nach der Niederkunft trug die Wöchnerin als
Schutz ein Palmkätzchen im Schuh, und die Mütter
steckten sie ihren Töchtern zu, wenn sie zum Tanze
gingen. Später nähten sie sie in die vier Zipfel des
Brautbetts. Und wenn die Kühe auf die Weide kamen,
wurde jeder von ihnen mit einem Palmzweig ein Kreuz
auf den Rücken gezeichnet.

Ysop
Schützt, im Haus aufgehängt, vor allen negativen Einflüssen.

Heute haben wir für viele Gefahren, die uns drohen, natürliche Erklärungen und deshalb auch andere Methoden, uns davor zu schützen. Vor Blitzschlag kann uns ein Blitzableiter besser bewahren als ein Lorbeerzweig, gegen die Folgen eines verheerenden Hagelschlages für das Auto ist eine Vollkaskoversicherung sinnvoller als ein Aronstab, um Komplikationen in der

Zauber kann sehr köstlich sein

Schwangerschaft zu vermeiden, sind regelmäßige Vorsorgeuntersuchungen wesentlich besser geeignet als Knoblauch und Petersilie. Aber manchmal erleben wir Situationen, in denen wir vor einem Ereignis Angst haben, oder um einen Menschen bangen, den wir lieben. In solchen Fällen kann auch heute noch ein kleiner Zweig, ein schlichtes Kräutersäckchen, ein vierblättriges Kleeblatt oder ein Amulett das wunderbare Gefühl vermitteln, einen zusätzlichen Schutz zu besitzen.

Schutzzauber für einen geliebten Menschen
Wenn Sie jemanden beschützen wollen, der weit weg reist, können Sie ihm folgenden Schutzzauber mitgeben. Nehmen Sie ein Stück weißen Stoff und geben darauf zu gleichen Teilen drei Kräuter, die eine beschützende Wirkung haben. Es dürfen auch getrocknete sein, die sie vorher sorgfältig in einer Schüssel mit ihren Händen vermischt haben. Dann binden Sie den Stoff mit einem roten Faden oder Band zu einem kleinen Beutel zusammen, verknoten ihn zweimal und sagen mit lauter Stimme, wer durch diesen Zauber geschützt werden soll. Sie können auch, wenn Sie ein Haus schützen wollen, ein Bündel schützender

Kräuter mit einem roten Band zusammenbinden und im Haus aufhängen.

Schutz zum Abschied

Ein tröstliches Ritual, wenn Ihre Kinder das Haus verlassen und Sie sich um sie sorgen: Werfen Sie ihnen, ohne daß sie es merken, ein wenig Erde oder Sand hinterher. Das wird sie beschützen.

Liebeszauber

Vor einigen Jahren habe ich mich während einer Reinkarnationstherapie an ein Leben als »weise Frau« erinnert. Da lebte ich allein in einem abgelegenen Häuschen im Wald, sammelte Kräuter, sprach mit den Tieren und vermißte niemanden. Wenn die Frauen aus dem Dorf zu mir kamen und um Hilfe baten, dann gab ich ihnen die Kräutermedizin, die sie brauchten. Ich kannte die Kräuter gegen Fieber und Husten, die Schönheitsmittel, die Pflanzen, die einer kinderlosen Frau zu einer Schwangerschaft verhelfen konnten, und auch solche, mit denen man eine ungewollte Schwangerschaft beenden konnte. Ich mischte Kräutertränke, um Männer ruhigzustellen, deren Frauen nach zahllosen Schwangerschaften nicht mehr konnten. Während ich mich an die Einzelheiten dieses Lebens erinnerte und mich immer besser fand, »sah« ich, wie ich einer Kundin einen Liebestrank braute, mit dem sie den Mann für sich gewinnen wollte, der mit einer anderen verheiratet war.

Am Ende der Sitzung und dem Ende dieses »Lebens« (auf dem Scheiterhaufen, der das klassische Ende der meisten erinnerten Hexeninkarnationen ist) war ich tief berührt. Einmal wegen der

Deutlichkeit, der fast körperlich spürbaren Intensität der Bilder, die ich gesehen und gefühlt hatte: Die Einsamkeit dieses Lebens, das Mitgefühl mit der Frau, die zum 15. mal schwanger

Reinkarnationstherapie

war und am Ende ihrer Kraft. Den Zorn auf den Mann, der ihr in 12 Jahren 14 Kinder gemacht hatte und für keines sorgte. Die grauenhafte Angst während des Prozesses, nachdem mich jemand an die Inquisition verraten hatte. Das Gefühl tiefer Erleichterung als mir eine andere »Hexe« auf dem Scheiterhaufen heimlich das Kraut zusteckte, das man nehmen mußte, um nichts mehr zu spüren, wenn das Feuer entzündet wurde.

Zum anderen, das weiß ich noch genau, interessierte mich nach der Sitzung besonders das Rezept für den Liebestrank, das ich damals offensichtlich gekannt hatte. Ich war ein bißchen enttäuscht, daß der Therapeut, der doch sonst alles wissen wollte, mich während der Rückführung nicht nach den Zutaten ausgehorcht hatte. »Was wollen Sie denn damit anfangen?« hatte er ein bißchen ironisch gefragt. Das wußte ich ehrlich gesagt auch nicht, aber es schien mir, wenn schon nicht nützlich, dann zumindest hochinteressant, derartige Kenntnisse zu reaktivieren. Heute kenne ich eine ganze Reihe solcher »Rezepte«, ebenso wie die für die geheimnisumwobenen Flugsalben. Ein Döschen mit einer Flugsalbe, von einer Ärztin gemischt, stand sogar auf

Geheimnisumwobene Flugsalben

meinem Schreibtisch bereit für den Abflug, aber ich habe mich offengestanden nicht getraut, sie zu benutzen. Von den Formeln und Ritualen für klassische Liebeszauber besitze ich mittlerweile eine kleine Bibliothek. Aber seitdem ich weiß, was es damit auf sich hat, haben sie ihre Faszination für mich längst verloren. Nicht etwa, weil ich an ihnen zweifle. Zumindest einige von ihnen scheinen außerordentlich gut zu wirken, oft stärker, als den Betroffenen lieb ist. So lange unser Gehirn davon überzeugt ist, daß der Zauber Erfolg hat, ist es durchaus denkbar, daß jedes Mittel oder Ritual zum Ziele führt.

Es ist natürlich nicht einfach, darüber glaubwürdige Aussagen zu bekommen. Offiziell durchgeführte Doppelblindversuche sind bei solchen Mitteln nun einmal nicht üblich, und Erfahrungsberichte sind in der Regel auch rar. Die Menschen, die einen solchen Zauber in Auftrag geben, hüten sich meist aus gutem Grund, darüber zu sprechen. Aber man kann wohl davon

Die Verlockungen des Zauberschlages

ausgehen, daß solche »Rezepte« die Zeit nicht überdauert hätten, wären sie völlig wirkungslos gewesen. Außerdem weiß ich durch einige Fälle in meinem Bekanntenkreis, daß die Zauber sehr wohl gewirkt haben – wenn auch längst nicht immer so, wie sich das die Auftraggeber vorgestellt hatten. Das Risiko, dieser Faszination zu erliegen, ist groß. Wenn man sich zutiefst einsam fühlt, aber weit und breit kein Partner in der Nähe ist, oder man hoffnungslos und ohne jede Aussicht auf Gegenliebe in einen Menschen verliebt ist, dann erscheint die Aussicht, wie durch einen Zauberschlag zu lieben und geliebt zu werden, überaus verlockend.

Leider funktioniert das so gut wie nie, aber das liegt nicht daran, daß die Zauber nicht wirken (obgleich es sich bei vielen Überlieferungen um blanken Unsinn handelt). Das Problem ist ein anderes. Bei den Liebeszaubern geht es, zumindest aus heutiger Sicht, nicht um Liebe, sondern um doppelte Moral, Machtmißbrauch und Manipulationen, und das, wie die Geschichte zeigt, sehr häufig zu Lasten der Frauen.

Seitdem in der Genesis bestimmt wurde, daß Männer und Frauen Feinde sind, und ihnen unterschiedliche Rollen zufallen, der Mann als Verführer, die Frau als Verführte, ist das Verhältnis zwischen den Geschlechtern belastet. Nur deshalb konnten in

Der Unterschied zwischen Aphrodisiaka und Liebeszauber

Kulturen, in denen Männer und Frauen nicht frei miteinander verkehren durften und die erotische Vereinigung zumindest mit Liebe, in der Regel sogar mit Ehe und Versorgung auf Lebenszeit in Verbindung gebracht wurde, Liebestränke und Zauber so gedeihen.

An dieser Stelle sei kurz der Unterschied – zumindest in der Theorie – zwischen Aphrodisiaka und Liebeszaubern erklärt. Die Aphrodisiaka dienen dazu, Lust zu mehren, Hemmungen zu mindern, Potenz und Fruchtbarkeit anzuregen, kurz, ein wenig Pfeffer in das erschlaffte Liebesleben zu bringen. Wenn das gelingt – und sei's auch nur aufgrund der Einbildung, und die Zutaten nicht gar zu unappetitlich sind, dann ist es eine phantastische Sache.

Anders die Liebeszauber und Liebestränke, von denen hier die Rede ist. Da geht es nicht mehr darum, daß zwei Menschen, die freiwillig miteinander ins Bett gehen, mehr Spaß am Sex haben. Hier handelt es sich um die dunkle Seite der Liebe, um Magie, Manipulation und Macht. Ein Mensch (meistens eine Frau) wird gezwungen, in Liebe zu jemandem zu entbrennen, für den er freiwillig keinerlei Liebe empfindet, oft nicht einmal Zuneigung. Das ist im Grunde eine verwerfliche Sache, auf die niemand stolz sein kann. Leider ist die Grenze zwischen den beiden Liebesmitteln in der Geschichte nicht immer sauber gezogen.

In alten Kulturen gab es sanfte Liebestränke, die die Seele der Betroffenen wärmten, Sinnesfreude weckten und erotische Gefühle stimulierten, und es gab widerliche aphrodisierende Mixturen aus ekelerregenden Zutaten, bei denen es um die Steigerung nackter Wollust ging. Die meisten Liebeszauber stammten aus dem Orient und überrollten den gesamten römisch-griechischen Kulturkreis.

Wenn man den römischen Geschichtsschreibern Glauben schenken mag, benutzten die Römer fast pausenlos stimulierende Mittel. Kaiser Caligula soll durch einen Liebestrank seiner Gattin in eine tiefe, todesähnliche Ohnmacht gefallen sein, berichtet uns Vergil, und verglichen mit anderen prominenten Römern hat er dabei noch Glück gehabt. Den Feldherrn Lukull und den Dichter Lukrez soll der ausgiebige Umgang mit diesen Mitteln sogar das Leben gekostet haben. Die Unfallrate war so hoch, daß Magier, die Liebeszauber durchführten, schließlich

Römische Ausschweifungen

im alten Rom wie Kapitalverbrecher bestraft wurden. Auch in Athen und Sparta gab es für gewirkte Liebeszauber die gleiche Strafe wie für Giftmorde, was hier wie dort allerdings kaum jemanden davon abschrecken konnte, sie bei Bedarf zu benutzen.

Nur das schlichte Heidentum der Germanen und Kelten hatte für solchen »faulen Zauber« keinen Platz, zumindest ist uns nichts überliefert. Auch bei Asterix' und Obelix' Zaubertränken geht es nur um Mut und Körperkräfte. Doch je stärker das Christentum mit seiner rigiden Sexualmoral in Europa Fuß faßte, desto populärer wurden die Mittel auch in unserem Kulturkreis. Im Mittelalter brodelten die Liebessüppchen buchstäblich in allen Hexenküchen, so sehr die Kirche auch dagegen wetterte. Um in aussichtslos scheinenden Fällen Erfolg in der Liebe zu erreichen, gab es (und gibt es immer noch, denn die Zauber ändern sich nie) verschiedene magische Mittel und

Aphrodisiaka aus der Tierwelt

Wege. Im Teil I war schon ausführlich die Rede von den Früchten, Kräutern und Pflanzen, die zu diesem Zweck verzehrt wurden. Überwiegend harmlos, wenn auch längst nicht immer so wirksam, war die nahezu endlose Liste von Empfehlungen aus der Tierwelt, die als aphrodisierend galten und zum Teil immer noch gelten. Ob zu Wasser, zu Lande oder in der Luft: Auf der Suche nach dem ultimativen Mittel zur Steigerung der Lust wurde kaum ein Tier ausgelassen.

FISCH UND FLEISCH ZUR STEIGERUNG DER SINNENLUST

Austern, von denen es heute heißt, daß sie wegen der darin enthaltenen Proteine sexuell anregend wirken, wurden schon von den alten Römern nicht nur wegen ihres Wohlgeschmacks geschlürft. Ihre Ähnlichkeit mit dem weiblichen Geschlechtsorgan (manche sagten auch, sie sähen aus wie Hoden) sollte nach dem magischen Gesetz der Sympathie die Potenz fördern, ebenso wie ihre ärmeren Schwestern, die Muscheln, und nahezu alle anderen Meerestiere, die dem Bereich der schaumgeborenen Liebesgöttin Aphrodite entstammen: Hummer und Langusten, Meeresschildkröten und Kaviar. Den Kaviar ließen sich römische Kaiser zu ihren Liebesmahlen übrigens schon damals eimerweise aus dem Kaspischen Meer liefern. Die alten Chinesen, die Angst vor dem Nachlassen ihrer Manneskraft hatten, verzehrten dagegen kiloweise Seepferdchen. Was moderne Ernährungsforscher übrigens für sehr vernünftig halten, seit jüngste Forschungen ergeben haben, daß Seepferdchen reichlich Proteine enthalten, die für die Samenproduktion wichtig sind.

Hoch geschätzt war seit Jahrtausenden auch das Fleisch vom Wild, nach der Analogie: Was wild ist, macht euch wild im Bett. Tiere, die für ihre Potenz berühmt sind, sollten ihre Lebenskraft gebraten und gedünstet weitergeben. Also verzehrten unsere Vorfahren hoffnungsvoll Hasen, Bären, Hirsche und Büffel. Be-

Tatar oder Seepferdchen

sonders gefragt waren gedünstete Stierhoden, und als um 1930 verbreitet wurde, daß rohes Beefsteak das stärkste Aphrodisiakum sei, wurde kiloweise Beef-Tatar verzehrt. Nicht falsch, sagt dazu die moderne Wissenschaft, Fleisch vom Wild und von mageren Rindern ist fettarm und reich an Proteinen.

Überaus hilfreich zur Mehrung der Manneskraft soll das folgende Gericht gewesen sein, das uns aus dem 6. Jahrhundert erhalten geblieben ist. Es stammt von der griechischen Ärztin Metrodora. »Nimm den Rumpf eines Hasen und brate ihn in einer Kupferpfanne. Gib drei Pfund Rosenöl hinzu und verrühre es mit wohlriechender Myrrhe. Füge vier Dram Fett hinzu, ein Dram Krokodildung, zwei Dram Knoblauchsaft, vier Dram Honig und ein wenig Blut. Manche geben auch noch Spatzenfett hinzu ...« Woher das Rezept stammt, verliert sich im Dunkel der Geschichte.

Andere Spezialitäten freilich, die vor allem im Fernen Osten als Aphrodisiaka hochgeschätzt sind, leben ausschließlich von ihrem Ruf. Der Penis und die Kralle des Tigers, das zerstoßene Horn des Rhinozerosses haben erwiesenermaßen keinerlei aphrodisierende Wirkung. Das ändert nichts daran, daß diese vom Aussterben bedrohten Tiere auch heute noch gejagt werden, weil sie auf dem Schwarzmarkt für verbotene Potenzmittel Höchstpreise erzielen.

Vor ein paar Jahren war ich im Dschungel von Malaysia unterwegs. In Malaysia sind seit etwa fünfzig Jahren die Tiger völlig ausgerottet. »Neulich hatten wir ein Tigerpaar hier«, erzählte mir mein junger Fahrer. »Es war aus Thailand rübergekommen. Ich kam eines Morgens zu meinem Traktor und habe mit eigenen Augen die Spuren in der frischgepflügten Erde gesehen.« »Und was ist dann passiert?« wollte ich wissen. »Streichen sie

Tiere als Opfer unserer Sinneslust

immer noch hier herum?« – »Das Männchen nicht«, sagte der junge Mann achselzuckend. »Sie haben ihn in einer Falle gefangen und umgebracht, weil die Alten glauben, daß die Krallen die Männlichkeit stärken. Dafür bekommt man in Kuala Lumpur viel Geld. Wo das Weibchen geblieben ist, weiß keiner. Niemand hat mehr eine Spur von ihm gesehen.« Ich habe versucht mir vorzustellen, wie sich endlich wieder ein Tigerpaar in Malaysia ansiedelt, und dann bringen sie das Männchen aus Profitgier um! Und jedesmal, wenn ich im Urwald unterwegs war, habe ich ein bißchen Angst gehabt, daß irgendwo im lichtflimmernden, undurchdringlichen Grün die Tigerin lauerte, um ihren Mann zu rächen …

Tiger und Rhinozerosse sind nicht die einzigen Tiere, die im Fernen Osten wegen ihrer angeblich aphrodisierenden Wirkung begehrt sind. Hoch im Kurs stehen auch die Schwalbennester, die aus Felsenhöhlen in Malaysia und Borneo geraubt werden, weil der Speichel der Schwalben, die dort nisten, angeblich unvorstellbare Liebeskräfte wecken soll. In manchen philippinischen Freudenhäusern werden befruchtete Hühnereier heute noch serviert, wenn die Potenz des Kunden nicht mit seiner Brieftasche mithalten kann. Solche Gäste bekommen dann Eier, in denen die Küken kurz vorm Ausschlüpfen stehen und weiche, gut verdauliche Knochen haben.

Alle diese Mittel enthalten nachweislich keinerlei potenzfördernde Substanzen, ebensowenig wie Schlangenknochen, Spatzenhirne, Krötenblut und Uhueier. Selbst wenn Agrippa von Nettesheim, der ein berühmter Arzt war, darüber geschrieben hat:

»Wenn wir also nach einer Kraft oder Eigenschaft wirken wollen,

Stärkung nach Agrippa von Nettesheim

so müssen wir diejenigen Teile oder Gegenstände aufsuchen, denen eine solche Eigenschaft in hohen Maße innewohnt. Und von denen müssen wir den Teil nehmen, worin die verlangte Eigenschaft oder Kraft am meisten tätig ist. Dahin gehören die Tauben, der Sperling, die Schwalbe, die Bachstelze. Von diesen Tieren müssen wir die Teile oder Glieder nehmen, in denen hauptsächlich der Liebestrieb herrscht. Solche Teile sind das Herz, die Hoden, die Gebärmutter, das männliche Glied, der Samen, das Blut.«

Man wagt nicht, darüber nachzudenken, wie vielen Singvögeln dieser Aberglaube das Leben gekostet hat. Aber es ist sicher, daß noch sehr viel mehr spanische Fliegen ihr Leben lassen mußten, weil über ihre potenzsteigernden Eigenschaften die unglaublichsten Geschichten verbreitet wurden.

Das menschliche Gehirn ist darauf programmiert, überaus wohlwollend auf bestimmte Mittel zu reagieren (ganz unabhängig von der medizinisch nachweisbaren physiologischen Wirkung), und so ist es kein Wunder, daß die Menschheit, wenn es um ihr Liebesleben ging, überreichlich und unkritisch davon Gebrauch gemacht hat – und es immer noch tut. Leider besitzen Menschen wenig Gespür, welche Mittel sie mit gutem Gewissen nehmen konnten und von welchen sie klugerweise die Finger lassen sollten. Zu den letzteren zählen die sagenumwobene »Ippomane«, die Glückshaut eines neugeborenen Fohlen, oder eine Substanz, die aus der Scheide einer trächtigen Stute gewonnen, mit Mehl vermischt, in Ton gebacken wurde, und vor allem aber die berühmt-berüchtigte spanische Fliege, die das stärkste Aphrodisiakum der Welt sein soll.

DIE SPANISCHE FLIEGE

Wobei gleich anzumerken ist: Die spanische Fliege ist gar keine Fliege, sondern ein Käfer. Die aus dem Mittelmeerraum stam-

Stärkstes Aphrodisiakum der Welt?

mende grüne oder goldfarbene Käferart war im 16. Jahrhundert ein beliebtes Heilmittel. Sie wurde, zu Pulver zermahlen, gegen Rheuma, Gicht, Schmerzen, Haarausfall und diverse andere Beschwerden eingesetzt, allerdings waren die Nebenwirkungen schon damals gefürchtet. Das Mittel konnte schon in kleinsten Dosen schwere Verbrennungen in Mund und Hals verursachen, außerdem Bauchschmerzen, Nierenversagen und extreme Irritationen im urogenitalen Trakt, die bei Männern mit langanhaltenden, aber äußerst schmerzhaften und deswegen sehr freudlosen Erektionen verbunden waren, Beschwerden, die in der Medizin unter der Bezeichnung Priapismus bekannt sind. Nichtsdestoweniger hat gerade diese Eigenschaft dazu geführt, daß die Käfer in den lebensgefährdenden Ruf kamen, ein Liebesmittel von nie zuvor gekannter Intensität zu sein. Das Brennen im Geschlechtsbereich, verbunden mit Stöhnen und Schreien, galt, gilt in manchen Kreisen wohl noch immer als Beweis für die Stärke der Leidenschaft.

Die Schlußfolgerung war: Wenn das Mittel die Symptome der Lust produzieren kann, so würde es auch die Lust selber beflügeln, und die Tatsache, daß der Marquis de Sade mit der Droge experimentierte, tat ein übriges, um den Ruf des Mittels in dieser Beziehung zu sichern. Der Marquis fütterte nämlich gern Pro-

Experimente des Marquis de Sade

stituierte mit Pralinés, die mit der zerstoßenen spanischen Fliege parfümiert waren, was nicht wenige von ihnen das Leben gekostet hat, denn das Mittel kann bereits in minimaler Dosis tödlich wirken.

Mehr Glück hatten die französischen Soldaten, die 1860 in Ägypten unfreiwillig Opfer des giftigen Käfers wurden. Ein ebenfalls französisches Wissenschaftlerteam traute seinen Augen nicht, als sie während einer Expedition auf ein schmerzgepeinigtes Heer aus der Heimat stießen, dessen Mitglieder geschlossen unter extrem langanhaltenden und äußerst schmerzhaften Erektionen litten. Neugierig geworden, gingen die Forscher der Sache nach und entdeckten, daß die Soldaten zum Abendbrot die Schenkel von Fröschen verzehrt hatten, die in dieser Gegend überreichlich anzutreffen waren. Die Frösche hatten ihrerseits die »spanischen Fliegen« gefressen, die in dieser Gegend noch zahlreicher waren als die Frösche …

Mittlerweile ist längst bekannt, wie gefährlich das Gift ist, und Einfuhr und Verbreitung sind streng verboten. In Asien ist das Mittel zwar ebenfalls illegal, aber immer noch erhältlich, und es gibt viele Männer, die jeden Preis dafür bezahlen, denn allen wissenschaftlichen Argumenten zum Trotz hat die spanische Fliege bis heute ihren Ruf als ultimatives Aphrodisiakum erhalten. Kürzlich haben amerikanische Wissenschaftler erneut nachgeforscht, ob an dem Mittel nicht doch etwas dran ist. Das Ergebnis ihrer Untersuchungen ist ernüchternd. Sie haben nämlich herausgefunden, daß Cantharidin, das Gift der spanischen Fliege, tatsächlich ein hervorragendes Aphrodisiakum

Die Käfer sind begeistert

ist – aber hauptsächlich dann, wenn der Partner ein weiblicher feuerfarbener Käfer ist. Die Weibchen fahren in der Brutzeit völlig auf die Substanz ab, die sie aus einer Drüse im Kopf des Männchens saugen. Cantharidin ist nämlich ein hervorragender Schutz für die Eier, die sie nach dem Liebesakt legen, und so würden sie sich nie mit einem Männchen einlassen, das sie nicht mit diesem Mittel versorgen kann. Bei Männern ohne ausgeprägte masochistische Neigungen stehen, so die Wissenschaftler, die mit der Einnahme von Cantharidin verbundenen Schmerzen in keinem Verhältnis zum Lustgewinn.

Gänzlich unappetitlich wird es, wenn der Sympathieglaube so weit ging, daß unsere Vorfahren zur Förderung der Potenz selbst vor menschlichen Zutaten nicht zurückschreckten. Im England des 16. Jahrhunderts tranken Männer, die an Impotenz litten, ein Gebräu aus Wermut und dem linken Zeigefinger eines Gehenkten. Auch das Knochenmark eines Knaben und die Leber eines kräftigen jungen Mannes galten als überaus wirksames Aphrodisiakum. Damals glaubte man, daß die Leber der Teil des Körpers sei, in dem das Begehren aller Art seinen Ursprung hatte. Und wenn es darum ging, einen Trank herzustellen, durch den der gewünschte Partner in Liebe entbrennen würde, gehörten Menstruationsblut, Schweiß, Sperma, Haare und Fingernägel zu den klassischen Mitteln. Diese Mittel sind übrigens, so schaut es aus, heute noch gang und gäbe.

Zwar haben es schon die alten Griechen und Römer so gehalten, daß sie eine Frau, die nicht freiwillig mit ihnen ins Bett ging, mit Schlafmohn oder einem Extrakt der Herbstzeitlose betäubten und anschließend mißbrauchten. Aber letzten Endes war das für sie in den meisten Fällen doch so unbefriedigend wie für die amerikanischen College-Studenten, unter denen gerade eine Pille im Umlauf ist, die, heimlich ins Glas des Mädchens gegeben, dazu führt, daß sie sich an nichts mehr erinnern kann. »Date-Rape« nennen die Jugendlichen diese unrühmliche, traurige Methode, an Sex zu kommen.

Auch durch Alkohol haben Männer quer durch die Geschichte versucht, eine Frau ins Bett zu kriegen, obgleich schon Plutarch

Starke Trinker sind schwache Liebhaber

und Aristoteles zu dem Schluß gekommen sind, daß starke Trinker nur schwache Liebhaber sind. Zwar ist Wein »das beste Mittel für das Brautgemach«, aber nur in Maßen. Ein bißchen Alkohol kann entspannen, die Hemmungen nehmen, heiter und euphorisch machen. Doch je mehr Frauen (und Männer) trinken, desto schwerer sind sie sexuell erregbar, und desto weniger Spaß macht ihnen die Liebe.

Auf die Dauer hat das natürlich auch der Dümmste mitbekommen, und so haben sich Männer und Frauen nach Mitteln und Wegen umgesehen, die bewirken, daß der erwünschte Partner ihnen völlig verfällt – und nie dahinterkommt, daß er durch einen Liebeszauber dazu gezwungen wurde. Zu den klassischen Mitteln zählen vor allem Menstruationsblut und Sperma. In Italien habe ich ein Buch aus dem Jahre 1994 gefunden, in dem eine ganze Reihe von Rezepten zusammengestellt ist, die diese

Zutaten enthalten (neben Fledermausblut, gemahlener Kröte und der Zunge eines Spatzen). Allerdings wäre Italien nicht Italien, würden die entsprechenden Gerichte nicht so aufbereitet, daß sie dem ahnungslosen Opfer auch schmecken. Menstruationsblut wurde getrocknet, pulverisiert und mit Rotwein vermischt, Sperma und Schweiß mit Salbei und anderen kräftig schmeckenden Küchenkräutern geschmacksfördernd verschönt. Ob die Rezepte aus diesem Buch, das in hoher Auflage erschienen ist, wirksam sind, erfährt man so gut wie nie aus erster oder zweiter Hand.

Mir wurde aus glaubwürdiger Quelle die Geschichte einer Frau zugetragen, die lang in Indonesien gelebt hat und sich dort

Die Würze des Menstruationsbluts

intensiv mit der Magie der Einheimischen befaßte. Als ihr Mann früh starb, war sie weitgehend mittellos und gezwungen, nach Italien zurückzukehren und sich einen neuen Partner zu suchen. Der war auch bald gefunden, hatte aber den Nachteil, daß er von ihr absolut nichts wissen wollte. Schließlich habe sich die Frau auf die in Indonesien gelernten magischen Praktiken besonnen und durch ein mit ihrem Menstruationsblut gewürztes Glas Rotwein erreicht, daß ihr der Geliebte bis zu seinem Tode verfallen gewesen sei, und danach auch noch einige andere Männer, die sie auf die gleiche Art und Weise an sich gefesselt haben soll.

Männern wurde – außer pulverisiertem Sperma, ins Essen gemischt – folgende Methode empfohlen: Nimm ein paar Haare der Frau, deren Liebe du begehrst, und hebe sie auf bis zum kommenden Freitag bei Sonnenaufgang. Dann schreib mit deinem Blut deinen und ihren Namen auf ein Pergament oder eine Wachstafel und verbrenne alles in glühendheißem Feuer zu

Staub. Den Staub mische in ihr Essen, und sie wird sich so verlieben, daß sie keine Ruhe mehr findet.

Bisweilen wurden auch religiöse Elemente kräftig mit dem magischen Liebesspiel vermischt: Nimm von dir und deiner (deinem) heimlich Geliebten ein paar Schamhaare (was bei einer [einem] nur heimlich Geliebten nicht ganz einfach gewesen sein dürfte), bewahre sie getrennt voneinander auf. Dann geh in eine Kirche, zünde eine Kerze an und stelle sie auf den Altar. Rufe dazu den heiligen Johannes an. Dann zerschneide die Schamhaare in kleine Stücke, vermische sie mit Mehl und mache daraus ein Gebäck, das du ihr oder ihm zu essen anbietest.

Oder dieses Rezept: Nimm eine Spinne samt ihrem Netz, achte darauf, daß das Netz heil bleibt, und stecke das Ganze in die zwei Schalen einer Walnuß. Bringe es danach auf einem silbernen Löffel in Öl zum Kochen. Diejenige, die vom Netz trinkt, wird dich so lange lieben, wie die Spinne in der Nußschale eingeschlossen ist.

Auf ähnliche Weise, aber vielleicht nicht ganz so stark, müssen bisweilen Kleidungsstücke gewirkt haben. Da ist in einer Bistumschronik von einer Nonne die Rede, die sich in den Bischof

Verzauberte Kleidungsstücke

verliebt hatte und dessen Stiefel verzauberte. Der Bischof zog die Stiefel an und soll gleich gemerkt haben, was los war. Sicherheitshalber ließ er die Stiefel auch noch von einigen anderen Männern anlegen. Der Effekt war überall der gleiche. Die Chronik berichtet, daß die sündige Nonne aus dem Kloster geworfen und streng bestraft wurde. Über die Art und Weise, wie der Zauber funktioniert haben soll, wird leider nichts berichtet.

Die grauenhafteste und, wie es heißt, wirkungsvollste überlieferte Methode stammt aus Irland. Wenn man sie liest, kann man nur darüber spekulieren, zu welchen Mitteln eine Frau fähig ist, die liebt und ihre Liebe nicht erwidert fühlt. In einem solchen Fall ging ein Mädchen nachts zum Friedhof und grub die Leiche eines jungen Mannes aus, der seit neun Tagen begraben war. Sie riß ihm auf der ganzen Länge, von Kopf bis Fuß, einen Streifen Haut herunter. Gelang es ihr, den Hautstreifen heimlich am Arm oder Bein des Geliebten anzubringen, während dieser schlief, und ihn zu entfernen, bevor er erwachte, und zudem den Hautstreifen vor aller Augen zu bewahren, so konnte sie der unwandelbaren Liebe dieses Mannes sicher sein.

Natürlich gab es auch wesentlich harmlosere Liebeszauber, die trotzdem sehr gut gewirkt haben sollen.

Einfache Liebeszauber mit guter Wirkung

Eizauber

Man nimmt ein befruchtetes Hühnerei und schreibt auf die Spitze den Namen des Mannes und auf das abgerundete Ende den der Frau. Dann hält man es so lange in der linken Hand (das ist die Herzenshand!), bis es Körpertemperatur erreicht hat. In dieser Zeit schickt man intensive Liebesgedanken an den Auserwählten. Danach legt man das Ei in eine dunkle Ecke des Schlafzimmers, und zwar so, daß es in die Richtung weist, in der der Geliebte wohnt.

Magische Pergamente und Siegel

In den Zeiten, als die Kunst des Schreibens für die Mehrheit der Menschen etwas überaus Geheimnisvolles war, maß man Liebeszaubern, die auf ein Siegel oder auch nur auf ein Stück Pergament geschrieben wurden, besondere Kraft bei. Aus dem

16. und 17. Jahrhundert sind einige Pergamente erhalten geblieben, die mit geheimnisvollen Zeichen beschrieben sind. Dazu wurde empfohlen: »Schreib diese Zeichen mit Fledermausblut auf jungfräuliches Pergament, und halte es in der linken Hand. Zeige es ihr, und ohne Zweifel wird sie zu dir kommen. Aber achte darauf, daß du es keiner anderen zeigst, sonst wird sie den Verstand verlieren und sterben.«

Für Erfahrene: das »Siegel der Venus«

Manchmal wurden Siegel mit den Namen der beiden Kandidaten beschrieben und verbrannt oder auch nur am Hause angebracht: »Wenn sie nicht will, soll er ein Siegel beschriften und heimlich an der Tür ihres Hauses anbringen, dann heiratet sie ihn sofort.« Komplizierter war das »Siegel der Venus«, ein mächtiger Liebeszauber, der bei günstiger Planetenkonstellation, wenn Venus in der Nähe des Mondes stand, in dünnes Kupfer oder Messing eingraviert wurde (siehe Seite 108f.). Wer ganz

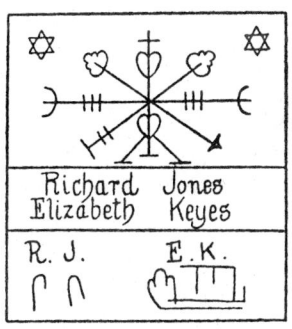

Liebeszauber aus dem
17. Jahrhundert

sichergehen wollte, mußte nach einem Autor des 16. Jahrhunderts das Siegel zu Pulver zerstoßen und der Auserwählten an einem Freitag zu trinken geben.

In leichten Fällen reichte es auch, wenn man den Liebeszauber morgens vor Sonnenaufgang auf den Körper schrieb, und zwar auf die linke Hand die folgenden Buchstaben: H.L.D.P.N. A.G.U. Wenn das geschehen war, versprach der Autor, »berühre die Frau, welche du willst, und sie wird dir folgen«. Sicherheitshalber hat er aber hinzugefügt: »Das kannst du bei einem Hund ausprobieren.«

PUPPENZAUBER

In vielen Kulturen verbreitet war der Puppenzauber, nicht nur in der Schadensmagie, sondern auch beim Liebeszauber. Wobei sich die Frage stellt, ob die auf diese Weise erzwungene Liebe nicht auch in den Bereich der Schadensmagie fällt. Diesen Puppenzauber, der meist dann angewendet wurde, wenn die einfacheren Methoden der Sympathiemagie versagten, gibt es in zahllosen Varianten.

Nach dem Abbild der oder des Geliebten wurden Wachspuppen angefertigt, die möglichst auch einige Bestandteile vom Körper des »Opfers« enthalten sollten: Haare, Fingernägel, Kleidungsstücke (von bestochenen Dienern zur Verfügung gestellt). Diese Wachspuppen wurden dann am Feuer zum Schmelzen gebracht, in der Hoffnung, daß dann auch der/die Geliebte schmelzen würde wie das sprichwörtliche Wachs in seinen/ihren Händen. Dazu wurde in einem überlieferten Fall die Zauberformel gesprochen:

> »So wie dies Wachs im Feuer weich wird,
> so schmelze das Herz von Myndian Delphis.«

Wer auch immer Myndian Delphis gewesen sein mag, wir wünschen ihm, daß der Zauber Glück gebracht hat.

Die Chancen dafür standen allerdings nicht allzu gut. Nicht nur, daß viele Liebeszauber schiefgingen. Das war oft sogar das kleinere Übel. Viel schlimmer war es, wenn sie funktionierten und zwei Menschen gegen den Willen des einen auf ewig miteinander verbunden waren.

So gab es als Gegenmittel verschiedene Methoden, sich vor ungewolltem Liebeszauber zu beschützen: Schutzamulette wa-

Mittel, die vor ungewolltem Liebeszauber schützen

ren gang und gäbe, und im Notfall half es auch, wenn man Dinge aus dem Besitz eines Menschen, mit dem man zwangsverbunden war, verbrannte. Besonders gefürchtet war der schwarzmagische Puppenzauber. Da wurde dann das Ebenbild aus Wachs oder Lehm magisch aufgeladen und anschließend symbolisch gequält oder sogar umgebracht. Dieses furchterregende Ritual wurde – und wird zum Teil noch heute – in vielen Kulturen der Welt mit tödlichem Ausgang durchgeführt. Dabei geht es sehr häufig um verschmähte Liebe.

Alter Apfelzauber

Aus dem 15. und 16. Jahrhundert stammen die Apfelzauber: Der Apfel wird seit uralten Zeiten mit Liebe und Verführung assoziiert, aber die Zauber, die uns in diesem Zusammenhang überliefert worden sind, wirken ziemlich einfältig:

>>Schreib auf einen Apfel Guel +
Bsatirell + Gliaell +, und gib

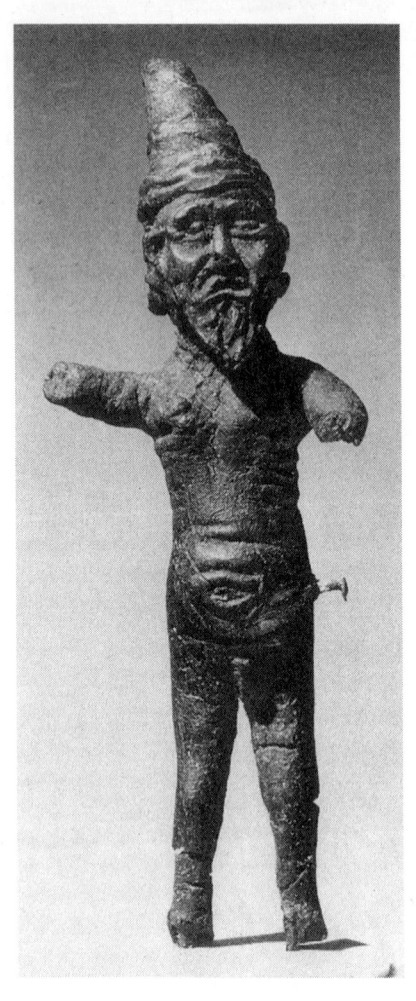

*Puppenzauber aus dem
16. Jahrhundert*

Nimm ein Stück Pergamentpapier, so groß wie deine Handfläche, und male zwei Bilder darauf, eines von dir und das andere der Frau, dann schreib mit dem Blut des kleinen Fingers der linken Hand deinen und ihren Namen darein. Zwischen die Bilde schreibe Sathan, Luzifer, Donskton. Wenn du es zusammenfaltest, müssen die Bilder genau aufeinander liegen. Mache dein Bild am einem Freitag in der Stunde, die von Venus regiert wird, und das andere am nächsten Freitag zur gleichen Stunde. Dann leg die Bilder jeden Tag dreimal unter jeden Fuß. Mittags zwischen 12 und 1 Uhr mußt du Beschwörung sagen, die mit Sathan, Luzifer und Donskton beginnt, den drei Prinzen, die Adam und Eva aus dem Paradies vertrieben haben. Ich fordere euch auf, zu ihr zu gehen und sie nicht essen und nicht trinken zu lassen, nicht zu sitzen und zu stehen und zu liegen, bevor sie nicht meinen Willen getan hat.

Dann mußt du 5 Goldstücke haben, die du ihr in dieser Zeit schickst, und sie wird dich lieben, so lange du lebst.

ihn ihr zu essen.
Sie wird in Liebe zu dir entbrennen.«

Oder:

>Schreibe auf einen Apfel Raguel,
Luzifer, Satanus und sprich:
›Ich beschwöre dich, Apfel, bei diesen
drei Namen, daß wer auch immer
diesen Apfel ißt, in Liebe zu mir
entbrennen möge!‹«

Wenn ich damals, während der Reinkarnationstherapie, gewußt hätte, was ich heute über die Liebeszauber weiß, hätte mich das Thema nicht fasziniert. Das, was zunächst so verlockend klingt, hat nichts mit Liebe zu tun, sondern mit Macht, Sex ohne Liebe und Besitzdenken. Vielleicht war das in den Zeiten, in denen eine Frau ohne Mann nichts wert war, ein Thema. Heute haben wir andere Mittel. Wir können frei wählen, lieben, Fehler machen. Auch wenn die Beziehungen zwischen den Geschlechtern alles andere als ideal sind: Urin, Sperma, Blut und Puppenzauber sind als Methoden überholt. Es leben die zeitlosen magischen

Nutzen Sie die zarten Energien der Pflanzen

Praktiken der Verführung: Blumen und Poesie, Berührung, betörende Düfte, Zärtlichkeit, ein Mahl bei Kerzenlicht – all die Mittel, die die zarten Energien der Pflanzen und Kräuter als Bundesgenossen nutzen, die die Natur uns zur Verfügung stellt.

4.
Magische
Festtagsbräuche

So unglaublich das klingen mag: Unsere hohen und höchsten kirchlichen Feiertage haben allesamt einen heidnischen Ursprung. Die Tage, an denen wir heute Weihnachten und Ostern, Mariae Lichtmeß und Allerheiligen feiern, wurden in unserem Kulturkreis schon lange vor Christi Geburt feierlich begangen. Meistens fanden diese Feste zur Ehre der Sonne statt, um den

Der heidnische Ursprung der Festtage

Beginn neuer Jahreszeiten zu feiern, oder als Dankopfer für die eingebrachte Ernte. Die Kirche hat dann versucht, diesen alten heidnischen Feiertagen einen christlichen Charakter zu geben, und bei den großen Festen wie Weihnachten und Ostern ist ihr das im großen und ganzen auch gelungen. Aber wenn man genau hinschaut, erinnern viele der Bräuche, die in manchen ländlichen Gegenden heute noch gepflegt werden, an ihren heidnischen Ursprung. Gefeiert wurde übrigens meistens in der Nacht vor dem großen Festtag.

2. Februar: Imbolc, Mariae Lichtmeß

Das Lichtfest war in heidnischer Zeit das erste der drei großen Frühlingsfeste. Im alten Rom zogen die Frauen am 1. Februar mit Fackeln und Lichtern durch die Straßen, um der Göttin Ceres auf der Suche nach ihrer geraubten Tochter Proserpina zu helfen, die von Pluto in den Hades entführt worden war, und um die Geister der Verstorbenen zu verjagen. Die Lichterprozessionen, verbunden mit Reinigungsritualen, dürften die Freude darüber ausgedrückt haben, daß die Tage endlich wieder länger wurden. Lichtmeß wurde schon früh von den Christen übernommen. Aus dem Fest des Lichts wurde kurzerhand das Fest von Marias Reinigung. In den 40 Tagen nach einer Entbindung waren die Frauen, altem jüdischem Glauben zufolge, nämlich unrein, am Ende dieser Periode mußten sie sich einer rituellen Reinigung unterziehen. Auch die Kerzen sind keine Erfindung der Christen. Schon die alten Römer hatten sie, merk-

Kerzen bringen Licht

würdigerweise nicht die Griechen. Kerzen bringen Licht in der Dunkelheit, nehmen der Nacht ihre Schrecken, sind aber auch das Symbol des Lebenslichts, des Körpers, der sich selbst verzehrt. Bei den römischen Saturnalien, dem Herbstfest zu Ehren des Gottes Saturn, wurden den Armen von den Höhergestellten Wachslichter geschenkt. Die Kirche hat deshalb zunächst die Kerzen als heidnisch verdammt, aber sie mußte nachgeben. Schließlich wurden offiziell in den Kirchen Wachslichter angezündet, so wie bei den frühen Christen Wachslichter vor den Grabstätten ihrer Märtyrer entzündet worden waren. Die Osterkerze, nach dem Gottesdienst in Stücke zerschlagen, wurde den Gläubigen als Schutz gegen Unwetter, Blitz und Hagelschlag mitgegeben. Im 9. Jahrhundert wurden eigens kleine Wachstafeln fürs Volk hergestellt.

An diesen Tagen feierten unsere Ahnen, daß nach den langen Winternächten Tag und Nacht wieder ins Gleichgewicht geraten waren. Noch nicht ganz Frühling, aber auch kein Winter mehr. Es war das zweite der drei Fruchtbarkeitsfeste des Frühlings, nach Lichtmeß und vor Beltane. Nun wurde das Saatgut gesegnet, Eier wurden gefärbt und als Symbol der Fruchtbarkeit auf die Altäre gelegt.

Als die Christen beschlossen, das Fest der Auferstehung Jesu zu dieser Zeit zu feiern, übernahmen sie viele der heidnischen Traditionen und verteilten sie auf die verschiedenen Ostertage. Allerdings wurde Ostern nicht genau bei Frühlingsanfang gefeiert, sondern seit dem zweiten Jahrhundert jeweils an dem Sonn-

Auf welchen Sonntag fällt Ostern?

tag, der dem ersten Frühlingsvollmond folgt. Das bedeutet: nie früher als am 22. März und nie später als am 25. April.

Die Ostertage begannen traditionell mit dem Gründonnerstag. Warum diesem Tag die Farbe Grün, die Farbe der Fruchtbarkeit, zugeordnet wurde, weiß übrigens bis heute niemand genau. Man weiß jedoch, daß die Eier, die die Hühner an diesem Tag legten, als besonders heilkräftig galten. Sie werden in Bayern manchmal noch heute zur Speisenweihe am Ostersonntag zur Messe getragen. Damit sie nicht mit den gewöhnlichen Eiern verwechselt wurden, drückte man sie sicherheitshalber oben und unten leicht ein, außerdem konnte dadurch die Weihe besser eindringen. Anschließend bekam dann, wenn die kostbaren Eier ausreichten, jedes Familienmitglied eines. War die

Ausbeute zu gering gewesen, wurden sie den Männern reserviert – merkwürdigerweise zum vorbeugenden Schutz gegen alle Probleme, die ihnen im Laufe des Jahres im Zusammenhang mit Tragen und Heben widerfahren könnten.

Nicht nur der Familie, sondern auch dem Besitz gewährte das Gründonnerstagsei einen besonderen Schutz. Darum vergrub der Bauer auch ein »Antlaßei« in sein größtes Weizenfeld und steckte rund herum vier kleine Kreuze aus Holz, das man in der Osternacht hatte ankohlen lassen. Und ein Ei wurde schließlich noch im Stall versteckt, damit er im kommenden Jahr vor Blitz, Wasser und Feuer geschützt war, und das Vieh vor Seuchen und anderen Schäden. Heilkräutern sprach man am Gründonnerstag ebenfalls eine besondere Wirkung zu, den Pflanzen, die am Gründonnerstag gesät wurden, und den »grünen« Speisen – Salat, grüne Soße, Kräutersuppen, die man an diesem Tag verzehrte –, in der Hoffnung, daß man dann das ganze Jahr gesund bleiben würde.

Die lebenerweckende Kraft des Gründonnerstags hielt auch am nächsten Tag noch an. Das Wasser, das am Karfreitag vor

Die Bachtherapie und ihre Folgen

Sonnenaufgang geschöpft wurde, galt als besonders heilkräftig. Allerdings nur dann, wenn es von jungen Mädchen gegen den Strom geschöpft wurde, dabei durften sie weder sprechen noch lachen. War dies erfüllt, half das heilige Wasser das ganze Jahr gegen Hautkrankheiten, Sommersprossen und andere Übel. Manchmal stellten sich Kranke in den Bach und ließen sich in der Hoffnung auf Genesung vom eiskalten Wasser umspülen, angeblich sollen dabei aber so viele ertrunken sein, daß dieser Osterbrauch schließlich verboten wurde.

Dienten die Gründonnerstagseier in erster Linie der Gesundheit, so waren die bunten Eier, die man sich am Ostersonntag überreichte, für einen anderen Zweck bestimmt. Rote Eier mit einer Zeichnung und einem sinnigen Spruch dienten den jungen Leuten, einander ihre Gefühle mitzuteilen: Annäherung, Verliebtheit, manchmal auch eine glatte Ablehnung. Dies sind einige Ostereiersprüche der klassischen Art:

> Hier geb ich dir ein Osterei,
> unsere Henn hat zweierlei,
> ein solches für den guten Freund,
> eins dem, der es nicht ehrlich meint.

> Rosen, Tulpen, Nelken,
> alle Blumen welken.
> Nur Dein Glück allein
> soll stets blühend sein.

> Freundschaft hab ich dir versprochen
> und noch nie mein Wort gebrochen.
> Zum Zeichen meiner Treu,
> schenk ich dir ein Osterei.

Mit Versen Gefühle ausdrücken

> Mein Herz, das brennt wie Glut.
> Möcht wissen, was das deine tut.

> Lieben und geliebt zu werden
> ist die größte Freud auf Erden.

Aber auch diese bittere Beschwerde ist uns per Eierschale erhalten geblieben:

Daß ich dich gerne hab,
das ist kein Zweifel,
daß du oft andre hast,
das ist der Teufel.

30. April / 1. Mai:
Beltane, Walpurgisnacht, Tag der Arbeit

Das ist einer der wenigen alten Feiertage, den heute nicht die Kirche für sich beansprucht, sondern der Staat. Vielleicht lag es daran, daß die traditionellen Feierlichkeiten an diesem Tag gar zu unmoralisch ausfielen. Man kann lange darüber nachdenken, warum dieser Tag der fröhlichen Feste, des Übermuts und der Freude über den Frühling ausgerechnet zum freudlosen »Tag der Arbeit« umfunktioniert worden ist. In heidnischer Zeit war Beltane das dritte und letzte der großen Frühlingsfeste, eine Nacht des Überschwangs, der freien Liebe zu Ehren der Fruchtbarkeitsgöttin (siehe auch Seite 163 ff.). Es begann der Monat, der nach der Göttin Maya, der jungfräulichen Frühlingsgöttin, benannt war. Da liebten sich die jungen Paare in frisch gepflügten Feldern, angeblich um das Wachstum des Getreides zu fördern. Bis ins 16. Jahrhundert galt der Mai als Honey-Moon, überall herrschte Freizügigkeit in sexuellen Dingen, die Moral war außer Kraft gesetzt, und Ehebande vorübergehend auch.

Die Maikönigin reitet in den Wald

Doch es gab auch einige wunderschöne Riten. Ritter und Damen ritten paarweise in den Wald, angeführt von der Maikönigin auf einem weißen Pferde und ihrem Begleiter auf einem schwarzen. Sie personifizierten Frey und Freya, den Herrn und die Herrin, und ihre Vereinigung war ein Akt der Fruchtbarkeitsmagie, und der Maibaum, um den die jungen Leute tanzten, war ein Symbol des Phallus, der in die fruchtbare Erde getrieben wurde.

Die Nacht vom 30. April auf den 1. Mai war aber auch die Nacht der Hexen. Denen traute man alles zu: Daß sie Menschen bannen und wehrlos machen konnten, einem den Hexenschuß anzauberten, den Tau wegstreiften und damit Wiesen verdarben, Wetter machten, dem Vieh Krankheiten anzauberten, neugeborene Kinder austauschten. Man glaubte, daß sie sich unsichtbar machen oder in Tiere verwandeln konnten, Kühen die Milch wegzaubern, Ungeziefer aller Art in Felder und Häuser holten, sich in einem Haus oder Strauch versteckten, oder gar unter der Rinde des Maibaums, um den die jungen Leute in dieser Nacht tanzten. In manchen Gegenden wurden die gefällten Maibäume nur deshalb geschält oder zumindest ringsum spiralförmig eingekerbt, damit sich darunter keine Hexe verstecken konnte.

Nur in der Walpurgisnacht war man vor ihnen sicher. Da bestrichen sie sich nämlich mit ihrer Zaubersalbe und ritten auf ihrem Besen zum Blocksberg. Dort tanzten sie dann so, daß man am Tag darauf ausgebrannte große Ringe auf dem Boden sehen konnte, und kochten ihre Lieblingsspeisen: Pferdefleisch, Aas, Schnecken, gesottene Kinderherzen. Als Zaubersalat dazu die hochgiftigen Blätter der Herbstzeitlose. Durch dieses Mahl erhielten sie ihre Zauberkräfte. Das Volk wurde nicht müde, sich die Einzelheiten des Hexendaseins so phantasievoll (und furchterregend) wie möglich auszumalen.

Im christlichen Bayern setzten früher am ersten Mai die jungen Männer ihren Mädchen einen Maibaum vor die Tür, einen schönen jungen Stamm, der mit Verzierungen geschmückt war, die manchmal ein wenig gewagt schienen, und deshalb als

Schutz gegen »Wetter, Hexerei und Zauberei« deklariert werden mußten. Am ersten Sonntag im Mai fand dann um den großen Maibaum, der auf dem Dorfplatz aufgestellt worden war,

Der Maibaum – Schutz oder Antrag?

der traditionelle Tanz statt. Jedes Mädchen stiftete als Schmuck ein seidenes Band, und es wurden Feste gefeiert, von denen es in den alten Chroniken mißbilligend heißt, daß sie in moralischer Hinsicht nicht immer einwandfrei verlaufen sein sollen, ganz wie die alten heidnischen Fruchtbarkeitsfeste zu Beltane. Natürlich gab es, zumal im katholischen Bayern, auch fromme »Kirchenmaien«, aber die waren längst nicht so beliebt. Kein Wunder, daß sich die Kirche angesichts solcher Riten schwer tat, diesem Festtag eine würdige und fromme Bedeutung zu geben. Der Versuch, an diesem Tag die heilige Walpurga zu ehren, die im 8. Jahrhundert gelebt und die Menschen vor Hexen und deren Zaubermacht beschützt haben soll, ist nur halbherzig aufgenommen worden. Ob das wohl der Grund ist, daß die Kirche diesen Feiertag schließlich dem Staat überlassen hat?

23. Juni:
Sommersonnenwende, Mittsommernacht, Johanni

In der Nacht vor dem längsten Tag des Jahres halten die frommen Christen in manchen italienischen Dörfern noch heute Wache, während sich die Hexen und Dämonen unterm Walnußbaum versammeln und dort unglaubliche Orgien feiern. Die Bauern tragen Knoblauchpflanzen bei sich, sie halten die Knolle fest und schütteln das Laub ihren Freunden ins Gesicht, in (symbolischer) Erinnerung an den hölzernen Phallus, der früher mitgeführt wurde. Aus jungem Gemüse wird ein Festmahl

Die Orgien der Sommersonnenwende

bereitet, das die Potenz und die Lust anregen soll, kinderlose Frauen verzehren große Mengen Schnecken in der Hoffnung, daß sie das fruchtbar macht. Allerdings gibt es ein gewisses Risiko: Kinder, die in der Mittsommernacht gezeugt werden, neigen nämlich zum bösen Blick.

Schon die Tage vor dem höchsten Sonnenstand waren in alter Zeit von der Zauberkraft der holden und auch unholden Geister erfüllt, die mit Kultfeuern, Hühneropfern und Tänzen bei Laune gehalten werden mußten. Heitere Stimmung, Freude am Wachsen und Gedeihen der Früchte, aber auch Zauber und Magie waren allgegenwärtig in diesen Nächten. Wer in der Johannisnacht durch das Feuer sprang, das zu Ehren des Sonnengottes entzündet worden war, bannte Unheil und Krankheit, und den jungen Paaren wurde Fruchtbarkeit zuteil.

In den Märchen öffneten sich in dieser Nacht die Berge, Elfen und Zwerge tanzten und verrieten, wo ihre Schätze verborgen waren. Die Menschen konnten die geheimnisvolle Wünschelrute finden, die Sprache der Tiere verstehen, und den Liebenden wurde in jedem Fall geholfen. Verwunschene Jungfrauen konnten endlich Erlösung finden, und in den Seen hörte man geheimnisvolles Glockengeläut. Am Dorfrand oder auf den Höhen der Berge wurden die Johannisfeuer errichtet. Durch diese Sonnwendfeuer sollte die Kraft der im Zenith stehenden Sonne

Der Geburtstag von Johannes dem Täufer

Mensch, Tier und auch der Ernte zuteil werden. Gut zu verstehen, daß die Kirche ihren Schäflein ein solch beliebtes Fest nicht verbieten konnte. Damit jedoch dieses heidnische Fest eine christliche Bedeutung erlangte, legte die Kirche kurzerhand den Geburtstag von Johannes dem Täufer auf den Tag vor der Sommersonnenwende. So stand der traditionellen großen Feier in dieser Nacht offiziell nichts mehr im Wege.

Die Mädchen sammelten an diesem Tag Margeriten, Johanniskraut und Klee und wanden daraus ein Kränzlein, das, unters Kopfkissen gelegt, als Heilmittel gegen allerlei Krankheiten galt. Anstelle des alten Bannzaubers war es nun einfach der heilige Johannes, der den Schutz gewährte. Zudem war es am Vorabend des Johannistags üblich, in die Angeln der Fensterläden einen Strauß aus Klee, Margeriten und Johanniskraut zu stecken – wie es hieß, zu Ehren des heiligen Johannes, aber in Wirklichkeit eher, um sich vor dem Blitzschlag und dessen bösen Folgen zu schützen.

Die Johannisnacht blieb weiterhin die Nacht, in der man die Zukunft erkennen, in die verborgenen Tiefen der Erde schauen, wundertätige Kräfte wecken und sich die Menschen mit besonderen Kräutern gefügig machen konnte. In der Johannisnacht »blühten die Schätze«. Wenn man mit einer Farnblüte um Mitternacht auf einen Berg stieg, so hieß es, dann sähe man dort möglicherweise eine Goldader. Eine besondere Eigenart besaß der Farnsamen: Legte man ihn zum Geld, konnte man von dem Geld wegnehmen so viel und so lange man wollte, es wurde nicht weniger. Natürlich ging das nur mit einem ganz besonderen Farnsamen.

In dieser Nacht konnten die Mädchen nicht nur ihren Zukünftigen im Traum erkennen, in manchen Gegenden gingen sie nackt ins Flachsfeld und wälzten sich darin, damit sie schöner würden. Auch krankes Vieh konnte man in der Nacht heilen und

Nackt im Flachsfeld

Hexen vertreiben. Und die Eberraute wurde wie eh und je unterm Mieder getragen oder als Johannisgürtel aus ihren Wurzeln geflochten und um das Bein gebunden, denn jeder wußte, daß das der Trägerin Kraft und Fruchtbarkeit verlieh. Und wenn ein Kranker sie ins Sonnwendfeuer warf, so nahm sie die Krankheit mit sich und löschte sie mit ihrem eigenen Leben in der Glut des Feuers.

15. August: Lammas, Sabbat, Beginn der Erntezeit, Mariae Himmelfahrt

Der August ist die Zeit, in der die Natur sich auf dem Höhepunkt ihrer Fruchtbarkeit befindet. In heidnischer Zeit wurde um den ersten August zur Ehren der Muttergöttin »Lammas«, das erste der drei großen Erntefeste, gefeiert. Der 15. August ist der Tag der Kräuterweihe, denn an diesem Tag soll ein besonderer Segen auf der Natur liegen, speziell auf Wurzeln und Kräutern.

Die geweihten Büschel wurden im Haus und auf dem Dachboden gegen Feuer und Blitz aufgehängt. Meist bildete die Königskerze die Mitte des Straußes, um sie herum band man (und bindet in manchen Gegenden noch heute) all die anderen heil-

Geweihte Kräuterbuschen

kräftigen Kräuter – siebenerlei oder neunerlei müssen es sein. Dazu gehören Johanniskraut, Tausendgüldenkraut, Kamille, Schafgarbe und Wermut. Außerdem je nach Gegend Baldrian, Arnika und Rosmarin. Von diesem (geweihten) Kräuterbuschen gab man dem kranken Vieh eine Handvoll ins Futter, ebenso zum Schutz beim Almauftrieb. War ein Gewitter im Anzug, so wurde rasch ein Stück ins Feuer geworfen, um Haus und Hof vor Blitz und Hagel zu bewahren. Auch in den winterlichen Rauhnächten, wie zum Beispiel am Abend des Dreikönig, hat der Büschel geholfen.

31. Oktober / 1. November:
Samhain, Halloween, Allerheiligen

Die Nacht vor dem 1. November war eines der großen Feuerfeste der keltischen Druiden. Die Druiden entzündeten auf ihren auf Hügeln gelegenen Altären große Feuer. Alle anderen Feuer wurden gelöscht; die Bevölkerung mußte sich gegen ein Opfer neues Feuer bei den Druiden holen. In sehr alten Zeiten war das meist ein Hahn oder eine Henne, später kamen Früchte hinzu. In anderen heidnischen Kulturen wurde Halloween als Sonnenfest begangen, Samhain genannt, oder auch als Fest zur Rückkehr der Totengeister. Bei den Hexen fand in dieser Nacht der letzte der vier großen Sabbate des Jahres statt, das dritte und letzte Erntefest vor der kargen Zeit des Winters, oder auch das

In dieser Nacht können Sie die Zukunft erkennen

Neujahrsfest der Hexen. Sie schmückten ihre Altäre mit Kürbissen, in die Gesichter geschnitten wurden, und stellten Kerzen hinein. In dieser Nacht konnten sie die Zukunft erkennen und mit den Geistern der Toten sprechen. In den meisten Kulturen wurden – ehe der 1. November bei uns zum düsteren Tag der Trauer wurde – sinnliche, lebensfrohe Feste gefeiert.

Ein bißchen Angst war freilich inbegriffen: Unsere Vorfahren glaubten, daß sich in dieser Nacht Hexen und Zauberer unter die Geister der Verstorbenen mischten. Die jungen Leute veranstalteten seltsame Rituale, um ihre zukünftigen Ehepartner zu erkennen. Die jungen Mädchen zogen kichernd zum Kohlfeld ihrer Nachbarn, um anhand eines Kohlkopfes Rückschlüsse auf den künftigen Mann zu ziehen (siehe Seite 316f.). Die jungen Männer des Dorfes mußten sie bei diesem gefährlichen Unterfangen selbstverständlich beschützen, und so wurde in dieser Nacht bis in den Morgen hinein gelacht und geflirtet. Keiner mußte Angst haben, von den Alten erwischt zu werden. Die hatten sich aus Angst vor Geistern in ihren Häusern verbarrikadiert!

Halloween wird in angelsächsischen Ländern immer noch groß gefeiert, aber in erster Linie ist es heute ein Fest der Kinder. Die Häuser und Gärten werden mit ausgehöhlten Kürbisköpfen geschmückt, die Fratzen zeigen und von innen mit einer Kerze beleuchtet sind. Die Kinder ziehen als Hexen, Gespenster und andere dunkle Gestalten der Nacht verkleidet los und erbetteln sich in der Nachbarschaft Süßigkeiten, indem sie die finstere

Drohung ausstoßen: »Trick or treat«, was frei übersetzt etwa bedeutet »Schenk mir etwas Schönes, sonst zaubere ich dir etwas an!«

Um den 20. Dezember:
Wintersonnenwende, Jul, Weihnachten

»Wir feiern den 25. Dezember nicht wegen der Geburt der Sonne, wie die Ungläubigen, sondern wegen der Geburt dessen, der die Sonne erschaffen hat«, sagte der strenge Kirchenvater Augustinus, der im 4. Jahrhundert nach Christus geboren wurde. Das zeigt, wie sehr der Kirche daran gelegen war, den neuen Glauben mit den altgewohnten Festen der Menschen zu verknüpfen. Der große Wendetermin im kosmischen Jahr, wenn die Sonne ihren tiefsten Stand überwunden hat und das Licht wieder zunimmt, war für viele vorchristliche Kulturen ein hoher

Schon in vorchristlichen Kulturen ein hoher Festtag

Festtag. Die Römer feierten die Saturnalien, die Germanen die Mittwinterfeier, die Ägypter die Horen, die Geburt des Horus. Erst im 4. Jahrhundert wurde der 25. Dezember zum Geburtstag Christi ernannt. Das Fest des Friedens, des Lichts und der Liebe war ursprünglich eine Zeit, in der Frieden gehalten und Barmherzigkeit geübt werden sollte. Vom 21. Dezember an ruhten drei Wochen lang alle Feindseligkeiten, Forderungen wurden vertagt, niemand sollte seinem Nächsten durch Wort oder Tat Schaden zufügen, Arme und Bedürftige wurden beschenkt, Jagdfrevel blieb an diesen Tagen ungesühnt.

Bis ins vierte Jahrhundert hatten die Christen zu diesem Termin nicht die Geburt des Erlösers, sondern den heiligen Thomas geehrt (am 21. Dezember). Der »blutige Thomas«, der an diesem Tag gefeiert wurde, war aber eine wahre Schreckensgestalt, der, einen Hammer schwingend, mit blutunterlaufenen Augen ins Haus stürmte und allen Kindern drohte, ihnen das Hirn einzuschlagen. In der Thomasnacht ging man in alle Häuser zum »Räuchern«, mit der Glut in der Pfanne, in die man Kräuter

Der heilige Thomas als Schreckensgestalt

geworfen hat, um böse Dämonen zu vertreiben. Weil das alles gar zu heidnisch war, hat die Kirche den Thomastag auf den 3. Juli verlegt, den Tag, an dem die Gebeine des Heiligen nach Edessa überführt worden sind, und zum Zeitpunkt der Wintersonnenwende die Geburt Christi im Stall von Bethlehem gefeiert.

Ein bißchen ist von dem vorweihnachtlichen Dämonenterror bis heute erhalten geblieben – wenn auch nicht mehr am Thomastag, sondern am Nikolaustag. Der heilige Nikolaus selbst ist zwar fast immer gutherzig und mild, wenn er die Kinder besucht, aber sein Begleiter, der Knecht Ruprecht, Krampus oder Hans Muff, trägt noch viele dämonische Züge. Die Rute, die er mit sich führt, sollte ursprünglich nicht der Bestrafung oder Einschüchterung kleiner Kinder dienen, sondern an die belebende, fruchtbarkeitsspendende Lebensrute erinnern.

Über den »echten« Nikolaus, der in der Adventszeit eine so große Rolle spielt, weiß man übrigens wenig. Wahrscheinlich hat die Legende hier zwei Bischöfe miteinander verknüpft, den Bischof von Myra und den von Pinara in Lykien. Viele Gruppen haben sich den heiligen Nikolaus zum Schutzheiligen gewählt: die Chorknaben, Kinder und Jungfrauen. Die Reisenden, die

Fuhrleute, die Wallfahrer, die Schiffer, die Kaufleute und die Fischer. Dann die Advokaten und Notare, Schreiber, Apotheker, Müller, Bäcker, Weber, Metzger, Steinbrucharbeiter und die

Die Legenden des Nikolaus

Parfümfabrikanten. Der heilige Nikolaus schützte, so hieß es, vor Dieben und half zur Not, wenn man ihn rechtzeitig genug anrief, daß das verlorene Gut wieder auftauchte. Außerdem war er zuständig für die Befreiung unschuldiger Gefangener. So manche Zuständigkeit leitet sich von seinen angeblichen Taten ab: Zum Patron der Kinder wurde er, weil er drei ermordete Buben wieder zum Leben erweckt haben soll, und zum Gabenbringer ist er geworden, weil er drei verarmten Mädchen goldene Kugeln geschenkt haben soll.

Nach den dunklen, dämonischen Tagen kam Weihnachten als Fest des Lichts. Um zu ermessen, was das früher bedeutete, muß man sich in der Zeit zurückversetzen. In den stockfinsteren, stürmischen Dezembernächten vergangener Jahrhunderte war Licht etwas ganz Besonderes. Da gab es keinen Strom in

Die Bedeutung des Lichts in früherer Zeit

den Häusern, höchstens eine rußende Kienfackel oder eine Kerze, die kostbar und teuer war. Kein Wunder, daß unsere Vorfahren glaubten, daß Licht die unheilvollen Dämonen vertreiben könnte. Licht war damals identisch mit Leben. Man sprach ihm eine reinigende Kraft zu (daher stammt auch der Brauch der Tauf- und Sterbekerze). Wenn die Bäuerin am Weihnachtstag den Teig für Brot oder Kuchen gemacht hatte, mußte sie in den Obstgarten gehen und die Bäume mit teigigen Händen

*Der Weihnachtsbaum im
19. Jahrhundert*

umfassen. Man glaubte, nach einer solchen Liebkosung würden die Obstbäume im kommenden Jahr besonders reichlich tragen. In Böhmen schüttete man sogar die Reste des Weihnachtsmahls an die Wurzeln der Obstbäume.

Auch die immergrünen Pflanzen, mit denen in dieser Zeit die Häuser geschmückt wurden, hatten eine tiefe heidnische Bedeutung. Man erhoffte sich von den grünen Zweigen in Haus und Stall, daß sich ihre Lebenskraft auf Mensch und Tier übertragen würde. Lange vor unserem Christbaum gab es den Julbaum oder den Wotansbaum. Wer nicht ein grünes Reis zur Weihnachtszeit im Haus hat, so glaubte man im Mittelalter, der überlebt das Jahr nicht. Die Bischöfe wetterten dagegen und sagten, tanzen, springen zur Neujahrszeit und an Weihnachten Gaben zu schicken und einen Tannenreisig in die Stuben zu stellen wäre Teufelswerk. Es wurde sogar verboten, Tannenbäu-

Der Zweigzauber als Vorläufer des Christbaums

me zu fällen, denn der Brauch erinnerte die Kirchenväter gar zu sehr an den altdeutschen Zweigzauber, der das Wachstum des kommenden Jahres fördern sollte und zum Abwehren böser Geister verwendet wurde. Genützt hat das Verbot freilich nichts, und so wurde das heidnische Immergrün schließlich zum christlichen Weihnachtsbaum, der irgendwann mit buntem Glimmerzeug behängt die Stuben schmückte. Die Kirchen hofften, daß die alten Geistervorstellungen im Bewußtsein des Volkes verblassen würden und der Weihnachtsbaum allmählich zum Christbaum würde. Der Christbaum mit Kerzen, wie wir ihn heute kennen, breitete sich aber erst im 19. Jahrhundert in ganz Deutschland aus. Den Weihnachtstagen folgten schließlich die Rauhnächte, die die Kirche zu den zwölf heiligen Nächten umzufunktionieren versuchte.

Das ist eine Erinnerung an die Zeiten, in der die Nächte noch von wilden Gestalten bevölkert waren. Um die Dämonen, Hexen und Teufel abzuwehren, wurden Haus, Hof und Stall ausgeräuchert: Bei anbrechender Dunkelheit ging und geht in manchen bayerischen Gemeinden noch heute der Besitzer (früher war es meistens der Priester) durch Hof, Stall und Haus, segnete Mensch, Vieh und Vorräte mit Weihwasser und beräucherte alles mit Weihrauch. Auch das Beschreiben des Balkens oder der Haustür am Dreikönigstag mit den Namen der drei Weisen aus dem Morgenland, Caspar, Melchior und Balthasar (C + M + B), diente dazu, bösen Geistern den Zutritt zum Haus zu verwehren.

5.
Omen und Weissagungen: Der Blick in die Zukunft

Was wird die Zukunft bringen? Wird mir der Erfolg treu bleiben? Der Mann meines Herzens mir begegnen? Oder wird mich das Unglück verfolgen und in einen schwarzen Mantel der Einsamkeit und der Verzweiflung wickeln? Der Wunsch zu erfahren, was morgen geschehen wird, ist so alt wie die Menschheit. Und seit altersher haben die Menschen nach Möglichkeiten gesucht, den Schleier der Zukunft ein wenig zu lüften. Denn für unsere Vorfahren in uralten Zeiten gab es keinen Zweifel: Die Götter, die genau wußten, was die Zukunft bringen würde, waren manchmal durchaus bereit, ein wenig von ihrem Wissen preiszugeben. Sie schickten prophetische Träume. Sie malten zukünftige Ereignisse mit Wolken an den Himmel. Sie ließen, wenn man sie aufrichtig darum bat, die Vögel in einer Anordnung fliegen, aus der man Rückschlüsse über die Zukunft ziehen konnte. Allerdings redeten sie selten im Klartext. Die Gottheiten liebten es, ihr Wissen über die Zukunft in Rätsel, Symbole und geheimnisvolle Andeutungen zu verpacken.

Die Deutung der göttlichen Zeichen war eine Kunst, die wenigen Auserwählten vorbehalten blieb. Priester und Schamanen, Se-

Die Deutung der göttlichen Zeichen war eine Kunst

her und Magier (lange Zeit war das ein und dasselbe) erhoben für sich den Anspruch, als einzige aus den Zeichen der Götter die Zukunft deuten zu können. Manchmal konnten sie auch visionäre Botschaften empfangen und besaßen damit ein Machtmittel, das sie nicht selten in die Lage versetzte, die Politik ganzer Weltreiche zu beeinflussen. Jahrtausendelang wurde dieses Geheimwissen innerhalb der Priesterkaste mündlich

*Antikes Orakel: Die Zukunft
wird durch die Eingeweide
eines Schweins gedeutet.*

überliefert. Die Pythien und Sibyllen der klassischen Orakelstätten durften zwar sagen, was sie sahen, das Deuten mußten sie jedoch den Priestern überlassen.

Freilich sickerte einiges durch. Jedermann im alten Rom wußte zum Beispiel, daß die Götter ihre Zukunftsschau gern durch Tiere überbrachten. Wenn man erfahren wollte, wie ein bestimmtes Ereignis ausgehen würde, brauchte man morgens nur in den Pferdestall zu gehen, die entsprechende Frage zu stellen – »Soll ich Oktavius heiraten?« – und dann das Tier herausführen zu lassen. Hob es dabei zuerst den rechten Huf, so war das ein glückliches Omen. Oktavius hatte Chancen. Hob es dagegen den linken, so sah die Sache finster aus. Ob unser Sprichwort, dem zufolge jemand »mit dem linken Fuß aufgestanden ist«, in diesem alten Omen begründet liegt?

Wer keine Pferde besaß, brauchte trotzdem nicht auf den Rat der Götter zu verzichten. Hühner taten es auch. Die zuverlässig-

Zuverlässige Aussagen durch Vögel

sten Aussagen stammten aus der Beobachtung von Vögeln, vor allem von fleischfressenden Vögeln (Raben und Krähen), und deren Verhalten konnten nur die Eingeweihten deuten. Für den Hausgebrauch hatte es sich als ausreichend erwiesen, eine Frage zu stellen und dann die Futtergewohnheiten von Hühnern zu beobachten. Wenn sie mit Appetit fraßen und die Körner bisweilen aus ihrem Schnabel zu Boden fielen, war das ein überaus günstiges Zeichen. Hatten sie dagegen keinen Hunger, so bestand berechtigter Grund zur Sorge, daß die Sache schlecht ausgehen würde.

Für hochgestellte Persönlichkeiten tat es natürlich kein gewöhnliches Federvieh, da mußten es schon »heilige Hühner« sein. (Vielleicht waren die weniger bestechlich und fraßen selbst

dann nicht, wenn sie – in der Hoffnung auf ein günstiges Omen –
einige Tage lang nicht gefüttert worden waren.) Ovid berichtet
uns von dem römischen Admiral Publius Claudius, der Omen
dieser Art für Unsinn hielt, aber vor einer wichtigen Schlacht im
ersten Punischen Krieg trotzdem die heiligen Hühner befragte,
die er – seinen abergläubischen Soldaten zuliebe – an Bord

Heilige Fische und Schlangen

seines Schiffes mitführte. Als die Hühner sich weigerten, die
Körner aufzupicken, ließ er sie voller Zorn samt Käfig ins Meer
werfen – angeblich mit den Worten: »Wenn sie schon nicht
fressen, dann sollen sie wenigstens saufen!« Selbstverständlich
wurde er – das ist die Moral von Ovids Geschichte – in dieser
Schlacht besiegt. Wer Hühner für zu profan hielt, konnte bei
wichtigen Anlässen das Verhalten der heiligen Fische im Apol-
lontempel in Sura beobachten und deuten oder in Epirus die
zahmen Schlangen, die von Priesterinnen gehalten und gefüttert
wurden, und aus deren Verhalten man zum Beispiel vorhersa-
gen konnte, ob es eine gute oder eine schlechte Ernte geben
würde.
Die Omen waren allerdings nicht unfehlbar. Manchmal war es
offensichtlich, daß sich die Götter geirrt hatten oder aus uner-
forschlichen Gründen nicht mit der Wahrheit herausrücken
wollten. Aber im großen und ganzen fanden unsere Vorfahren
die mit Hilfe der Omen gewonnenen Auskünfte zufriedenstel-
lend. Prinzipiell wurde keine Methode als besser oder erfolgreicher eingestuft. Jede galt als ein Geschenk der Götter, das den
Menschen ermöglichen sollte, ihre Botschaften zu verstehen.
Wenn die eine oder andere Voraussage nicht stimmte, so
mußten die Götter ihre Gründe dafür haben. Einen entscheiden-
den Nachteil hatten alle Methoden: Es ließen sich nur Fragen

stellen, die mit »ja«, »nein«, und (gerade noch) »vielleicht« beantwortet werden konnten. Gewinne ich die Schlacht? Werde ich diesen Mann heiraten? Soll ich dieses Geschäft riskieren? Weil das den Menschen der alten Welt, den Etruskern, Babyloniern, Griechen, Römern, Chaldäern, Kelten, Chinesen, Ägyptern und Germanen auf die Dauer zu wenig war, entwickelten sie im Laufe der Jahrtausende noch aussagekräftigere Methoden, um die Pläne der Götter zu enthüllen.

Im Mittleren Osten, wo der Himmel über weite Strecken des Jahres wolkenfrei war, entstand dreitausend Jahre vor Christi Geburt die Urform der Astrologie, die die Griechen später verfeinerten und an die Römer weitergaben. In China entwickelten Weissager aus dem Werfen von Schafgarbenstengeln ein System, das schließlich zu den komplexen Kommentaren des I Ging, dem »Buch der Wandlungen«, führte, das bereits zwölfhundert Jahre vor Christus angewendet wurde. Noch älter ist wohl die Kunst des Handlesens, die ebenfalls aus China stammt und dort schon 3000 Jahre vor Christi Geburt praktiziert worden sein soll.

Astrologie, I Ging, Kristallomantie, Numerologie und Kartenlegen

Uralt ist auch die zu Unrecht belächelte Kristallomantie, die in allen Kulturen der Welt verwendet wurde mit gleichbleibender Technik, aber unterschiedlichen Materialien: klares Wasser, Kristalle, polierte schwarze Steine, ein Spiegel oder die Klinge eines Schwertes. Die Numerologie, die vermutlich die Ägypter entdeckten und die in der altjüdischen Kabbala eine wichtige Rolle spielte, faszinierte Griechen und Römer. Traumdeutung, Orakel, Haruspizie, die Kunst der Eingeweideschau, und die nicht ganz so alte Kunst des Kartenlegens: Zur Hochblüte der ägyptischen, griechischen, römischen, chinesischen und indischen Kulturen waren diese Techniken bereits höchst differenziert. Sie funktionierten zwar unterschiedlich, aber nach demselben Prinzip. Durch die Interpretation bestimmter Symbole ließen sich nun auch offene Fragen beantworten. Vielfach war die Kunst der Deutung so weit entwickelt, daß für bestimmte Ereignisse die genauen Daten angegeben werden konnten.

Wie erfolgreich diese Prognosen waren, hing natürlich nicht nur von der Methode ab, sondern auch von der Beobachtungsgabe des Sehers, beziehungsweise von seiner Fähigkeit, die innere Bedeutung der Symbole zu erkennen. Daß uns mehr »Treffer« überliefert worden sind als falsche Prognosen, hängt vermutlich damit zusammen, daß der menschliche Geist immer dazu neigt, sich der Voraussagen, die tatsächlich eingetreten sind, mit Staunen zu erinnern und solche, die nicht eingetreten sind, einfach zu vergessen.

Im Mittelalter wurde die Fähigkeit, die Zeichen der Zukunft zu deuten, immer mehr eine Domäne der Frauen. Zigeunerinnen und weise Frauen, Hexen und Weissagerinnen blickten nun in

Die Deutung der Zukunft – eine Domäne der Frauen

Handlinien, Teeblätter, Spiegel, Kristallkugeln und Spielkarten, um in der Dimension jenseits von Raum und Zeit zu erfahren, ob es den geliebten Menschen in der Ferne gut ging, ob jemand, der ernsthaft krank war, wieder gesund werden würde, und ob die verzweifelte Hoffnung auf Liebe irgendwann einmal Aussicht auf Erfüllung haben würde. Dieses Wissen gaben sie dann an ihre Töchter weiter und die wiederum an ihre Töchter. Die jungen Frauen lernten die Kunst der Weissagung nicht durch Bücher, sondern allein durch Beobachtung.

Wahrsager mit ihren Requisiten

Es gibt kaum schriftliche Aufzeichnungen über die schlichten, oft sehr präzisen und hochintuitiven Methoden. Das wenige, was wir darüber aus erster Hand wissen, stammt aus Märchen und Sagen, oder aus den Tagebüchern erstaunter Kunden von hohem Rang. Aber die Faszination für diese Dinge ist bis heute geblieben. Es gibt an die hundert Techniken der Zukunftsschau, und keine davon ist neu. Manche, wie die Astrologie, die Chiromantie (die Kunst des Handlesens), die Numerologie, das Tarot und das I Ging, sind hochkompliziert und deshalb denjenigen vorbehalten, die sich lange und intensiv damit beschäftigt haben (und deshalb oft, aber nicht immer zu Recht, hohe Honorare verlangen).

Einige erfordern das, was wir immer noch »das zweite Gesicht« nennen: die angeborene Fähigkeit, im goldenen Buch des

---

Das goldene Buch des Schicksals

Schicksals zu lesen. Die meisten dagegen sind wenig mehr als ein Handwerk, das demjenigen, der damit umzugehen vermag, dazu verhilft, den Schleier über der Zukunft ein wenig zu lüften, möglicherweise sogar in die Entwicklung einzugreifen und die Zukunft zu verändern. Dazu gehören die Methoden, die Sie auf den folgenden Seiten kennenlernen werden. Sie alle sind seit Jahrhunderten, manche seit Jahrtausenden bewährt. Das bedeutet natürlich nicht, daß sie unfehlbar sind. Jeder, der versucht, das Wissen der Götter anzuzapfen, und sei es auch nur im Spiel, muß damit rechnen, daß er hinters Licht geführt wird. In vielen Fällen hilft die Beschäftigung mit diesen Dingen, mehr Klarheit über uns selbst zu gewinnen, über unsere Ziele, Träume, Hoffnungen und natürlich auch über unsere Schwächen. Bleibt der Versuch einer Antwort auf die ewige Frage: Wie funktionieren diese Methoden? Es gibt zahlreiche Theorien, den Mechanismus zu erklären, der hinter allen Formen der Divination steckt, wissenschaftliche, esoterische, philosophische. Da ist die Rede vom Unbewußten, das angezapft wird, von feinstofflichen Energien, vom Gesetz des Karmas, das besagt, daß wir einst ernten werden, was wir früher gesät haben, und von der Akashachronik, dem großen Weltcomputer, in dem alle Ereignisse aus Vergangenheit, Gegenwart und Zukunft erfaßt sind. Das alles ändert nichts daran, daß der Blick in die Zukunft, auf welche Art auch immer, etwas zutiefst Mysteriöses, Magisches hat. Die Tatsache, daß wir trotz unserer hochentwickelten Technologien nicht wissen, was der nächste Morgen bringen wird, mag bisweilen beunruhigend sein. Zugleich bildet sie die Grundlage dafür, daß wir die Hoffnung auf Glück niemals aufzugeben brauchen.

Das englische Kreisorakel

Schon die englische Königin Viktoria soll auf diese Weise das Orakel befragt haben, aber vermutlich ist die Technik älter. Sie beruht auf der Voraussetzung, daß nichts im Leben zufällig geschieht. Für alles sind die Fäden bereits gezogen worden.

Schärfen Sie Ihre Intuition

Wer Ihnen heute abend begegnen wird, die Weichen sind schon gestellt. Es liegt an Ihnen, ob Sie ihn treffen oder verpassen. Jeder von uns kann lernen, seine Intuition zu schärfen.
Sie brauchen dazu den Orakelkreis und einen Ring. Am besten, Sie malen sich nach dem Modell einen größeren Kreis auf Pappe

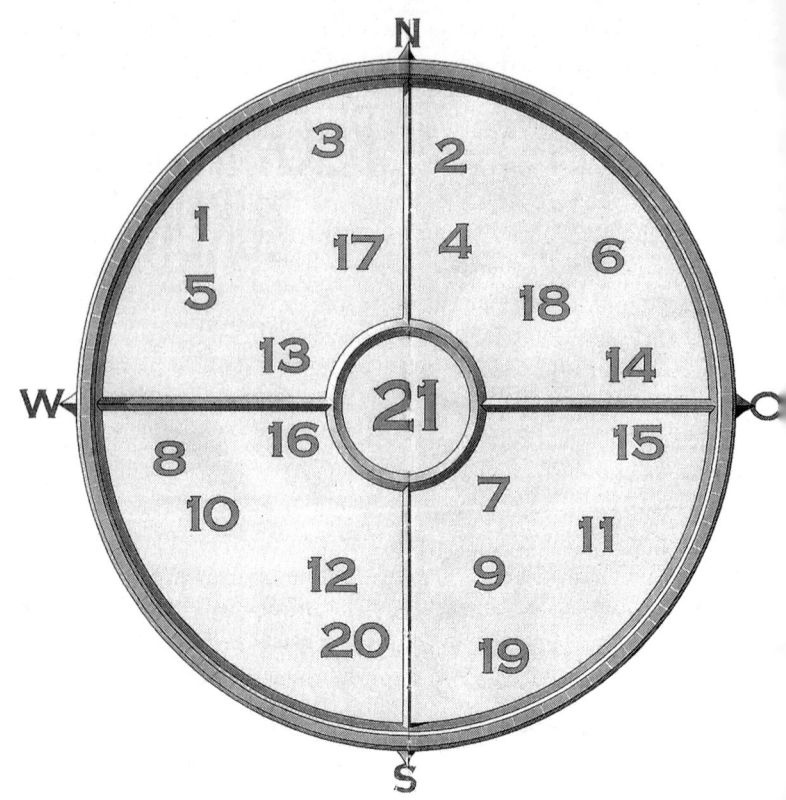

Orakelkreis

oder vergrößern ihn mit dem Fotokopierer. Halten Sie den Ring etwa 20 cm über den Kreis. Rechtshänder benutzen dafür die rechte, Linkshänder die linke Hand. Stellen Sie mit großer Konzentration eine Frage, die Sie bewegt und mit ja oder nein beantwortet werden kann. Zum Beispiel: »Mein Freund sagt, daß er dieses Jahr gemeinsam mit mir Urlaub machen will. Kann ich damit rechnen, daß er es ernst meint?« Oder: »Soll ich den Mann, den ich gestern kennengelernt habe, heute anrufen?«

Dann lassen Sie den Ring fallen. Trifft er auf eine Zahl, so können Sie die Antwort auf der folgenden Seite ablesen. Liegt er zwischen zwei Zahlen, so nehmen sie die Zahl, der er am nächsten liegt. Liegt er außerhalb des Kreises, so probieren Sie es noch einmal.

Die Antworten zum Kreisorakel

1. Sie sind kein Mensch, der gleich die Flinte ins Korn wirft. Deshalb sollten Sie auch nicht so schnell aufgeben. Wenn Sie Geduld haben, wird die Sache so ausgehen, wie Sie sich das vorstellen. Haben Sie Vertrauen!

2. Ja, aber Sie dürfen nicht ungeduldig sein. Es kann gut sein,

Gehen Sie Kompromisse ein

daß es noch eine Weile dauern wird, bis sich die Dinge so entwickeln, wie Sie sich das vorstellen. Da steht Ihnen nämlich noch jemand im Wege. Gehen Sie nicht auf Konfrontationskurs, sondern behalten Sie einen klaren Kopf und vertrauen Sie auf Ihre Diplomatie.

3. Sie haben gute Aussichten, daß Sie in den nächsten Tagen über sich selbst hinauswachsen werden. Alle Vorteile sind auf Ihrer Seite, und wenn Sie nicht übermütig oder leichtsinnig werden, wendet sich alles zum Guten.

4. Die Antwort ist noch offen. Sie schätzen die Situation möglicherweise nicht realistisch ein. Es ist Zeit für einen Schlußstrich. Erst wenn sie aufhören, sich selbst (und anderen) etwas vorzumachen und bereit sind, Kompromisse einzugehen, besteht die Möglichkeit, eine akzeptable Lösung zu finden.

5. Aber sicher. Lassen Sie sich nicht länger von anderen beeinflussen, sondern fangen Sie an, selber Entscheidungen zu treffen und dazu zu stehen. Zeigen Sie, daß man sich auf Sie verlassen kann und vertrauen Sie auch den anderen.

6. Hören Sie auf, sich selbst Sand in die Augen zu streuen. Akzeptieren Sie, daß Sie von falschen Voraussetzungen ausgehen, und nehmen Sie zur Abwechslung einmal an, was gute Freunde Ihnen zu sagen haben.

7. Haben Sie Geduld, die Sache ist noch nicht ausgestanden. Im Augenblick bleibt Ihnen nichts anderes übrig als sich mit anderen Dingen zu befassen und geduldig abzuwarten, wann sich eine Änderung abzeichnet. Fragen Sie in einigen Wochen das Orakel noch einmal.

8. Obacht, es ist längst nicht alles Gold, was glänzt. Andere

Es ist längst nicht alles Gold, was glänzt

versuchen möglicherweise, Ihnen etwas vorzumachen, und das, was man Ihnen vorschlägt, mag überaus verlockend klingen. Doch die Realität sieht anders aus, und das werden Sie in einigen Wochen auch selber erkennen.

9. Im Prinzip ja. Aber jetzt ist die Zeit gekommen, daß Sie die Hilfe eines guten Freundes in Anspruch nehmen müssen, der unvoreingenommen an Ihr Problem herangeht und Ihnen deshalb die Brücke bauen kann, zu der Sie zur Zeit selbst nicht in der Lage sind.

10. Nur zu, es kann wirklich nichts schiefgehen. Sie haben gar keinen Grund, unsicher zu sein. Sie können sich voll und ganz auf Ihre Intuition verlassen. Sie wissen schon, was zu tun ist.

11. Immer langsam. Dafür ist es noch viel zu früh. Gehen Sie ganz locker an die Sache heran. In einigen Wochen wird sich die Antwort von selbst ergeben.

12. Auch wenn es im Moment gar nicht so aussieht: Es ist gut möglich, daß sich alles viel schneller und positiver entwickelt, als Sie es im Augenblick für möglich halten. Aber Sie sollten unbedingt am Ball bleiben.

13. Sie haben zur Zeit keine gute Phase. Nichts klappt so richtig. Deshalb wirken Sie unsicher und versuchen Ihr Glück an den verschiedensten Fronten. Ihre Freunde wissen nicht mehr, ob sie sich auf Sie verlassen können. Lernen Sie, wieder Schwerpunkte zu setzen, und signalisieren Sie, daß man Ihnen vertrauen kann.

14. Es könnte gutgehen, aber Sie müssen sich zu einer Ent-

Nutzen Sie Ihren Einfallsreichtum

scheidung durchringen. Zögern ist zu diesem Zeitpunkt das Unklügste, was Sie machen können. Überraschen Sie die anderen mit Ihrem Einfallsreichtum. Sie werden sehen, es wird Ihnen nützen.

15. Ja, Sie können sich auf Ihr Glück verlassen. Alles wendet sich zum Guten. Aber überstürzen Sie nichts, sondern lassen Sie die Dinge gelassen auf sich zukommen.

16. Ihr Wunsch geht in Erfüllung, aber nicht unbedingt so, wie Sie sich das vorstellen. Seien Sie flexibel, und bleiben Sie offen für alle anstehenden Veränderungen.

17. Sie verlangen eine Entscheidung, wissen Sie eigentlich

selbst genau, was Sie wollen? Geben Sie den anderen Zeit, sich über ihre Gefühle klar zu werden, selbst wenn sie dafür mehr Zeit brauchen als Ihnen eigentlich lieb ist.

18. Es wird möglicherweise Schwierigkeiten geben, und Ihnen steht eine Enttäuschung bevor. Das heißt nicht, daß damit das letzte Wort gesprochen ist. Sie können damit rechnen, daß sich, wenn die Sache ausgestanden ist, Ihr Freundeskreis vergrößert, und Sie haben eine wirklich gute Zeit vor sich.

19. Ihr Mißtrauen ist zur Zeit völlig unbegründet und kann Ihnen nur schaden. Legen Sie diese miesepetrige Haltung rasch ab, und gehen Sie freundlich, herzlich und offen auf andere zu. Sie wissen doch: Wie man in den Wald ruft ...

Genießen Sie Ihr Glück

20. Im Augenblick fällt Ihnen wirklich alles in den Schoß. Sie haben das Glück gepachtet. Keine Angst, diese gute Phase wird auch noch eine ganze Weile anhalten. Genießen Sie Ihr Glück.

21. Sie haben ins Schwarze getroffen. Nicht nur diese Angelegenheit wird so ausgehen, wie Sie sich das wünschen, sondern auch andere Entscheidungen fallen jetzt zu Ihren Gunsten aus. Jeder mag Sie gern, und Sie stehen überall im Mittelpunkt. Genießen Sie diese Zeit, ohne überheblich zu werden.

Er liebt mich, er liebt mich nicht …
Liebesorakel aus alter Zeit.

Das Spiel mit den abgezupften Blättern des Gänseblümchens kennt jedes Kind. Fragen Sie doch einmal Ihre Freundinnen, wann sie, ganz ehrlich, zum letzten Mal zu diesem Zweck ein Gänseblümchen gepflückt haben … (Oder eine Margerite oder Ringelblume, dieses uralte Liebesorakel existiert in vielen Varianten). Vor hundert Jahren hatte das so heiter scheinende Spiel noch einen überaus ernsten Hintergrund. Schließlich gab es für alle jungen Mädchen, sofern sie nicht gerade ins Kloster gingen, keine wichtigere Frage als die: Finde ich einen Mann? Wie wird er aussehen? Wie viele Kinder bekomme ich?

In den Zeiten, in denen junge Frauen keinen Beruf ergreifen durften, blieb ihnen meist keine andere Wahl. Ihr Lebensglück, ihre gesamte Zukunft hing davon ab, ob sie eine »gute Partie«

Eine »gute Partie« bedeutete Lebensglück

machen würden, und es gab kaum etwas Schlimmeres als die Angst, als alte Jungfer zu sterben. Also benutzten sie nur jeden erdenklichen Gegenstand (und Anlaß), um dem Schicksal in die Karten zu schauen. Viele der alten Methoden mögen uns heute reichlich naiv und einfallslos erscheinen, zum Beispiel die Sitte, am Neujahrstag »zufällig« am Fenster zu stehen, bis ein junger Mann vorbeikommt. Tat er das (wenn man nur lange genug stehen blieb, standen die Chancen recht gut), dann konnte man damit rechnen, innerhalb eines Jahres verheiratet zu sein (nicht unbedingt mit diesem Passanten, sondern generell).

Andere Liebesorakel sind hoffnungslos altmodisch, fast rührend in ihrer Schlichtheit. Sie passen zwar nicht mehr in unsere Zeit, aber es macht Spaß, darüber zu lesen und zu lächeln. Und dann gibt es natürlich noch einige, die man, allein oder in fröhlicher Runde, vielleicht gern einmal ausprobieren möchte. Denn selbst im Leben einer modernen, selbstbewußten Frau gibt es immer wieder Phasen, in denen sie wissen möchte, wie es mit der Liebe weitergeht – und sei es auch nur in der Form eines Gesellschaftsspiels.

Natürlich kann man die meisten Dinge auch durch ein Gespräch, eine schlichte Frage oder Nachdenken herausfinden.

Ein Fingerzeig in schwierigen Situationen

Aber es gibt Situationen, da ist man für jeden Fingerzeig dankbar, und in solchen Fällen sind die uralten spielerischen Rituale nicht nur ein Hinweis darauf, wie zeitlos unsere Sehnsucht nach Liebe ist, sondern manchmal sogar eine echte Entscheidungshilfe. Wenn Sie also wissen möchten, ob er Sie liebt oder nicht, oder ob Sie sich im nächsten Jahr verlieben werden und wie der Zukünftige aussehen wird, ob er Ihnen treu ist oder ob er in dieser Hinsicht ein hoffnungsloser Fall ist, dann gibt es folgende Möglichkeiten.

WENN SIE WISSEN WOLLEN,
WEN SIE HEIRATEN

Neumondorakel

In der ersten Nacht nach Neumond, in der die schmale Mondsichel wieder am Himmel erscheint, öffnen Sie weit das Fenster
Ihres Schlafzimmers, setzen sich auf die Fensterbank und
schauen unverwandt den Mond an. Dazu sprechen Sie mit
sanfter Stimme:

> Gegrüßt seist du, Selene, in dieser Nacht,
> zeig mir den Mann, der mich glücklich macht.

Dabei müssen Sie natürlich ganz ernst bleiben. Es heißt, daß Sie
in dieser Nacht von Ihrem zukünftigen Partner träumen werden.
Von vielen Orakeln wurde gesagt, daß sie besonders zuverlässig
wirkten, wenn man sie an einem bestimmten Tag durchführte.
Oft waren das die Nächte vor hohen kirchlichen Feiertagen. Die
Kirche mißbilligte zwar solche heidnischen Bräuche, aber sie
konnte es sich nicht leisten, der Bevölkerung den Spaß daran zu
verderben, und so wurden kurzerhand die alten und die neuen
Heiligen kombiniert.

Ein frommes Orakel, das die christlichen Missionare ihren heid-

Ein Orakel von christlichen Missionaren

nischen Schäflein beibrachten, um ihnen die Bibel schmackhaft
zu machen, war dies: Wer unter das Kopfkissen eine Bibel legt,
mit einer Geldmünze im Buch Ruth, der wird in der kommenden
Nacht vom Zukünftigen träumen. Um zu erfahren, an welcher
Stelle des Alten Testaments sich das Buch Ruth befand, benö-
tigte man in den Zeiten, als nur die Gebildeten lesen konnten,

313

selbstverständlich einen Priester, und so waren die Machtver-
hältnisse geklärt.

Besonders beliebt waren für Liebesorakel der Abend vor dem
Thomastag (28. Januar), dem Agnestag (1. Januar), dem
Andreastag (29. November), Johanni (23. Juni) und Allerheiligen (1. November). Die heilige Agnes gilt als besondere Beschützerin der jungen Mädchen, und wenn man den vielen
Orakeln vertrauen kann, die am Vorabend des St.-Agnes-Tags
abgehalten wurden, dann muß sie überaus hilfsbereit gewesen
sein.

Sankt-Agnes-Orakel

Am Abend des 20. Januar nahmen heiratslustige junge Mädchen
zwei Nadeln und wickelten um jede ein Haar von sich. Dann
legten sie die Nadeln unter ihr Kopfkissen und murmelten:

> »Liebe Sankt Agnes, zeig mir heut Nacht
> den Mann, den Mann, der mich zum Weibe macht.«

In dieser Nacht, so glaubten sie fest, würde ihnen dann ihr
Zukünftiger im Traum erscheinen.

Sankt-Andreas-Orakel

Der heilige Andreas war im Volksglauben der Künder der Zukunft. Wenn junge Mädchen wissen wollten, ob ihnen das nächste Jahr einen Ehemann bescheren würde, holten sie sich am

Eine logische Erklärung der modernen Psychologie

Andreastag (29. November) von einer verheirateten Frau eine
Tasse Wasser, fügten Erde vom Fuß einer Eiche hinzu und ein
paar Birnenkerne. Um Mitternacht tranken sie dieses Gebräu in

der festen Überzeugung, daß ihnen daraufhin im Traum der Zukünftige erscheinen würde, und oft genug tat er das auch.

Wie ist das möglich? Die moderne Psychologie hat dafür natürlich eine logische Erklärung. Wenn man sich mit großer Ernsthaftigkeit auf ein Ritual vorbereitet, so wird die Sensibilität gesteigert. Die jungen Mädchen waren sozusagen auf den Empfang von Traumbotschaften vorprogrammiert, und so bestanden gute Aussichten, tatsächlich eine zu erhalten und sich daran zu erinnern.

Das klingt vernünftig. Woran kann es dann nur liegen, daß für mich und vielleicht auch für Sie die Vorstellung viel reizvoller ist, daß höhere Mächte ihre Hände in diesem rührenden kleinen Spiel gehabt haben?

Sankt-Andreas-Hering

Ein wenig merkwürdig mutet uns heute die alte Sitte an, am Vorabend des Andreastages vorm Einschlafen einen salzigen Hering zu essen und dazu nichts zu trinken. Die jungen Mädchen früher schworen darauf, weil sie hofften, im Traum würde ihnen – vom heiligen Andreas geschickt – ihr Zukünftiger erscheinen – mit einem Glas Wasser gegen den großen Durst!

Der Landbevölkerung vorbehalten war folgender Brauch, der ein wenig an die Hühnerorakel im alten Rom erinnert. Am Morgen des Andreastags klopften die jungen Mädchen hoffnungsvoll an die Tür des Hühnerstalles. Krähte zuerst der Hahn, fanden sie bald einen Mann. Krähte dagegen die Henne, sah es mit den Heiratschancen im nächsten Jahr finster aus.

St.-Thomas-Nacht

Die Thomasnacht (28. Januar – nach Thomas v. Aquin) galt als die sogenannte Losnacht und war überaus wichtig für Mädchen, die wissen wollten, ob sie im nächsten Jahr einen Mann bekämen. Um das zu erfahren, mußten sie vom Holzstapel des

Hauses einen Armvoll nehmen und paarweise abzählen. Blieb ein Scheit übrig, so war es vorläufig nichts mit der Hochzeit! Blieb kein Scheit zurück, so konnte man durch Pantoffelwerfen

Kaminholz, Pantoffel und Zwetschgenbaum

Näheres erfahren. Dann warfen die Mädchen nämlich einen Schuh rückwärts über die Schulter und konnten aus der Richtung der Schuhspitze erkennen, woher der Zukünftige im nächsten Jahr kommen würde. Oder sie gingen um Mitternacht, nur mit einem Hemd bekleidet, zu einem Zwetschgenbaum, schüttelten ihn und erbaten vom heiligen Thomas einen Fingerzeig. Aus der Richtung, aus der das erste Hundebellen erklang, käme dann auch der Zukünftige.

Allerheiligen oder Halloween
Das ist die Nacht, in der sich die Geister der Verstorbenen unter Hexen und Zauberer mischen, und in denen die keltischen Druiden ihre großen Feuerfeste begingen. Die jungen Leute veranstalteten in dieser Nacht seltsame Rituale. Junge Mädchen, die ihren künftigen Ehemann erkennen wollten, überfielen den Gemüsegarten des Nachbarn und pflückten einen Kohlkopf. Wenn

Informieren Sie sich bei Tageslicht

sie später feststellten, daß sie ein besonders kräftiges, gutgewachsenes Exemplar erwischt hatten, mit frischen Blättern und starken Wurzeln, bedeutete das, daß sie einen schönen, starken Mann bekämen und ebenso schöne Kinder. Die Armen, die einen kümmerlichen Kohl erwischt hatten, bekämen bestenfalls einen Schwächling und blieben möglicherweise sogar unfruchtbar. (Es ist stark zu vermuten, daß die Mädchen, die dieses Risiko nicht eingehen wollten, sich die Kohlköpfe in Nachbars Garten vorher bei Tageslicht genau angesehen haben und sich merkten, in welcher Reihe die besonders prächtigen Exemplare zu finden waren.) Die Mädchen konnten natürlich nachts nicht allein in den dunklen Garten gehen, und so zogen sie, beschützt von jungen Männern, los und feierten und flirteten die ganze Nacht, während die Alten zu Hause blieben, ihre Fenster und Türen zum Schutz vor bösen Geistern mit Knoblauch bestrichen und Büschel von Johanniskraut überm Eingang aufhängten.

Wenn Ihnen alle diese Rituale ein wenig altmodisch oder auch schwer durchführbar erscheinen (wer hat heute schon noch einen Nachbarn, der Kohl im Garten pflanzt?) aber Sie trotzdem gern wissen würden, ob Sie im nächsten Jahr einen Partner finden, probieren Sie es doch einmal mit folgender Methode.

Vollmondorakel

Gehen Sie in einer Vollmondnacht mit einigen Freundinnen auf eine Wiese. Lassen Sie sich im Kreis nieder und zünden Sie auf einem silbernen Teller (Mondsymbol) einige Lorbeerblätter an. Wenn sie brennen, wirft jede von Ihnen eine Ringelblume in die Flammen. Danach brauchen Sie nur noch heimzugehen und darauf zu warten, daß Ihnen Ihr künftiger Liebster im Traum erscheint.

Liebesprobe mit Basilikum

Sie sind nicht sicher, ob es mit seiner Treue wirklich so weit her ist? Pflücken Sie von einem Basilikum zwei frische Blätter. Benennen Sie ein Blatt nach ihm und eines nach sich selbst und legen Sie beide ins Feuer. Wenn sie nicht verbrennen oder nur sehr langsam, dann ist die Liebe stark. Wenn sie dagegen krachend oder zischend verbrennen, kann es gut sein, daß er es mit der Treue nicht so genau nimmt.

Marienkäferorakel

Fangen Sie einen Marienkäfer, setzen Sie ihn auf Ihre Hand und fragen Sie ihn, aus welcher Richtung Ihr Liebster kommen wird. Dann warten Sie, bis er davonfliegt. Aus der Richtung, in die er fliegt, wird der Zukünftige kommen.

Apfelorakel

Der Apfel als Symbol der Liebe kommt in unzähligen Mythologien vor, auch in Liebesorakeln. Schneiden Sie einen Apfel in der Mitte durch und zählen Sie die Kerne. Ist es eine gerade

Einen Apfel haben Sie immer bei der Hand

Zahl, so steht eine Heirat ins Haus. Ist die Zahl ungerade, so werden Sie wohl oder übel noch eine Weile warten müssen. Hauptsache, Sie haben nicht versehentlich einen Kern in der Mitte durchgeschnitten. Dann wird es nämlich Stolpersteine auf dem Weg zum Glück geben.

Wenn Sie mehr als einen Freund haben und sich nicht entscheiden können: Der Apfel wird es schon richten. Nehmen Sie für jeden Mann einen Apfelkern und drücken Sie ihn sich an die Stirn. Merken Sie sich genau, welcher Kern welchen Bewerber vertritt, und warten Sie ab, wessen Kern am längsten haften bleibt. Derjenige liebt Sie nämlich wirklich.

Schälen Sie einen Apfel sorgfältig ohne abzusetzen und ohne daß die Schale bricht. Dann werfen Sie die Schale mit der rechten Hand über die linke Schulter. Aus der Form der Apfelschale können Sie erkennen, mit welchen Buchstaben der Name Ihres Zukünftigen anfängt.

Wer wird als erste heiraten?

Das ist ein hübsches Gesellschaftsspiel, das Sie zu Halloween, in der magischen Nacht zum 1. November, veranstalten können. Stellen Sie auf einen runden Tisch vier gleiche Tassen. In eine geben Sie einen Ring, in die andere eine Münze, in die dritte ein Zweiglein Heide, Myrte oder Orangenblüte, die vierte bleibt leer. Verbinden Sie sich gegenseitig die Augen und laufen Sie ein paarmal um den Tisch herum. Dann nehmen Sie sich jeweils eine Tasse. Wer die Tasse mit dem Blütenzweig erwischt, wird als erste heiraten. Wer die Tasse mit der Münze ergreift, wird nie Geldsorgen haben. Wer den Ring in seiner Tasse findet, kann sich auf eine wunderbare Liebesbeziehung freuen. Und die, deren Tasse leer ist, bleibt vorläufig ein Single.

Kartenorakel

Nehmen Sie ein Kartenspiel und teilen Sie die Karten unverdeckt aus. Diejenige, die den Herzkönig bekommt, wird als erste heiraten. Im Zweifelsfalle können Sie die Gegenprobe machen. Für Männer ist die richtige Karte natürlich die Herzdame!

Kirschkernorakel

Ein beliebtes Ritual zur Kirschenzeit. Zählen Sie die Kirschkerne, die auf Ihrem Teller liegen. Beim ersten Kern sagen Sie »dieses Jahr«, beim zweiten »nächstes Jahr«, beim dritten »ir-

Ritual zur Kirschenzeit

gendwann mal« und beim vierten »nie«. Dann fangen Sie wieder von vorne an, bis keine Kerne mehr auf dem Teller liegen. Wenn Sie das Endergebnis nicht akzeptieren wollen, können Sie vielleicht ein wenig nachhelfen, indem Sie noch eine weitere Kirsche essen …

Was erwartet mich im Kaffeesatz?

Oft belächelt, aber immer noch ein beliebtes Spiel, wenn sich Frauen zusammenfinden. Sie brauchen dazu starken italienischen Espresso oder türkischen Mokka, außerdem kleine Tassen mit Untertassen. Bringen Sie in einem Topf das Kaffeepulver mit kaltem Wasser und Zucker zum Kochen, lassen Sie es eine Weile kochen und gießen dann den Mokka in die Tassen. In die Tasse braucht nur ein kräftiger Schluck hineinzupassen. Stellen Sie die Täßchen auf einem Tablett in die Mitte des Tisches, bitten Sie Ihre Gäste, sich eine Frage auszudenken, und lassen Sie dem Kaffee ein paar Minuten Zeit, sich zu setzen. Dann bieten Sie jedem Gast eine Tasse an. Während Sie gemeinsam den Kaffee trinken, ermuntern Sie Ihre Gäste, sich noch einmal mit der Frage zu beschäftigen, auf die sie gern eine Antwort

Türkischer Mokka und persönliche Schwingungen

hätten. Dadurch wird jede Tasse mit den Schwingungen des Menschen verbunden, der aus ihr trinkt. Erklären Sie, daß ein kleiner Rest der Flüssigkeit in den Tassen bleiben soll, gerade genug, um den Boden zu bedecken. Dann bitten Sie Ihre Gäste, die Kaffeetasse mit der linken Hand leicht zu schwenken, und zwar dreimal entgegengesetzt dem Uhrzeigersinn, mit der Untertasse zu bedecken und umzustülpen. Nach einer Weile drehen Sie die Tasse wieder in die ursprüngliche Stellung zurück und beginnen mit der Deutung.

Am Anfang mag Ihnen das unmöglich erscheinen, aber mit ein wenig Phantasie und Übung kann man im Kaffeesatz verschiedene Formen, Muster und Zeichen erkennen: Tiere, Symbole, Gesichter, Berge, Wolken, Bäume, Blumen, Autos. Lassen Sie sich von diesen Bildern eine Geschichte erzählen, vertrauen Sie Ihrer Intuition. Wenn Sie nicht weiterwissen, fragen Sie Ihr Gegenüber, welche Bedeutung dieses Symbol haben könnte. Sie wird Ihnen bereitwillig antworten!

Bei der Deutung können Ihnen die Hinweise aus den Erfahrun-

Seit Jahrhunderten bewährte Technik

gen der weisen Frauen weiterhelfen, die diese Technik seit Jahrhunderten anwandten:

- ❖ Punkte bedeuten gesundheitliche Probleme.
- ❖ Sterne können Schock sein oder freudige Überraschung, Ruhm oder etwas Wundervolles, das einem bevorsteht.
- ❖ Kreuze bedeuten Hindernisse.
- ❖ Gitter sind Hinweise auf etwas Unerfreuliches.
- ❖ Dreiecke bedeuten Talent, Glück und Situationen, in denen ungewöhnliche Fähigkeiten gefragt sind.

Glücksbringende Symbole sind:

Ahorn, Amulett, Anker, Engel, Arche, Blumenkorb, Bienen, Vögel, Stiefel, Strauß, Brücke, Bulle, Kreis, Mais, Kuh, Herz, Krone, Osterglocke, Taube, Ente, Adler, Elefant, Feige, Hirsch, Blume, Girlande, Hufeisen, Eiche, Palme, Rose, Schiff, Schwan.

Unglück bringen:

Bogen, Fledermaus, schwarze Fahne, Sarg, Kreuz, Dolch, Trommel, Fahne, Pistole, Affe, Maus, Eule, Ratte, Skelett, Schädel, Schlange, Viereck, Schwert, Wrack.

Die meisten erfahrenen Pendler benutzen einen besonderen Kristall, den sie nur zum Pendeln verwenden und immer bei sich tragen. Doch können Sie fast alles als Pendel verwenden: Steinchen, Muscheln, Knöpfe etc. Hauptsache, es hat ein Loch, durch das man eine Schnur ziehen kann. Wählen Sie eine Schnur aus Seide oder Baumwolle (sie sollte nicht aus synthetischen Fasern bestehen) und in einer Farbe, die für Sie eine Bedeutung hat. Machen Sie die Schnur etwa so lang wie Ihren Unterarm.

Dann sollten Sie das Pendel mit einem kleinen Ritual einweihen und zu Ihrem ganz persönlichen Gegenstand machen. Waschen Sie es in einem Bach oder zumindest in Quellwasser, und benetzen Sie es mit einem ätherischen Öl, das die Hellsichtigkeit

Ihr Pendel geben Sie nicht aus der Hand

fördert (Patschuli, Zimt, Sandelholz). Dann halten Sie das Pendel zwischen Daumen und Zeigefinger der rechten Hand, stützen den Ellenbogen auf eine harte Unterlage (zum Beispiel einen Tisch) und lassen das Pendel so hängen, daß es Ihren Arm nicht berührt und auch nicht auf dem Tisch aufstößt. Entspannen Sie sich, und nehmen Sie mit Ihrem Pendel Kontakt auf. Wenn Sie »Bitte halte still« denken, muß es ruhig werden. Wenn das Pendel sich nicht mehr bewegt, stellen Sie ihm eine Frage, die sich mit ja oder nein beantworten läßt und deren Antwort Sie bereits wissen, zum Beispiel: »Bin ich eine Frau?« Oder: »Gab es heute Semmeln zum Frühstück?« Das Pendel wird sich in einer Richtung bewegen, entweder kreisförmig oder hin und zurück. Vergleichen Sie die Bewegung mit der Antwort auf Ihre Frage, und Sie wissen, was ja und was nein bedeutet. Möglicher-

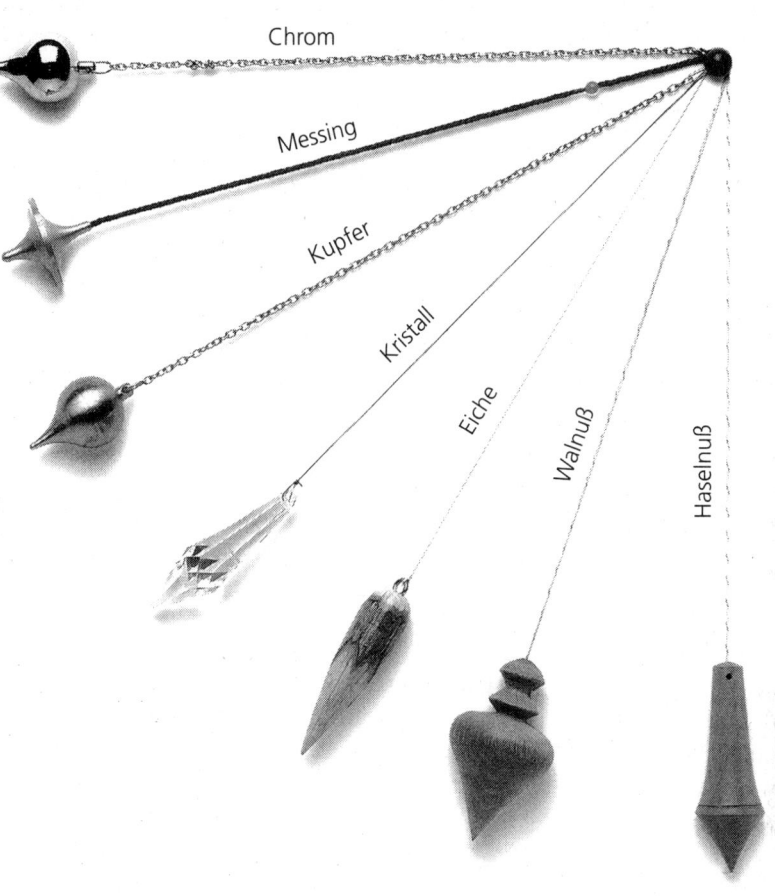

Chrom

Messing

Kupfer

Kristall

Eiche

Walnuß

Haselnuß

Verschiedene Pendel

weise bedeutet die kreisförmige Bewegung ja, die lineare nein, es kann aber auch umgekehrt sein.

Wenn das feststeht, können Sie beginnen, einfache Fragen zu stellen. In den meisten Fällen wird das Pendel (oder Ihr Unbewußtes) die Antwort wissen. Wenn das Pendel zögert, ist die Antwort nicht leicht, oder die Frage ist nicht gut gestellt. Vielleicht sind Unwägbarkeiten im Spiel, und Sie müssen es zu einem späteren Zeitpunkt noch einmal versuchen.

Lassen Sie Ihr Pendel niemals von einem anderen ausprobieren. Wenn Ihre Freundin eine Frage hat, so bitten Sie sie, diese auszusprechen, stellen für sie die (für jeden Menschen verschiedene) Richtung für ja und nein fest und befragen Sie das Pendel. Es reagiert nur auf Sie.

HANDLESEN FÜR ANFÄNGER

Die Kunst, aus den Linien der Hand Aussagen über den Charakter eines Menschen zu bekommen und auch zu erfahren, wie seine Zukunft aussehen wird, ist Jahrtausende alt. Zum ersten Mal ist in den indischen Veden die Rede davon. Die indischen Weisen haben schon vor Jahrtausenden gewußt, daß die Handlinien eines jeden Menschen einzigartig sind, und daß derjenige, der die Kunst der Deutung versteht, darin so genau lesen kann

Eine Wissenschaft, die fast in Vergessenheit geriet

wie im goldenen Buch des Schicksals. Aber erst bei den Griechen und Römern wurde diese Technik fast so etwas wie eine Wissenschaft, die nach und nach das ganze Römische Reich eroberte. Mit dem Sieg des Christentums sah es aus, als geriete die alte Kunst in Vergessenheit. Wie alles, was die Kirche nicht verstand oder ihre Macht gefährden konnte, wurde auch das Handlesen als Werk des Teufels verbannt und war Randgruppen vorbehalten, die sich nicht um die Kirche scherten, in erster Linie den Zigeunern.

Erst im 19. Jahrhundert kam das Handlesen wieder in Mode, als Cheiro, ein Ire, der die Technik in Indien gelernt haben will, der High-Society von London und New York ihr Schicksal mit einer Präzision voraussagte, die seine illustre Kundschaft das Fürchten lehrte und dem begnadeten Cheiro eine ungeheure Popularität einbrachte. Und so kamen sie alle, die Großen ihrer Zeit: Mark Twain, Mata Hari, Oscar Wilde, König Edward VIII.

Natürlich ist Handlesen, richtig betrieben, eine komplexe, überaus komplizierte Kunst. Es gehört viel mehr dazu als ein rascher Blick in die Innenfläche der Hand. Die meisten Handleser haben

Chiromantie erfordert viel Erfahrung

die Chiromantie lange studiert und legen Wert darauf, daß es sich bei ihren Kenntnissen um eine Wissenschaft, nicht um übernatürliche Fähigkeiten handelt. Alles, sagen sie, liegt in den Linien der Hand. Man muß sie nur lesen können, und dazu braucht es viele Jahre und das Studium unzähliger Hände. Trotzdem gibt es einige Dinge, die Sie auch als Laie aus der Hand ersehen können.

Betrachten Sie zunächst gründlich beide Handinnenflächen Ihres Gegenübers. Es heißt, daß in der linken Hand die Anlagen verzeichnet sind, mit denen wir auf die Welt kommen. In der rechten kann man ablesen, was wir daraus gemacht haben und wie unsere Zukunft aussehen wird.

Aus der Form der Hand können Sie Rückschlüsse auf das Temperament Ihres Besitzers ziehen. Die Handleser unterscheiden grob vier Formen.

❖ Die intellektuelle Hand: rechteckige Handfläche und Finger, die etwa gleich lang sind. Menschen mit solchen Händen sind meist erfahren in weltlichen Dingen und auch gute Liebhaber.

Die Handform

❖ Die praktische Hand: kurze, breite Handfläche und im Verhältnis dazu lange Finger. Menschen mit solchen Händen reden gern und haben die Fähigkeit, sich in jeder Situation zurechtzufinden.

❖ Die intuitive Hand: lange, schmale Handfläche mit kürzeren Fingern. Menschen mit solchen Händen sind meist extrovertierte Lebenskünstler.

❖ Die empfindsame Hand: lange, schmale Handfläche mit langen, schmalen Fingern. Menschen mit solchen Händen haben oft eine künstlerische Begabung.

Nach der Form der Hände werden die Linien der Handflächen studiert.

❖ Die Lebenslinie verläuft von der Handwurzel über den Handballen bis zu einer Stelle oberhalb des Daumens und gibt Auskünfte über die körperliche Konstitution. Wenn die Linie stark und ununterbrochen ist, hat ihr Besitzer eine starke, gute Konstitution. Unterbrechungen können auf eine Krankheit hindeuten, Abzweigungen auf Veränderungen im Privatleben und auch im Beruf.

❖ Die Kopflinie verläuft quer durch die Mitte der Handfläche. Handleser erhalten aus ihrer Form und ihrem Verlauf Informationen über Intelligenz und Lebenstüchtigkeit ihres Besitzers und auch über seinen Charakter. Wenn die Kopflinie oberhalb der Lebenslinie beginnt, ist der Mensch selbstbewußt und unabhängig und immer bereit, nach vorn zu schauen.

❖ Die Herzenslinie verläuft oberhalb der Kopflinie und gibt Auskünfte über körperliche, vor allem jedoch über seelische

Die Handfläche

Eigenschaften ihres Besitzers. Beginnt die Linie unterhalb des Zeigefingers, so ist ihr Besitzer ein besonders liebevoller Mensch. Beginnt sie zwischen Zeigefinger und Mittelfinger, so werden die Gefühle von praktischen Erwägungen gesteuert. Beginnt sie erst unter dem Mittelfinger, ist das ein Hinweis darauf, daß dieser Mensch viel Spaß am Sex hat.

❖ Die Schicksalslinie verläuft vertikal durch die Mitte der Handfläche und deutet auf einschneidende Veränderungen im Leben ihres Besitzers hin, die sowohl auf eigenen Entscheidungen beruhen als auch von außen gesteuert sein können.

Natürlich sind das nur die elementarsten Grundzüge der Chiromantie. Aber wenn Sie sich die Hände Ihrer Mitmenschen genau anschauen, werden Sie im Laufe der Zeit lernen, aus den unter-

Vermeiden Sie vorschnelle Schlußfolgerungen

schiedlichen Formen und Linien einiges über sie zu erfahren. Denken sie aber immer daran, daß zum Lesen, und sei es auch nur »zum Spaß« oder zu Übungszwecken, Vertrauen und Aufrichtigkeit zwischen Ihnen und Ihrem Gegenüber bestehen müssen. Jemand, der vertrauensvoll seine Hand in die Ihre legt, hat ein Anrecht darauf, daß Sie sensibel mit ihm umgehen. Hüten Sie sich vor schnellen Schlußfolgerungen. Denken Sie vor allem daran: Eine kurze, schwach ausgeprägte Lebenslinie ist möglicherweise ein Hinweis auf eine anfällige Gesundheit, aber keinesfalls ein Hinweis darauf, daß Ihr Gesprächspartner nicht mehr lange zu leben hat!

KARTENLEGEN

Vermutlich stammt die uralte Kunst des Kartenlesens aus Indien. Bei uns in Europa sind Spielkarten erst seit dem 14. Jahrhundert aufgetaucht, angeblich sollen sie dazu gedient haben, christliche Morallehren zu verbreiten, aber es ist stark zu vermuten, daß sie in erster Linie zur Unterhaltung an den Höfen der Reichen verwendet wurden. Im 15. Jahrhundert begannen die Zigeuner, aus den Karten die Zukunft zu lesen, und noch heute sagt man ihnen nach, daß sie diese Kunst besser beherrschen als jeder andere.

Es gibt unzählige Methoden, aus den Karten (Tarotkarten ebenso wie normale Spielkarten) Hinweise über die Zukunft zu bekommen. Viele davon sind kompliziert und setzen voraus, daß man die Bedeutung jeder einzelnen Karte kennt, ebenso wie die der Karten, die sich in ihrem Umfeld befinden. Es gibt jedoch

Ein Skatspiel hilft weiter

auch einfache Techniken, durch die man einiges über die Zukunft erfahren kann. Sie brauchen dafür nichts weiter als ein Skatspiel mit 32 Karten.

❖ Mischen Sie die Karten gut, und bilden Sie drei etwa gleich hohe Stapel, die Sie, mit dem Bild nach unten, vor sich hinlegen.

❖ Ziehen Sie aus jedem Stapel die unterste Karte und legen Sie sie unbesehen beiseite.

❖ Packen Sie die drei Stapel von links nach rechts wieder zusammen und legen Sie die drei gezogenen Karten wieder darunter.

❖ Nehmen Sie nun den ganzen Stapel in die linke Hand und legen Sie mit der rechten vier Reihen zu je acht Karten aus, die Bilder liegen oben.

❖ Für eine Frau ist die wichtigste Karte, die Ich-Karte, die Herzdame, für einen Mann der Herzkönig. Sie stellen die eigene Persönlichkeit dar.

Deshalb sind die Karten im unmittelbaren Umfeld der Ich-Karte von größter Bedeutung. Sie müssen zuerst gelesen werden. Die jeweilige Entfernung der übrigen Karten läßt dann ungefähre Rückschlüsse zu, was wann in Ihrem Leben geschehen wird. Die Bedeutung der einzelnen Karten brauchen Sie nicht auswendig zu lernen:

Herzkönig: Der Mann Ihrer Träume. Sie können genau erkennen, ob er schon in greifbarer Nähe ist oder ob er erst in ferner Zukunft in Ihrem Leben auftauchen wird. Und Sie können auch sehen, ob er eine andere Dame an seiner Seite hat, und welche Schwierigkeiten Sie auf dem Weg zu ihm überwinden müssen.

Herzdame: Das sind Sie selbst. Glück in der Liebe steht an, wenn der Herzkönig in Ihrer Nähe ist oder aber Herzas und die Herzzehn. Dann haben Sie gute Chancen!

Herzbube: Gute Nachrichten. Wenn die Karte in Ihrer Nähe liegt, können Sie damit rechnen, daß Sie einen Liebesbrief bekommen oder den Anruf, auf den Sie schon so lange gewartet haben.

Herzas: Die große Liebe. Das ist natürlich die große Liebe, die Karte, die sich jeder für seine Zukunft erhofft. Das Herzas bedeutet, daß er auf Sie wartet und daß Sie mit ihm nicht nur glücklich, sondern auch wohlhabend sein werden.

Herzzehn: Die Hochzeit. Sie werden bald mit einem Mann, den Sie lieben, zusammenziehen, ihn vielleicht sogar heiraten. Ihre Beziehung steht unter einem guten Stern.

Herzneun: Die Treue. Sie haben sehr gute Aussichten, einem Mann zu begegnen, mit dem Sie eine lange Beziehung eingehen werden. Eine Änderung zum Guten steht bevor, und das langfristig.

Herzacht: Die Liebe. Sie erfahren jetzt Herzlichkeit und Zuneigung, auch wenn die große Liebe nicht unbedingt ansteht. Seien Sie offen und herzlich, aber erwarten Sie nicht gleich einen Heiratsantrag.

Herzsieben: Der Flirt. Lauter gute Aussichten! Ein Flirt, Erfolg im Beruf und eine Menge Zuneigung.

Pikkönig: Der Freund. Diese Karte in der Nähe der Herzdame weist auf einen dunkelhaarigen Mann hin, der in Ihrem Leben plötzlich auftaucht und ebenso plötzlich wieder verschwindet. Ein Urlaubsflirt?

Pikdame: Die Rivalin. Achtung, Konkurrenz droht, vermutlich im Privatleben durch eine dunkelhaarige Nebenbuhlerin, möglicherweise aber auch im Beruf.

Pikbube: Die gute Nachricht. Sie werden etwas erfahren, das für Ihre Zukunft wichtig ist, aber nichts mit Liebe zu tun hat. Eine Gehaltserhöhung? Ein Lottogewinn? Ein neuer Job?

Pikas: Das eigene Haus. Eine große Veränderung steht ins Haus. Alles, was in unmittelbarer Nähe dieser Karte angesprochen wird, geht in Erfüllung.

Pikzehn: Der lange Weg. In absehbarer Zeit werden die Ereignisse, von denen die Karten in Ihrer unmittelbaren Nähe künden, nicht eintreten. Sie müssen sich wohl oder übel gedulden!

Pikneun: Der kurze Weg. Diese Karte bedeutet, daß sich die Aussagen der ihr benachbarten Karten sehr schnell erfüllen werden, und zwar die guten ebenso wie die weniger guten!

Pikacht: Das Kind. Eine Schwangerschaft steht an, wenn die Karte in Ihrer Nähe liegt. Wenn Sie das nicht geplant haben, müssen Sie in nächster Zeit gut aufpassen.

Piksieben: Das gute Geschäft. Jetzt haben Sie die Möglichkeit, in kurzer Zeit viel Geld zu verdienen. Aber seien Sie trotzdem nicht allzu risikofreudig!

Karokönig: Der Freund. Der blonde Mann, der sich in letzter Zeit – oder aber in Bälde – häufig in Ihrer Nähe aufhält, ist ganz nett, aber noch nicht der Richtige.

Karodame: Die Rivalin. Da steht eine blonde Rivalin ins Haus, wenn die Karte neben dem Herzkönig liegt. Ob sie Ihnen gefährlich werden kann, hängt von den übrigen Nachbarkarten ab.

Karobube: Der Geldbriefträger. Freuen Sie sich, in finanzieller Beziehung erwartet Sie eine gute Nachricht.

Karoas: Das große Glück. Im Moment haben Sie das Glück gepachtet. Erfolg auf der ganzen Linie, Ihnen gelingt einfach alles.

Karozehn: Geld in Aussicht. Eine Erbschaft? Eine Gehaltserhöhung? In finanzieller Beziehung lacht Ihnen das Glück. Freuen Sie sich dran, so lange es anhält.

Karoneun: Die Karriere. Jetzt haben Sie hervorragende Chancen für eine Beförderung. Nutzen Sie die guten Angebote, die Ihnen gemacht werden!

Karoacht: Der Erfolg. Die Dinge, mit denen Sie sich gerade befassen, gehen gut aus, auch wenn es zunächst nicht so aussieht. Sie bekommen Hilfe von einer Seite, von der Sie es nicht im geringsten erwartet hätten!

Karosieben: Das kleine Glück. Eine liebevolle Begegnung, eine unerwartete Herzlichkeit, ein kleines Geschenk. Etwas Gutes kommt auf Sie zu, das Sie froh stimmen wird.

Kreuzkönig: Der Vater. Von diesem Mann in Ihrer Nähe – Ihr Vater, Ihr Chef, ein väterlicher Freund – haben Sie nur Gutes zu erwarten.

Kreuzdame: Die Mutter. Ihre Mutter? Ihre Schwiegermutter? Die Chefin? Schauen Sie sich die umliegenden Karten an, um zu erfahren, was diese Frau Ihnen bringen wird.

Kreuzbube: Die schlechte Nachricht. Sie müssen mit einer unangenehmen Nachricht rechnen. Aber rechnen Sie nicht gleich mit dem Schlimmsten.

Kreuzas: Der Tod. Sie werden von einem Todesfall erfahren, der Sie tief berührt. Möglicherweise geht auch eine Phase Ihres Lebens zu Ende, es steht etwas Neues an.

Kreuzzehn: Die Krankheit. Sie selbst oder jemand, der Ihnen nahesteht, könnte erkranken. Es kann aber auch eine längere Beziehung in die Brüche gehen.

Kreuzneun: Das Problem. Sie müssen mit Schwierigkeiten und Hindernissen rechnen. Nichts geht jetzt so, wie Sie es sich vorstellen. Möglicherweise könnte eine Erkrankung die Ursache sein.

Kreuzacht: Der Zwischenfall. Sie müssen darauf gefaßt sein, daß Ihnen etwas, für das Sie sich engagiert haben, mißlingt. Beharren Sie nicht auf Ihrem Plan, sonst gibt es Probleme.

Kreuzsieben: Der kleine Ärger. Die Dinge, die Ihnen im Moment Ärger machen, mögen Sie zwar belasten, aber Sie können damit rechnen, daß sie nicht von Dauer sein werden. Keine Angst, es wird schon wieder!

Astrologie im Kurzverfahren:
So verstehen Sie Ihr Horoskop

Die Astrologie ist eine alte und sehr komplizierte Kunst, zu der unendlich viel mehr gehört als die meist frei erfundenen Prognosen, die unter der Rubrik »Ihre Sterne heute« für jedes der zwölf Tierkreiszeichen in den Tageszeitungen abgedruckt werden. Den Umgang mit der echten Astrologie kann man nicht schnell lernen, und wenn Sie etwas über Ihren Charakter, Ihre Lebensaufgabe oder Ihre Zukunft erfahren möchten, dann sollten Sie auf eigene Experimente verzichten und sich an einen erfahrenen und ernsthaften Astrologen wenden. Die meisten spielen jedoch erst einmal ein wenig mit der Astrologie herum, bevor sie den Mut fassen, zu einer astrologischen Beratung zu gehen. Sie lassen sich von ihrer Mutter die ungefähre Geburtszeit nennen und gehen mit dieser Angabe in einen Astroshop, um sich dort ihr Horoskop ausdrucken zu lassen. Hinterher ist die Enttäuschung oft groß. Einmal, weil das Horoskop nicht stimmt (was oft daran liegt, daß sich die Mutter nur noch ungefähr an die Geburtszeit erinnern konnte).

Für eine astrologische Beratung
ist Ihre Geburtszeit wichtig

Für ein Horoskop ist es überaus wichtig, daß die exakte Uhrzeit angegeben wird. Die erfahren Sie in der Regel nicht bei Ihrer Mutter, sondern, meist gegen ein kleine Gebühr, bei dem Standesamt, wo seinerzeit Ihre Geburt registriert wurde. Es gibt aber bei den schnellen Horoskopen noch ein zweites Problem. Die meisten Menschen bekommen einen Ausdruck, Radix genannt, in die Hand und können damit überhaupt nichts anfangen. All die Zeichen und Symbole sind für sie »böhmische Dörfer«. Hier ein ganz kurzer Exkurs, der Ihnen dazu verhelfen kann, Ihr Horoskop zumindest in groben Zügen zu verstehen.

Die Astrologie versucht, hinter allen zufällig scheinenden Ereignissen des Alltags bestimmte Gesetzmäßigkeiten zu erkennen.

So funktioniert die Astrologie

Deshalb reduziert sie die Vielfalt aller Erscheinungen auf zwölf »Urprinzipien«, die sie symbolisch durch die zwölf Tierkreiszeichen darstellt. In diesem Tierkreis spielen für das Horoskop eines Menschen neben den zwölf Zeichen auch noch die Häuser (gleich Lebensbereiche) eine Rolle, die Planeten (dynamischer Teil der Tierkreiszeichen) und die Aspekte (Beziehungen der Planeten zueinander). Das Sonnenzeichen, das fast jeder kennt, ist immer nur die Spitze des Eisbergs. Zumindest zwei weitere astrologische Einflüsse sind sehr bedeutsam: Neben der Sonne (symbolisiert die Persönlichkeit) und dem Aszendenten (gleich Lebensaufgabe) steht als drittes der Mond (steht für die Gefühle).

Die Himmelskörper spiegeln kosmische Energien.

Sonne:	Geburtszeichen, Ego, Identität
Mond:	Emotionen, Erinnerungen, Persönlichkeit

Die Himmelskörper

Merkur:	Kommunikation, Intellekt, Talente
Venus:	Liebe, Vergnügen, die schönen Künste

Mars:	Energie, Herausforderung, Sport
Jupiter:	Expansion, Religion, Glück
Saturn:	Verantwortung, Reife, Realität
Uranus:	Originalität, Wissenschaft, Fortschritt
Neptun:	Träume, Illusionen, Täuschung, Inspirationen
Pluto:	Wiedergeburt, Erneuerung, Ressourcen

Die Tierkreiszeichen entsprechen Eigenschaften

Widder:	Pionier, Führer, wettbewerbsgierig
Stier:	bodenständig, stabil, praktisch
Zwilling:	lebendig, zwiespältig, gewandt
Krebs:	traditionell, beschützend
Löwe:	dramatisch, warm, strahlend,

Die Tierkreiszeichen

	charismatisch
Jungfrau:	pflichtbewußt, penibel
Waage:	schön, gepflegt, gesellschaftlich gewandt
Skorpion:	intensiv, ehrgeizig, geheimnisvoll
Schütze:	friedlich, expansiv
Steinbock:	vorsichtig, materialistisch
Wassermann:	unberechenbar, nachforschend
Fische:	abhängig, träumerisch

Die zwölf Häuser stellen Lebensbereiche dar

| 1. Haus: | Aussehen, Erscheinung, Image, Identität |
| 2. Haus: | Geld, Besitz, Handwerkszeug |

3. Haus:	Kommunikation, Geschwister
4. Haus:	Familie, Häuslichkeit, Sicherheit
5. Haus:	Romantik, Kreativität, Kinder

Die zwölf Häuser

---

6. Haus:	Routine, Alltag, Dienst, Pflicht, Gesundheit
7. Haus:	Ehe, Partnerschaft, Einheit
8. Haus:	Leidenschaft, Tod, Seele, Wiedergeburt
9. Haus:	Reisen, Philosophie, Erziehung
10. Haus:	Ruhm, Erfolg, Können
11. Haus:	Ziele, Freundschaften, Ideale
12. Haus:	Opfer, Einsamkeit, Isolation, Ruhe

Was die Aspekte bedeuten:

| Konjunktion: | zwei Planeten im selben Zeichen, oder höchstens 10 Grad auseinander. Günstig |

Die Aspekte

---

	oder ungünstig, das hängt davon ab, um welche Planeten es sich handelt.
Sextil:	harmonischer Aspekt, tritt dann auf, wenn zwei Planeten oder zwei Zeichen 60 Grad voneinander entfernt liegen.
Quadrat:	ungünstige Wirkung, zwei Planeten sind drei Zeichen oder 90 Grad voneinander entfernt
Trigon:	die Planeten sind vier Zeichen oder 120

*Die Tierkreiszeichen in der
indischen Astrologie*

Grad entfernt. Günstiger, positiver
Einfluß.

Quincunx: leicht negativer Einfluß. Wenn die
Planeten fünf Zeichen oder 150 Grad
auseinander liegen.

Opposition: die Planeten liegen sechs Zeichen oder
180 Grad voneinander weg und erzeugen
positive oder negative Auswirkungen, je
nachdem, um was für Planeten es sich
handelt.

EIN GEFÄHRLICHES SPIEL:
TISCHERÜCKEN, GEISTERBESCHWÖRUNG

»Beschwörungen sollten immer ein Motiv haben und ein angemessenes Ziel, sonst sind sie Werke der Dunkelheit und der Dummheit, gefährlich für Gesundheit und Verstand.« Derjenige, der diesen denkwürdigen Satz gesprochen hat, wußte, wovon er redete. Es war der große Magier Elephas Levi. Alle, die »nur aus Spaß« mit dem Ouija-Brett spielen oder sich zum Tischerücken versammeln, weil es so schön gruselig ist, sollten wissen: Früher, in den magischen Zeiten, wurden Geisterbeschwörer am meisten von allen gefürchtet, weil man glaubte, daß sie sich mit der schrecklichsten Form der Schwarzen Magie befaßten. Meistens erschienen die heraufbeschworenen Geister in ihrem Ätherkörper, aber es sind auch Geschichten überliefert, wo sie in ihrer wirklichen Gestalt auftauchten, und das muß grauenerregend gewesen sein. Es gibt ein Bild von Dr. John Dee, dem genialen englischen Magier des 17. Jahrhunderts, und seinem Medium Kelly, wie sie einen Geist in seiner echten Gestalt auf dem Friedhof beschwören. Sie sind durch einen magischen Kreis und ein Pentakel geschützt, und Dr. Dee hält eine Lampe, und man sieht, welch Entsetzen sich in seinen Zügen widerspiegelt. Neben dem magischen Kreis, den man bei Geisterbeschwörungen keinesfalls verlassen durfte, trugen Weihrauch und bestimmte Kräuter zum Schutz bei. Dazu wurden die Beschwörungen in Europa meist in lateinischer Sprache gemurmelt.

Die Hexen und Magier von damals waren meist nichts anderes als das, was wir heute als Medium bezeichnen.
Und die Methoden haben sich auch nicht sehr geändert. Anstelle der Tiere, die ihnen als magische Helfer zur Seite standen, gibt es heute Geistführer, aber ein Kreis wird bei Séancen immer noch gebildet, um Schutz und Macht zu erhalten. Meist sitzen die Mitglieder des »Zirkels« im Kreis und halten sich an den Händen.

Die Geister, die herbeigerufen werden, kommen tatsächlich

Falls Sie daran denken, selbst medial zu arbeiten, sollten Sie ausführlich die okkulten Gesetze studieren, ehe Sie sich an die Arbeit machen. Bedenken Sie, daß Sie in diesem Fall ein sehr abstinentes Leben führen müssen, sonst gefährden Sie Ihre Gesundheit. Mediale Fähigkeiten stimmen nicht immer mit der spirituellen Einstellung überein, und die Gefahr des Mißbrauchs ist sehr groß. Möchten Sie als Gast an einer solchen Sitzung teilnehmen, müssen Sie nicht weniger vorsichtig sein. Die Geister, die herbeigerufen werden, kommen in vielen Fällen tatsächlich, doch oft sind sie minderwertig, verlogen und gefährlich und immer darauf aus, als Gegenleistung für die erbetenen Informationen Macht über die Menschen zu bekommen. Die Gefahr der Fremdbesetzung ist groß.

340

In ungünstigen Fällen führen solche Sitzungen bei den Teilnehmern nicht nur zur Panik, sondern auch zu seelischen und körperlichen Störungen, und die »Heiler«, die sie dann oft aufsuchen, sind meist nicht besser als die Beschwörer.

Es ist verständlich, daß jemand, der einen Verstorbenen betrauert oder Informationen braucht, die auf normalem Wege nicht zugänglich sind, diesen Weg beschreitet. Aber es muß immer wieder gesagt werden, daß diejenigen, die sich auf dieses Gebiet begeben, sehr gut vorbereitet sein sollten, reinen Gemütes sein müssen – und vor allem auf der Hut sein. Sie müssen immer damit rechnen, daß sie die Geister, die Sie riefen, tatsächlich nicht mehr loswerden!

Nachwort:
Jenseits der sieben Täler ...

Nun sind wir also gemeinsam in die magischen Welten jenseits der sieben Berge gereist, wie so viele vor uns auf der Welt. Und wie auf jeder weiten Reise haben wir Atemberaubendes und Alltägliches erlebt. Gelacht und uns geärgert. Beim Ausprobieren Erfolge genossen und Niederlagen eingesteckt. Manches, das von vielen so hochgerühmt wurde, hat bei uns nur Kopfschütteln ausgelöst; anderes, Unauffälliges, fast Banales, hat vielleicht einen Bereich in unserer Seele angerührt, den wir bisher nicht einmal ahnten. Einiges hat uns fasziniert, anderes fanden wir stinklangweilig oder an den Haaren herbeigezogen. Ich weiß nicht, wie es Ihnen ging, aber ich hatte am Ende meiner viele Monate dauernden Reise in die Welt jenseits der sieben Berge das Gefühl: Das ist alles gut und schön, aber es fehlt etwas Entscheidendes.

Leider hatte ich keine Ahnung, was das war, und als ich das Buch fast fertig hatte, wußte ich es immer noch nicht. Da liefen mir

Die Begegnung mit Schamanen

zwei Schamanen über den Weg. Verstehen Sie mich bitte nicht falsch. Bis dahin kannte ich keinen einzigen Schamanen. In all den Jahrzehnten vorher war ich nie einem begegnet. Aber plötzlich waren sie da. Beide waren Frauen. Die erste traf ich auf einer Kunstausstellung. Meistens langweile ich mich auf Vernis-

343

sagen. Ich laufe von Bild zu Bild, halte mich an meinem Glas fest, versuche interessiert dreinzuschauen und hoffe, daß niemand merkt, wie wenig ich von den Bildern verstehe. So war es auch diesmal. Doch plötzlich stand ich vor einem Bild, daß, ich in der Meditation seit vielen Jahren kenne. Ich will hier nicht in die Einzelheiten gehen, aber dieses Bild war mir nicht nur zutiefst vertraut – es war meins. Jemand hatte mein Bild gemalt.

Als ich mich von dem Schock erholt hatte, fragte ich, ob die Künstlerin anwesend sei. Der Gastgeber führte mich zu einer Frau mit flammendroter Mähne, Jeans und Goldjacke. Ich sah

Ein wohlvertrautes Bild

sie an und sagte: »Bitte verkaufen Sie dieses Bild nicht. Ich kaufe es Ihnen ab, sobald ich es bezahlen kann. Es gehört mir. Wieso haben Sie mein Bild gemalt?« Die Künstlerin schüttelte ihre rote Mähne und sah mich lachend an: »Sie wissen doch, eine Hexe kennt die andere.« Und dann haben wir beide uns in eine stille Ecke zurückgezogen und geredet. Fast von selbst kam das Thema auf Magie. Nach einer Weile sagte sie: »Ich möchte dir etwas sagen. Ich habe viele Jahre in Hawaii bei einem Schamanen gelebt. Dort habe ich ein paar Dinge erfahren, die ich an dich weitergeben möchte. Wenn du wirklich etwas erreichen willst, dann brauchst du keine magischen Rituale, keinen Zauber, nicht einmal ein Rezept. In Wirklichkeit ist alles viel einfacher. Es gibt nur ein paar Dinge, die du wissen mußt.

1. Die Welt ist das, wofür du sie hältst.
2. Es gibt keine Grenzen.
3. Energie folgt der Aufmerksamkeit.
4. Jetzt ist der Augenblick der Macht.

5. Lieben heißt glücklich sein mit …
6. Alle Macht kommt von innen.
7. Wirksamkeit ist das Maß der Wahrheit.

Kannst du dir das merken? Wenn du das beherzigst, kommt alles andere von allein. Dann bist du nämlich in Kontakt mit der göttlichen Kraft, die in Hawaii Mana heißt. Die göttliche Lebensenergie, aus der wahre Gesundheit, Glück, Wohlergehen und Erfolg kommen. Sich auf diese Kraft einzustimmen und sie für

Alles wirklich Wesentliche ist einfach

sich arbeiten zu lassen ist so einfach, daß du vielleicht denkst: Das ist zu schön, um wahr zu sein. Laß dich dadurch aber nicht in die Irre führen. Alles wirklich Wesentliche ist einfach. Es handelt sich um die wirksamste Technik der Welt.

Das Geheimnis lautet: Segne alles, was das repräsentiert, was du dir wünschst. Das ist schon alles. Etwas zu segnen bedeutet, ihm Anerkennung zu schenken oder ihm eine positive Qualität zuzusprechen. Das geschieht mit der Absicht, daß das, was anerkannt oder hervorgehoben wird, andauern oder sich vermehren möge. Durch Segnen kann man natürlich auch das erhalten, was man sich wünscht. Die positive Konzentration deines Verstandes bringt die schöpferischen Einflüsse dieser Kraft hervor. Wenn du etwas zum Wohle anderer segnest, dann wird es auch in deinem Leben wirksam werden. Segnen kann man mit Hilfe der Phantasie oder durch Berührung. Am einfachsten ist es jedoch mit Worten.

Die wichtigsten Arten, einen Segen auszudrücken, sind Bewunderung und Bestätigung. Wenn du gesund werden möchtest, so segne alles, was gesund, gut gebaut und gut gemacht ist, und was für üppige Energie steht. Mensch, Tier, Pflanzen. Wenn du

Glück suchst, segne alles, was du an Glück spürst, erlebst oder siehst. Wenn du Geld brauchst, segne alle Zeichen des Wohlstands in deiner Umgebung, einschließlich dessen, was mit Hilfe von Geld erreicht wurde. Und wenn dir Erfolg fehlt, so segne alle Zeichen von Erfüllung und Vollendung. Das ist schon alles.«
Und noch ehe ich antworten oder Fragen stellen konnte, kam ein Kunstkritiker und fragte sie nach einem ihrer Bilder (nicht nach meinem), und sie war verschwunden. Seitdem dachte ich darüber nach, ob es wirklich so einfach sein kann. Und weil ich nicht an den Zufall glaube, meine ich, daß die Begegnung vom Schicksal arrangiert worden war, damit ich diese Botschaft weitergebe.

Die letzten Zweifel wurden ausgeräumt, als zwei Tage später Rabia vor mir stand. Rabia war lange bei einem indianischen Schamanen in die Lehre gegangen und nun als Gast eines

Die letzten Zweifel werden ausgeräumt

befreundeten Arztes aus Santa Fe nach Deutschland gekommen, um ein Seminar über Heilen zu leiten. Ich war zum Mittagessen eingeladen. Es gab Rehbraten, und die Gastgeberin war ein bißchen nervös, weil sie nicht wußte, ob Rabia Vegetarierin war. Die Schamanin mit dem unglaublich lieben Lächeln in unglaublich traurigen Augen schüttelte den Kopf. »Ich esse gern Fleisch. Ich bedanke mich nur vorher bei dem Tier, das sein Leben dafür geopfert hat, daß ich essen kann. Für mich ist das ein Akt der Liebe. Dafür segne ich es.« Ich sah sie überrascht an. »Das Tier wird mich verstehen«, sagte sie mit fester Stimme. »Der göttliche Teil in ihm sieht den göttlichen Teil in mir und in uns allen. Durch Liebe kann man alles verwandeln. Die Liebe ist die höchste Form der Magie.«
Danach wurden Kaffee und Kuchen gereicht. Ich habe mir

gedacht, daß es keinen schöneren und wichtigeren Satz gibt, um ein Buch über Magie und Liebeszauber zu beenden. Wir können mit den Ritualen und Rezepten spielen, die ich auf den vorhergehenden Seiten zusammengetragen habe. Doch wenn es wirklich darauf ankommt, lassen Sie uns herausfinden, was sich mit Liebe alles verwandeln läßt.

Literaturhinweise

Ackerman, Diane: Die schöne Macht der Sinne, Kindler 1991

Ahlquist, Cynthia: Moon sign book and lunar planning guide, Llewelyn 1995

Ary, S. and Gregory, M.: The Oxford Book of Wild Flowers, Oxford University Press 1977

Baccelli, Sesto: Guida del Agricoltore, Ofiria 1992

Calvert, Fjona G., Il libro delle fatture d'amore. Edizione mediterranee 1994

Conway, D. J.: Llewelyn's Magical Almanach, Llewelyn 1995

Cunningham, Scott: The Art of Divination. The Crossing Press Freedom 1993

Cunningham, Scott: Encyclopedia of Magical Herbs. Llewelyn 1992

Cunningham, Scott: The Complete Book of Inciense, Oil and Brews. Llewelyn 1995

Cunningham, Scott: Earth Power: Llewelyn 1994

Cunningham, Scott and Buckland, Ray: Magical Almanach 1993. Llewelyn 1992

Cunningham, Scott: Wicca. A Guide für the Solitary Practitioner. Llewelyn, 1995

Cunningham, Scott: Magical Herbalism, Llewelyn 1995

Dunwich, Gerina: The Wicca Garden, Citadel Press 1996

Eason, Cassandra: Moon Divination for Today's Woman. Foulsham 1994

Ebeling-Müller, Claudia und Rätsch, Christian: Isoldens Liebestrank, Knaur 1989

Francia, Luisa: Steinreich, Frauenoffensive 1993

Golowin, Sergius: Die weisen Frauen. Goldmann 1989

Green, Marian: Everyday Magic. Thorson 1995

Griggs, Barbara: The Green Witch, Vermillon 1993

Habiger-Tuctay, Christa: Magie und Magier im Mittelalter. Diederichs 1992

Heyssayon, D. G.: The Armchair Book of the Garden. PBI Publications 1986

Janulewicz, Michael: Herbs. Harper Collins 1991

Knowlson, T. Sharper: The Origin of Popular Superstitions and Customs, Senate 1995

Matthews John: The World Atlas of Divination. Headline 1992

Mc Cormack, Kathleen: Magic for Lovers. Dorson's 1995.

Morrison, Sarah L: Zauberbuch für neue Hexen. Goldmann 1991

Neal, Morag: Kitchen Herbs and Spices. Octopus 1980

di Nola, Alfonso, M.: Lo specchio e l'olio. La Terza 1993

O. Autor: The Complete Book of Fortune, Bracken Books 1994

Pepper, E. and Wilcock, John: The Witches Almanach. Newport 1995

Price, Shirley: Aromatherapie: Mosaik 1992

Raven Wolf, Sylvia: To Ride a Silver Broomstick. Llewelyn 1995

Sanfo, Valerio: Il malocchio e le fatture. DVE Pocket 1994

Scott, George Riley: Curious Customs of Sex and Marriage. Senate 1995

Rattelmüller, Paul Ernst: Bayerisches Brauchtum im Jahreslauf. Süddeutscher Verlag 1985

Telesco, Patricia: A Kitchen Witches' Cookbook. Llewelyn 1994

Thompson's C. J. S.: Mysteries and Secrets of Magic. Senate 1995

Tresoldi, Valerio, und Frigerio, Rosanna: Iniziaziona alla magia. Sperling 1994

Tyson, Donald: Ritual Magic. Llewelyn 1994

Valentinitsch, Helfried: Hexen und Zauberer. Leykam 1987

Watson, Dr. Cynthia: Love Potions. Optima 1993

Werner, Helmut: Die Magie der Zauberpflanzen, Edelsteine, Duftstoffe und Farben. Knaur 1993

York, Ute: Kräuter. Pawlak 1992

York, Ute: Mondzeit. Knaur 1993

Bildnachweis

Die Illustrationen stammen aus verschiedenen Quellen. Wir bedanken uns besonders bei:

Hlava, Bohumir und Lanska, Dagmar: A Guide in color to Kitchen Herbs und Spices. Artia, Prag 1980 und Octopus Books, London 1980 (Abbildungen der Kräuter und Pflanzen)

The Harry Smith Horticultural Photographic Collection (Seite 291)

Christie's (Seite 115, Gemälde von Lucas van Valkenborch)

Mansell Collection (Seite 23, Wandgemälde aus Pompeji)

Sotheby's (Seite 112, nach einem Gemälde von Sir Lawrence Alma-Tadema)

Thompson, C. J. S.: Mysteries and Secrets of Magic. (Seite 267 und 227)

Helfried: Hexen und Zauberer. Steirische Landesausstellung 1987 (Seite 239 und 237)

Ploss, H.: Das Weib in der Natur- und Völkerkunde, Leipzig 1987 (Seite 171)

Monitor, Ulrich: Hexen meysterey (Seite 133)

Bayerisches Nationalkundemuseum München (Seite 270)

Kunst-Ingenieur-Wunderbuch, Nationale Forschungs- und Gedenkstätten der klassischen deutschen Literatur in Weimar (Seite 303)

Niedersächsische Staats- und Universitätsbibliothek Göttingen (Seite 189)

Kyeser, Conrad: Bellifortis (Seite 189) The World Atlas of Divination (Seite 207, 298, 337)

Nützliche Adressen

Alraun
Kräuterversand
Postfach 1322
D-65503 Idstein
Telefon 0 61 26/5 55 75

Brain Büro
Versand von Sämereien und Kräutern
In der Heide 76
27367 Sottrum
Telefon 0 42 05/87 48
Telefax 0 42 05/72 67

Elixier
Kollwitzstraße 54
10405 Berlin
Telefon/Telefax 0 30/4 42 60 57

Kawumm Versand
Deutschherrnpfad 14–20
66117 Saarbrücken

Lindig Kräuterhaus
Blumenstraße 15
80331 München
Telefon 0 89/2 91 61-058